HOTEL

酒店餐饮精细化管理从入门到精通

王晓均◎编著

中国铁道出版社有限公司
CHINA RAILWAY PUBLISHING HOUSE CO., LTD.

内容简介

本书以精细化、规范化、实用化为原则，全面介绍了酒店餐饮管理的各个事项，对酒店餐饮服务中的重点问题进行了详细说明。全书内容主要包括酒店餐饮部岗位与规范制度设计、餐饮部员工管理、中餐厅精细化管理、西餐厅精细化管理、宴会厅精细化管理、厨房与菜单管理、原料采购与存储管理、餐饮成本与促销管理、食品卫生与安全管理以及酒店餐饮管理模板与表单，共十大项。

本书适合酒店管理人员，尤其适合餐饮部门管理人员参考和使用，也可以作为酒店餐饮一线工作人员的培训教材或是高校酒店管理专业的辅助教材。

图书在版编目（CIP）数据

酒店餐饮精细化管理从入门到精通 / 王晓均编著. —北京：中国铁道出版社有限公司，2021.5

ISBN 978-7-113-26801-5

Ⅰ.①酒… Ⅱ.①王… Ⅲ.①饮食业-商业管理 Ⅳ.①F719.3

中国版本图书馆CIP数据核字（2020）第062530号

书　　名：**酒店餐饮精细化管理从入门到精通**
JIUDIAN CANYIN JINGXIHUA GUANLI CONG RUMEN DAO JINGTONG
作　　者：王晓均

责任编辑：王　佩　张文静　　读者热线：(010)51873022
责任印制：赵星辰　　封面设计：宿　萌

出版发行：中国铁道出版社有限公司（100054，北京市西城区右安门西街8号）
印　　刷：三河市宏盛印务有限公司
版　　次：2021年5月第1版　2021年5月第1次印刷
开　　本：700 mm×1 000 mm 1/16　印张：17.25　字数：217千
书　　号：ISBN 978-7-113-26801-5
定　　价：55.00元

前言

酒店餐饮行业是最能考验人耐性的一个行业。从业人员的素质参差不齐，酒店的客人需求各异，每个人的要求、口味、喜好都不同。俗话说："人上一百，形形色色。"在这样一个看似简单但其实非常烦琐的行业里，每一个细节都是非常重要的。

由于酒店餐饮部门的岗位较多，日常工作较为复杂，从而增加了相关管理人员的工作难度，管理工作难免存在遗漏或不足的地方。要想系统性地解决这一问题，就需要了解岗位的具体职责以及如何对各岗位进行精细化管理。为此，我们编写了本书。

精细化管理是个永恒的话题，如果管理不当，浪费的是纯利润，因此在酒店经营管理方面更多的是注重细节。本书选取了一些常用的方法进行介绍，大致包括餐饮部门岗位与职责概述、如何管理餐饮部门员工、中餐厅精细化管理、西餐厅精细化管理等。

通过对这些内容的学习，不仅让餐饮管理人员了解如何高效进行餐饮管理，还可以了解具体的操作规范及细节要求，从而进行更为细致和科学的管理。

本书共包括 10 章内容，具体章节的内容如下所示。

◎ 第一部分：第 1 章

该部分介绍了餐饮部门的主要岗位以及具体工作职责，同时介绍了相关精细化管理制度的制定方法，帮助管理人员了解相关基础内容。

◎ 第二部分：第 2 ～ 9 章

该部分是本书的主要内容，主要讲解了如何精细化管理酒店餐饮的各项工作。包括餐饮部门员工管理、中餐厅管理、西餐厅管理、宴会厅管理以及厨房菜单管理等，基本涵盖了餐饮部门管理的所有工作内容，还包含了菜单的制作以及如何进行餐饮促销等内容，帮助读者全方位高效、轻松完成工作需要掌握的内容和方法。

◎ 第三部分：第 10 章

这一部分主要介绍了一些餐饮部门工作中可能会涉及的相关表单和模板，并同步提供了对应的源文件，符合餐饮工作的实际需要，方便用户直接修改使用。

本书语言简洁精练、通俗易懂，在简化理论知识叙述的同时，对餐饮管理工作中的实际方法进行了介绍。精细化管理内容的介绍分门别类，分别介绍各部门的具体工作内容，通过案例、图示和表格等来展示不同内容，使读者更容易接受。

本书不仅适合普通的酒店餐饮工作者和管理者阅读，还适合有一定工作经验的相关从业人员参考使用。最后，希望所有读者都能从本书中获益，轻松快乐地工作。

由于编者经验有限，加之时间仓促，书中难免会有疏漏和不足之处，恳请专家和读者不吝赐教。

编　者

2019 年 8 月

为方便读者学习，可扫描下方二维码或输入网址：https://pan.baidu.com/s/11ejJV5qURq9cGM0OoJxKYg，提取码：w3f3 获取本书配套表单文件。

目录

第 1 章　餐饮部岗位设置与规范制度

如今，酒店餐饮行业发展越来越快，对管理人员的要求也越来越高。在对酒店餐饮服务进行管理之前，首先应了解餐饮部的岗位设置，在此基础上，还要知道如何对不同岗位进行绩效考核。除此之外，餐饮管理离不开制度的支撑，一个好的管理者，要根据酒店目前的状况制定适宜的规范制度进行高效管理。

第2章 餐饮部员工管理，有效提升工作效率

管理者在对酒店进行管理时，首先需要考虑的是对餐饮部门员工进行管理，因为在服务行业中，工作人员是需要直接与客人接触的。正因如此，需要对员工的工作态度、仪表标准以及服务语言等进行规范管理。

第3章 中餐厅精细化管理，服务更周到

中餐厅是酒店餐饮部门中十分重要的一部分，只有了解中餐厅岗位的考核方式，管理者才知道如何对各岗位进行考核，提升工作效率。除此之外，本章还涉及中餐厅的服务流程、服务技巧和规范方法，帮助管理人员有效规范服务人员操作，提升服务质量。

酒店餐饮部门中不止有中餐厅，西餐厅也是重要的组成部分，那么酒店管理者如何对西餐厅进行精细化管理，让服务更显专业，同时让客人享受到正宗的西餐，提升客人用餐体验，下面一起来看看吧。

第 5 章 宴会厅精细化管理，保证宴会品质

宴会厅主要是用来举办大型宴会的，通常情况下也是受餐饮部的管理。宴会与普通就餐有所不同，需要提供的服务较多，且服务的客人很多，更要进行精细化管理，在提高宴会服务质量的同时保证宴会品质。

第6章 厨房与菜单管理，全面规范菜品

厨房是餐饮行业中必不可少的部分，无论是中餐厅还是西餐厅，加强厨房管理都能够提高客人的满意度。除此之外，菜单的制作也是酒店餐饮管理中的重点内容，一份完美的菜单能够给客人留下好印象。

酒店餐饮的流程是从采购与存储开始的，原料的质量以及储存方式对酒店餐厅厨房的出品质量有较大影响。原料的采购与储存管理往往是管理者需要特别注意的，只有这样才能从源头控制菜品质量。

第 8 章　餐饮成本与促销管理，创造更高收入

餐饮成本的控制与管理在很大程度上影响着酒店餐饮部门的盈利，不能创造更多销售额的情况下，控制成本也是盈利。与控制成本不同，合理的餐饮促销则可以获得更大的销售额，从而获得更多收益。

第 9 章　食品卫生与安全管理，让顾客更放心

对于餐饮行业而言，食品卫生是客人最为看重也是最基础的要求，各项卫生指标合格才能让客人放心就餐。加强酒店餐饮部门的安全管理，既是对客人负责，也是对各岗位的工作人员负责。

第 10 章 酒店餐饮管理模板与表单，助力管理工作

酒店餐饮管理离不开各种各样的规范表单及模板，管理人员在进行管理的过程中可以借助规范的表单让各个工作流程井然有序，让工作中的问题有相应的规范可以参考，从而降低管理工作的难度。

餐饮部岗位设置与规范制度

第1章 01

如今，酒店餐饮行业发展越来越快，对管理人员的要求也越来越高。在对酒店餐饮服务进行管理之前，首先应了解餐饮部的岗位设置，在此基础上，还要知道如何对不同岗位进行绩效考核。除此之外，餐饮管理离不开制度的支撑，一个好的管理者，要根据酒店目前的状况制定适宜的规范制度进行高效管理。

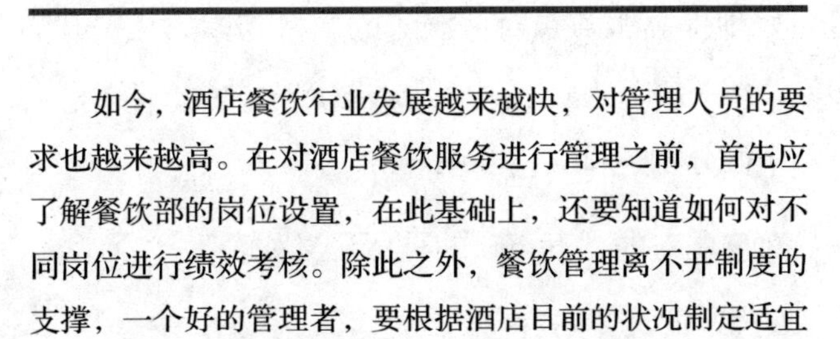

1.1

餐饮部服务事项与岗位设置

为了加强餐饮部员工管理，提升服务质量，首先要了解餐饮部员工对客服务的注意事项及行为规范。同时，作为管理人员还需要了解餐饮部的具体岗位设置，从而细化管理各岗位员工。

1.1.1 餐饮部服务事项详解

为了更好地提高服务员对客服务的质量与素质，提升酒店餐饮部的整体形象，相关服务人员在对客服务时应该做到“五声”“四勤”和“四轻”，下面分别进行具体介绍。

服务员对客服务的“五声”的具体含义如表 1-1 所示。

表 1-1　“五声”的具体内容

项目	具体描述
顾客进店有“迎声”	随时注意客人的举止动态、就餐表情，并及时为客人提供所需要的服务
顾客询问有“答声”	客人进店后，不论什么时候、有任何疑问或问题，服务人员都应当为客人解答，语言文明、礼貌；当客人寻求帮助或是要求提供某些服务时，应积极主动。例如，当客人询问上菜时间时，服务员要积极询问厨房并进行回答
顾客帮忙有“谢声”	当客人到来时，迎宾人员应当欢迎客人的到来，面带微笑，表情自然。客人帮忙做了事情时，要表达感谢
照顾不周有“歉声”	当遇到某些需求不能满足时，要向客人致歉；因某些原因要打扰客人就餐时也要向客人致歉，例如“对不起，打扰一下……”

续表

项目	具体描述
顾客离店有“送声”	当客人就餐完离开时要说“谢谢光临，请慢走”

餐饮服务“四勤”具体指的是什么呢？如表 1–2 所示。

表 1–2　“四勤”的具体内容介绍

项目	具体描述
眼勤	有眼力，善于细心观察，发现问题。能够通过观察了解客人的需求和动向
手勤	勤加酒水，勤换烟缸、骨碟
脚勤	多走动，多摆台，为需求帮助的客人解决问题
口勤	多征求客人意见和要求，尊重客人提出的意见

服务人员在工作中要做到的“四轻”指的是：走路轻、说话轻、操作轻和敲门轻，如表 1–3 所示。

表 1–3　“四轻”的具体内容介绍

项目	具体描述
走路轻	走路时要轻，不能在过道奔跑，影响客人用餐
说话轻	与工作人员沟通要小声，回答客人问题时语言清晰和蔼
操作轻	在对客人服务或是完成某些工作时，要轻拿轻放，降低噪声
敲门轻	在进入客人包房或是客房时要敲门，敲门声音不能太重

以上内容是对餐饮服务工作进行整体的介绍与规范，那么服务员在对客服务时具体需要注意哪些事项呢？

◆ 餐饮服务员在对客服务时要有良好的态度，时刻保持热情、周到、耐心、细致、快捷、准确、安全和大方。

◆ 服务员在工作过程中遇到客人、领导都要面带微笑并积极问好；如客人、领导向服务员对向走来时应停下、避让、问好。

- 服务员要经常巡台，并及时为客人提供其所需要的服务；服务员不能出现发呆、走神，不为客人服务；更不要让客人在座位上等待超过 1 分钟时间。
- 当上菜速度慢，客人生气时，服务员在上菜之后应表达歉意："先生 / 小姐，让你们久等了，请慢用。"
- 与客人对话时要注意说话的速度，不能太快，语速适当；面部表情不能冷淡或是面无表情，更不与客人争论、争吵。
- 服务员遇到处理不了的情况时，应该及时向上级领导汇报。
- 服务人员在为客人上菜或上酒时，要注意顺序：女主宾→女宾→女主人→男主宾→男宾→男主人。
- 经常观察并更换有烟头和烟灰的烟灰缸，当看见客人拿烟盒准备抽烟时，要主动为客人点烟。
- 在餐厅中不准高声喧哗，不准用手触摸头脸或置于口袋中。工作区域内应当禁止抽烟；不得吃喝东西；不得照镜子、梳头发或化妆。
- 不准斜身靠墙或服务台，服务时不能背对着客人，不能在餐厅内奔跑或行动迟缓，不准突然转身或停顿。客人离店时应提醒客人检查随身携带的贵重物品。

除了对服务人员的对客服务进行规范外，员工的行为和纪律也是需要重点引导和规范的，主要从站姿、行姿、坐姿、手势以及员工纪律等方面进行规范。

- 站姿

站立服务是餐饮服务的基本要求，站姿要求优美文雅，体现服务员的素质、修养和风度。

服务员在站立服务时，要做到挺胸、收腹、眼神自然、两眼平视前方或注意需要服务的客人。不能够凝视一个固定位置，显得目光呆滞。双肩放松、保持水平。身体重心向下，不向左右偏，嘴微闭。双手自然下垂或在身体前交叉。身体正直平稳，保持微笑，微收下颌。

◆ 行姿

行走时，在正确站姿基础上，两脚自然前后移动，两臂自然摆动。同时遵循靠右行走的原则，走直线。路遇客人或领导，面带微笑，主动问好，侧身礼让。

行走不得三人并行，将手插入衣裤袋，更不能手挽手并行。

◆ 手势

对客服务时，正确使用手势，使服务更高效。手势的使用要规范、优美、自然。给客人指示方向，手臂伸直，手指自然并拢，手掌向上，以肘关节为轴心指示目标，眼睛兼顾客人和目标。面带微笑，在使用手势的过程中还需要配合相应的服务语言。

◆ 坐姿

当坐着为客人服务时，应保持良好的坐姿。重心垂直向下不向两侧偏，平稳自然入座。不前俯后仰，身体扭曲，不摇腿跷足。

◆ 员工纪律

①员工需严格遵守工作时间，不得迟到、早退或旷工，不得私自换班或调休。未与下一班当面交接班前，不得擅自离岗。服从领导工作安排，按时按规范完成工作，不无故拖延、拒绝或终止工作。

②工作时间禁止以任何借口接待亲友、做与工作无关的事、阅读与工作无关的杂志以及打私人电话，更不准利用工作之便假公济私。

③保持工作环境的清洁卫生，爱护一切设备设施及公共财物，不私自食用餐厅的食品饮料。

1.1.2 餐饮部岗位设置

要实现餐饮部门的精细化管理，就需要对餐饮部岗位有一个大致的了解。各部门岗位之间形成良好的协作，才能使餐饮部各项工作正常运转。餐饮部的重要岗位设置如表1-4所示。

表1-4 餐饮部的重要岗位以及具体职责

岗位	具体职责
餐饮部经理	在总经理指导下，按既定的政策与程序、规章制度和工作标准，有效监管餐饮部门的运作，确保提供优质菜肴与满意服务并达成最高营业效益
餐饮部主管	协助监管餐饮部门的运作与服务，使能确保提供优质菜肴与满意服务并达成最高营业效益与控制成本
餐务委托	按照预订服务程序，细致周到地做好预订工作，并按照客人的标准和要求，拟定菜单，编制预订报表
宴会领班	负责本班组的日常操作，做好会议准备工作，检查会议收尾工作，合理做好人员安排及服务工作；负责会议的会前准备、会中服务及会后收档工作，并配合会议领班的一切工作
传菜部领班	负责楼面后勤区域工作，管理备餐间的日常工作，保证厨房的出品质量，确保传菜、洗碗、清洁工作的正常运作，控制各种物品的用量及损耗
厨师长	负责烹制各种高质量菜肴，协助有效管理及推动下属人员高效率及高水平食品制作，争取完成营业指标与更佳效益，负责厨房的日常运作，保证菜肴质量，做好成本控制
炉头部主管	负责烹制各种高质量菜肴，协助有效管理、推动下属人员高效率及高水平食品制作
上什部主管	负责供应餐厅的各种蒸、炖、煲等食品及炉头上汤及汤的调制，协助有效管理及推动下属人员高效率、高水平的食品制作
切配部主管	负责按标准菜谱进行切配及细加工工作，协助有效管理及监督本部的运作，带领及推动下属人员高效率、高水平食品加工与切配
冷菜部主管	负责冷盘食品的制作及各种冷菜的饰盘工作，协助有效管理和推动下属人员的高效率、高水平食品制作

续表

岗位	具体职责
点心部主管	协助中餐点心制作与技术力量调配，确保生产流程通畅，合理使用资源，不断更新品种；协助有效管理及推动下属人员的高效率、高水平食品制作

餐饮部实际上并不止上述的这些岗位，在这些岗位下还包含了许多下级岗位，例如宴会领班岗位的下级有宴会服务员岗位，传菜部领班岗位的下级还包含传菜员岗位等，这里就不再一一列举。

1.2 餐饮部目标分解与绩效考核

目标分解与绩效管理主要是指通过目标的设置来进行管理而不是通过各种强制性的制度或手段，特别适合对管理人员进行管理。通过对目标进行分解，让员工参与工作目标的制定，从而达到自我控制、自我提升的目的。

1.2.1 餐饮部绩效考核

酒店餐饮部门的绩效考核，可以提高员工的积极性，让员工更愿意主动自觉地工作，绩效考核是目前酒店管理中常用的管理方法之一。设置考核目标的目的主要有以下 3 点。

- 餐饮部门可以通过考核将餐厅的经营计划落实到每一个员工的具体工作上，促进公司经营目标的实现。
- 通过绩效考核加强餐厅上下级沟通和各部门间的相互协作。

◆ 通过客观评价员工的工作绩效，帮助员工提高自身工作水平，从而有效提升公司整体绩效。

绩效考核分为月度考核、季度考核、项目考核和年度考核等。其中月度考核、季度考核于月度、季度结束后 10 日内完成；项目考核于项目结束后 10 日内完成，年度考核于次年 1 月 20 日前完成。

不同的考核对象其考核周期不同，①公司的高管人员通常是进行年度考核；②部门负责人通常采取季度考核和年度考核；③各部门其他员工则采用月度考核和年度考核结合的方式。

考核内容结合餐饮服务质量标准分为工作态度、仪表仪容、礼貌礼节、工作规范、工作纪律和环境卫生等。根据考核内容与要求，进行考核指标的设置。常见的餐饮部门考核指标如表 1-5 所示。

表 1-5　餐饮部门的考核指标

序号	KPI 指标	指标定义	绩效目标值	得分
1	餐饮营业额	考核期内餐饮部所辖各餐厅营业额之和		
2	部门 GOP 值	部门营业收入 − 部门营业支出		
3	部门 GOP	营业收入 / 营业利润 ×100%		
4	经营成本节约率	经营成本节省额 / 经营成本预算额 ×100%		
5	设备设施完好率	完好设备设施总数 / 设备设施总数 ×100%		
6	菜品出新率	实际新菜品每月收入 / 计划新菜品每月收入 ×100%		
7	客人满意度	接受随机调查的客人对服务满意度评分的算术平均值		
8	客人有效投诉件数	客人有效投诉总数		

续表

序号	KPI 指标	指标定义	绩效目标值	得分
9	卫生清洁达标率	当期检查中存在卫生死角的次数 / 对客房卫生检查的总次数 ×100%		
10	退菜发生率	考核期内退菜发生次数 / 考核期内卖出菜品总次数 ×100%		
11	仪容仪表检查合格率	员工仪容仪表检查合格次数 / 员工仪容仪表检查总次数 ×100%		

以上考核指标内容适用于酒店餐饮部各班组人员，能够帮助管理人员进一步提高管理水平和服务水平，使餐饮管理和餐饮服务保持规范性，确保向客人提供高效、礼貌、热情、周到和规范化的优质服务，以不断提高酒店经济效益和社会效益。

1.2.2 餐饮部经理岗位职责与目标考核

餐饮部经理的主要工作是统筹管理餐饮部相关事务，全面负责酒店的餐饮服务管理及食品供应的各项工作。餐饮部经理是主管餐饮部的最高负责人，其主要职责包含以下几点。

- ◆ 制订并组织实施餐饮部门的一切业务经营计划，监督、推行本部门的各项正规化的管理制度。
- ◆ 考核直接下级部门经理及主管的品行、业绩，并实施激励、定期组织培训，参加酒店部门经理协调工作会议。
- ◆ 定期召开本部门的例会、成本控制会议和预算会议；检查所属部门的经营情况、工作情况，关注一切安全、卫生和服务工作。
- ◆ 制订和改进各项经营管理的新计划、新措施；熟悉本酒店的主要目标市场，了解消费者的具体餐饮需求，并有针对性地开发和提供能满足他们需求的餐饮产品和服务。

◆ 督促行政总厨对厨房生产工作进行科学管理，健全厨房组织，合理进行布局，保证菜肴质量，减少生产过程中的浪费现象，采取有效措施调动厨房工作人员的积极性。

◆ 加强餐厅的日常管理，提高餐厅整体对客服务质量，培养各餐厅经理的管理督导水平。对餐饮工作中的采购、验收和储存环节进行管理与控制，降低成本。

◆ 每周与厨师长、采购员一起巡视市场、检查储藏室、冷库等，了解存货和市场具体行情；与厨师长一起进行固定菜单和变动菜单的设计与制定，不断推出新的菜肴品种。

◆ 制订餐饮推销、促销计划，扩大餐饮销售渠道，提高餐饮销售量；促进宴会销售，加强宴会组织与管理，提高宴会服务质量。

加油站

要想管理好一个团队，首先需要具备领导才能及专业素质，进行自我提升是必不可少的。在任何一个组织里，管理者都是下属的镜子。可以说，只要看一看这个组织的管理者是如何对待工作的，就可以了解整个组织成员的工作态度。“表不正，不可求直影。”要让员工充满激情地去工作，管理者就先要做出一个样子来，这样才能激发员工不断前进的欲望。

餐饮部经理的直接上级是总经理，由总经理对其进行相关考核，进而判断最近一段时间或一整年餐饮部经理的工作情况，考核指标的具体内容如表 1-6 所示，仅供参考。

表 1-6　餐饮部经理绩效考核指标

序号	KPI 指标	权重	绩效目标值	得分
1	餐饮营业额	15%	考核期内餐饮营业额达到（ ）万元	
2	部门 GOP 值	15%	考核期内餐饮部 GOP 值达到（ ）万元	
3	餐饮销售计划达成率	15%	考核期内餐饮销售计划实现率达 100%	

续表

序号	KPI 指标	权重	绩效目标值	得分
4	餐饮经营成本节省率	10%	考核期内餐饮经营成本得到有效控制，费用节省率达（ ）% 以上	
5	菜品出新率	10%	考核期内菜品出新率达（ ）% 以上	
6	客人投诉解决率	10%	考核期内客人投诉解决率达 100%	
7	客人满意度	10%	考核期内客人对餐饮服务满意度评价达到（ ）分以上	
8	设备设施完好率	5%	考核期内设备设施完好率达（ ）% 以上	
9	卫生清洁达标率	5%	考核期内卫生清洁达标率为 100%	
10	部门员工技能提升率	5%	考核期内下属员工工作技能提升率达（ ）% 以上	
考核得分				

完成考核后，可以根据考核结果进行相应的奖励或惩罚，同时也能让员工明白自己做得好的地方，以及还有哪些工作做的不够理想，还能继续提高。

1.2.3 餐饮部主管目标考核

餐饮部主管属于餐饮部经理的直属下级，主要负责对餐饮部各项工作进行细致管理，将工作中遇到的问题及时汇报给上级，协助上级领导完成相关工作。

餐饮部主管的岗位职责主要包括如下内容。

- ◆ 按时、按质、按量完成上级分配或特殊交代的各项工作任务，负责餐厅员工仪容仪表检查及考勤纪律工作。
- ◆ 负责本区域的清洁卫生及各种用具的保洁工作，合理拟定卫生计划。负责本楼层每日的餐前例会，并根据营业情况合理调动人员，分配工作。做到人尽其才，才尽其用。

- 积极参与到餐厅工作，及时发现和纠正服务过程中存在的问题，不断要求改善服务质量，妥善处理各种纠纷。热情接待新老顾客，态度谦和，及时满足客人提出的各种合理要求，并注意收集客户信息及对餐厅的意见，及时上报总经理。
- 负责对管辖区域的营业额、营业费用及劳力的预测及控制，定期进行盘点，合理控制损耗，加强资产管理。
- 负责餐厅与工程部、仓保以及厨房的横向联系工作，协调保修、申购、领货等工作，使其正常运行。负责下属员工的业务培训计划的制定与落实，不断提高员工的业务素质与基本素质，授权领班按照计划执行服务技巧训练方案。

餐饮部主管主要负责部门内各项工作的管理，是一个十分耗费精力的工作，需要有较强的人员安排能力、突发事件处理能力以及协调管理能力。该岗位的绩效考核项目的具体内容如表 1–7 所示。

表 1–7　餐饮部主管绩效考核项目

序号	考核项目	权重	绩效标准	得分
1	营业收入	15%	考核期内餐饮营业额达到（ ）万元	
2	毛利率	15%	每月餐饮毛利率控制在（ ）% 以上	
3	成本控制	10%	每月监督下属清点餐茶酒具用品，破损率在 3‰，积极配合工程部做好客用设施的维修保养工作，年损耗率不得超过 2%	
4	菜品合格	5%	监督部门出菜速度和菜品合格率，了解宾客对菜品质量的反馈，及时有效的与厨师长进行沟通，适应客户需求，改善菜品翻新花样	
5	客户拓展	5%	不断的开发新客户、承接宴会、积极主动做销售推广工作，每月拓展率以 2% 递增	
6	客户投诉率	10%	基本无客户投诉率，每月控制在 0.1‰，常与客户沟通获取客户对本酒店的意见和建议	

续表

序号	考核项目	权重	绩效标准	得分
7	领导能力	10%	善于领导部署提高工作效率，积极达成工作计划和目标	
8	授权培训	5%	善于分配权力，积极开展培训工作，根据部门员工培训需求加强培训，引导下属正确的开展工作，每月培训不少于 4 小时	
9	工作效率与质量	5%	能出色地完成工作任务，工作效率高，部门辖区员工的差错率为零	
10	沟通协调能力	5%	善于与上下级沟通，能和善地与人相处，受到上下级同事一致好评	
11	工作态度	5%	品德廉洁，言行诚信，立场坚定，足为楷模	
12	有责任感	5%	有工作责任心，能自觉地带领团队完成工作任务，工作积极主动富有创意	
13	工作纪律	5%	自觉遵守和维护公司各项规章制度，出勤率 100%	

1.2.4 行政总厨目标考核

行政总厨是指对厨师进行行政管理的岗位名称，其直接上级是餐饮部经理，直接下级是厨师长。行政总厨的岗位职责具体介绍如下。

- ◆ 根据餐饮部制订的经营目标和方针，负责制订厨房市场开发及发展的具体计划，定期设计和更新糕点、宴会、西餐菜谱。
- ◆ 制订厨房各岗位的职责及操作规程，确保厨房各岗位能够有效运转。参与市场询价，根据厨房原料使用情况和库房存货数量制订原料月采购、日采购计划，并且严格控制进货数量。
- ◆ 督导厨房员工科学管理设备和各项用具，审定厨房设备用具更换添置计划。严格执行《食品卫生法》及餐厅厨房的安全管理规定，检查厨房安全生产情况，及时消除各种隐患，保证设备设施及员工操作安全。

◆ 负责审核、批准原料出库单，填写厨房原料使用报表，定期对原材料、调料库进行盘点，协同财务核算餐厅周成本率。

◆ 定期总结分析餐厅经营情况，改进生产工艺和设备，准确控制各项生产成本。负责征求宾客以及餐厅对菜品质量和出品速度的意见，督导实施改进措施。

◆ 制订厨房各岗位培训计划并负责组织实施。根据部门总体工作安排，计划并组织实施厨房员工的考核、评估工作。完成餐饮部经理临时安排的其他工作。

加油站

管理者要对行政总厨和厨师长进行区分，从侧重方面进行区分，行政总厨侧重于行政管理，对管理技巧要求较高，厨师长侧重于厨师培训；从工作内容进行区分，在餐饮部经理的领导下，厨师长全面负责食品制作，而行政总厨负责厨房的组织领导与管理；地位等级进行区分，行政总厨一般高于厨师长。

行政总厨的绩效考核内容如表 1–8 所示。

表 1–8　行政总厨的绩效考核内容

序号	考核项目	基准目标	权重	得分
1	内部利润率	目标值（ ）元，完成率为 100%	10%	
2	技术指标管理	由上级直接评分	10%	
3	加工工艺改进	由上级直接评分	10%	
4	新产品开发计划完成率	目标值为每月（ ）项，完成率为 100%	10%	
5	单位产品标准成本降低率	目标值为（ ）%，大于目标值的 130%，不得分	5%	
6	安全生产	统计期间内生产事故的次数为 0	5%	
7	产品合格率	100% 合格	5%	

续表

序号	考核项目	基准目标	权重	得分
8	设备故障次数	＜1 次 / 月	10%	
9	部门费用预算超支率	<1%	5%	
10	部门计划完成率	100%	5%	
11	工作态度	积极性、协作性、责任心和纪律性	10%	
12	战略思考	能透过现象看本质，把握组织面临的挑战和机会，兼顾短期和长远目标	5%	
13	创新能力	工作中能不断提出新想法、新措施，善于学习，注意规避风险，锐意求新，在工作中有较大创新	5%	
14	计划和执行能力	具有极强的制订计划的能力，能自如地指挥调度下属，通过有效地计划提高工作效率，以最佳的结果为目的	5%	

以上涉及的考核内容的评分都是百分制，通过汇总不同评分项目的得分情况，即可了解相关岗位工作人员的工作状况。

1.3 餐饮部精细化管理制度设计

无论是部门管理还是员工管理，往往都离不开制度的规范与保障。完善的制度建设可以对部门员工进行约束，让所有工作有条不紊。

1.3.1 餐饮部员工培训制度

酒店餐饮部员工培训制度主要是对酒店员工培训方面的工作进行

规范与安排，让员工培训工作落到实处，通过培训提升员工的工作能力和服务质量。

在制作酒店餐饮部员工培训制度时，需要从以下几个方面进行考虑，最终完成餐饮部员工培训制度的制作。

◆ 岗位培训负责部门

首先要考虑的是岗位培训的负责部门，按照培训工作分级管理的规定，可以由餐饮部经理牵头，餐厅经理、厨师长、餐厅主管或领班负责组织大型的集体培训。

各部门的岗位也可由相应的部门负责人进行组织，并进行岗位相关能力的培训。

◆ 新员工培训安排

部门新进员工上岗，应当坚持“先培训，后上岗”的原则。由酒店分配至餐饮部的员工，应当由所属部门管理人员进行规章制度、业务能力的培训，见习上岗，待培训结束后进行评估并报人力资源部。

◆ 员工提高培训

除了要考虑新员工上岗培训外，还需要考虑在职员工的培训，提升员工的工作能力。员工的岗位提高培训，还应当定期上报培训情况。

厨师和员工的岗位提高培训，由厨师长、餐厅主管或领班从餐饮经营的发展需要出发，根据各岗位的要求与员工岗位技能情况，安排并参与讲课培训。

为防止培训流于形式，可通过厨师岗位提高培训，采用拜师带教形式，师徒结对，定期由厨师长追踪评估。

◆ 外部单位委托培训

如果由外部单位委托培训，通常由部门决定，而是由人力资源部进行任务分配，将人员派至相关岗位进行培训并考核。

员工培训制度不仅仅着眼于员工培训更要注重员工培训档案的管理，这些数据是非常有价值的。

1.3.2 餐饮部卫生管理制度

对于餐饮行业来说，卫生是重中之重。只有做好餐饮部卫生管理，才能让顾客放心用餐，酒店餐饮才能越做越好。下面一起来看看设计餐饮部卫生管理制度需要考虑哪些方面。

◆ 个人卫生和环境卫生

餐饮部工作人员和服务人员的个人卫生会对食品的质量产生一定影响，所以需要规范相关人员的个人卫生。例如，工作前、处理食品原料后或直接接触入口食品之前，要用流动水洗手，不留长指甲、涂指甲油、戴戒指，不对食品打喷嚏、咳嗽及做其他有碍食品卫生的行为。

环境卫生也会影响餐饮出品的质量，食品加工、存放的地方要定期组织大扫除，保证环境卫生。例如，注意环境通风性良好，防尘、防蝇、防鼠、防腐设施完好有效，保证存放垃圾设施完好，垃圾日产日清。

◆ 食品运输和存放

原料的采购和运输同样会涉及卫生管理，要严控此过程，从源头控制食品卫生。包括食品运输环境清洁、运输过程中的卫生（防尘、防潮、防腐）以及食品装卸的卫生。

食品存放的过程中同样要考虑卫生因素，防止因存放环境的问题导致食材变质。主要需要考虑的是造册登记原料出入库，防止某些原料长时间不使用而变质，还需要考虑存放环境的温度，以及冷藏设备的使用是否合理。

◆ 食品加工与出品卫生

食品加工应是卫生管理的重要考察部分，通常食品加工是出品前的最后一道程序。需要考虑的是食品加工使用的原料质量和卫生状况是否符合相关标准，操作流程是否规范、卫生。例如，食品添加剂使用是否符合国家标准，原料是否新鲜。

保证出品卫生，严把最后一道工序，成品与半成品应当分开存放，餐具都应当符合卫生条件。例如，加工后的熟制品应与半成品分开摆放，餐具消毒后放入保险柜内备用。

1.3.3 餐饮服务质量管理制度

为提升酒店餐饮服务质量，为客人营造良好的用餐环境，需要结合酒店餐饮服务的相关制度与规范，制作餐饮服务质量管理制度。该制度适用于在酒店中餐厅、西餐厅和宴会厅等从事餐饮服务的所有工作人员。

管理体系的建立。餐饮服务质量管理应当建立安全管理体系，明确监督范围，从而保证服务质量的稳步提升。例如采取逐级向上负责，向下考核的质量管理责任制；建立质量管理子系统，保证质量管理的连续性。

服务质量的监督检查。需要考虑的是通过何种方法进行服务质量监督管理，才能高效全面地对服务质量进行监管。例如，通过每日突击检查、专项检查、明查、暗查以及询问客户（电话询问、口头询问、客人提意见）的方式进行监督。

监督检查的内容。知道了检查方法后，还需要设置具体的检查内容，细化到具体的服务事项上，保证有章可循。例如，检查餐厅卫生、设备保养、服务技能、服务程序以及菜品质量等。

检查结果的处理。形成具体的惩处措施，对服务质量不达标的员工进行处理，同样需要细化到具体的处罚规定。各级检查人员应对检查结果认真记录，对严重危机事件进行处理，并公布处理结果。

质量问题的整改。对出现问题的员工进行惩处后，还要提出整改意见，让其改进，只有这样才能不断提高。对检查出的质量问题，必须制订切实可行的改进措施并限期改正，检查者必须认真负责、实事求是、处事公正。

1.3.4 餐厅人员服务礼仪规范

相较于餐饮服务管理制度，餐厅人员服务礼仪规范的侧重点在于对服务过程中的礼仪进行规范。只有真正做好服务工作，才能让客人感受到一种被关爱、被呵护的满足感。

餐厅人员服务礼仪规范在制作过程中需要考虑的重点内容主要有以下一些，其实就是整个服务的流程。

- **餐前服务礼仪：**餐前服务礼仪的设计，需要考虑的内容包括迎宾引座、菜单的准备、菜品推荐以及订单书写规范。
- **餐间服务礼仪：**为客人进行餐间服务时，要及时为客人上菜、西餐上菜还要考虑客人用餐速度、上菜服务的具体细节以及其他餐间服务，例如为客人点烟、更换骨碟和分菜等。
- **酒水服务礼仪：**在酒水服务时，首先要考虑如何向客人介绍一款合适的酒水，然后需要了解如何进行斟酒，包括对酒水服务员进行要求，最后需要考虑不同饮品的不同服务规范。

- **宴会服务礼仪**：对于宴会服务，首先应当考虑宴会摆台的规范，服务员宴会期间的规范操作，最后需要明确宴会期间桌面整理的规范，保证餐桌整洁。
- **餐后结账服务礼仪**：在结账服务礼仪中，要规范账单呈递动作，客人付账时的服务要规范。例如，在客人准备好钱款后再上前收取，现金当面点清并致谢。
- **会议服务礼仪规范**：会议服务流程中需要考虑的有会场的清洁、饮品和茶水服务规范以及会议过程服务规范等。

1.3.5 餐厅卫生工作检查细则

为了规范餐厅清洁，给客人创造一个良好的用餐环境，塑造良好的餐厅形象，有必要制作餐厅卫生工作检查细则，规范员工清洁效率，了解哪些地方需要清洁。下面具体介绍餐厅卫生检查细则，如表 1–9 所示。

表 1–9　餐厅卫生工作检查细则

卫生区域	考核项目
前厅吧台卫生	前厅吧台的卫生检查，需要考虑的是餐厅的整体，如餐厅玻璃、门帘、广告牌、绿植以及一些公共设置的清洁卫生。除此之外，还需要考虑吧台内的清洁卫生，如吧台内的设施、地面卫生、物品摆放等
大厅卫生	大厅是客人用餐的场所，所以大厅卫生检查应当更加注意细节。大厅卫生需要考量的有桌面卫生、餐具卫生、沙发、地脚线、高空（水晶灯、珠帘、墙面、玻璃等）、备餐柜、垃圾桶以及清洁用品，具体规范细节由相关人员自行决定

续表

卫生区域	考核项目
包房卫生	包房是一个较为私密的就餐场所，那么对于卫生的要求就更加严格。包房中需要进行卫生检查主要有衣架、玻璃、门框、物品摆放、餐具、地毯、沙发、高空物品、卫生间清洁、开关等，具体的检查细节可自行设置
客服室卫生	客服室也是需要重点检查的场所，只有客服室内的清洁达标，客人接受的服务才能更好。客服室卫生检查主要包括地面清洁卫生、托盘卫生、物品摆放以及墙面卫生

制作好餐厅卫生检查细则后，就需要所有工作人员遵守执行，这样才能切实改善餐厅的卫生状况。

1.3.6 厨房工作人员管理规定

为了加强厨房工作人员的管理，使厨房各项任务更加高效，确保菜品的质量，最终实现效益的增加，需要制定厨房工作人员管理规定，对厨房工作人员的各种行为进行规范。

下面一起来看看在厨房工作人员管理规定的制作过程中有哪些要点需要注意。

◆ 建立考勤制度

制定严格的上下班时间，并要求员工遵守，对无故迟到、早退或旷工的员工制定惩罚制度。同时还需对在岗工作状态进行规范。例如，上班时应坚守工作岗位，不脱岗、不串岗，不准做与工作无关的事，如会客、看书报、下棋、打私人电话等。

规范员工请假制度，不能无故旷工或不按规定的流程请假，否则进行相应的处罚。

◆ 厨房卫生管理

厨房卫生管理主要是对厨房卫生设施的管理、食物卫生的管理以及个人卫生的管理。

①厨房卫生设施的清洁管理，主要是要定期清理、打扫相关设备用具，如抽油烟机、食物加工废水、工作台、橱柜以及厨房卫生死角。

②食品卫生管理的内容主要有食物是否新鲜、是否分类、生熟食物是否分开等。

③个人卫生管理包含的内容有厨房的卫生管理以及工作人员个人的卫生管理。用户在制作相关规定时，可以进一步进行细化。

◆ 食品原料管理与验收

食品原料管理需要控制食品原料的进出顺序，知道如何高效供应原料；食品的验收则是较为重要的，应当规范验收人员的操作，并制定相关规定，从而使得验收人员能够以餐饮企业利益为准，严格把控食品原料。

◆ 工作纪律及处罚标准

对于违反相关规定的工作人员，应当追究其相关责任，毁坏物品的应照价赔偿。例如，如因储存不善造成菜品变质、变味应按价赔偿；偷吃、偷拿厨房食品原料者，双倍赔偿并罚款，严重者辞退等。

1.3.7 厨房值班交接班制度

为了确保厨房相关事物处理的连续性，保证工作有条不紊地进行，需要制定厨房值班交接班管理制度。在制作值班交接班制度时应当注意的要点内容如图 1-1 所示。

交班人员工作安排

在制定厨房值班交接班制度时，首先需要考虑如何进行交接班，以及由谁负责安排交接班，谁负责巡查交接班，交班人员要向接班人员交代的事项等。例如，通常接班人员需提前到达工作岗位，由交班人员交代具体工作事项，厨师长不定时检查值班交接记录。

接班（值班）人员工作安排

接班人员的工作安排也是交接班过程中较为重要的部分，管理人员要明确交班人员需要完成的任务以及相关实际工作。例如认真落实、核对交接班日志，妥善处理和保存剩余食品及原料，做好清洁工作，及时关闭能源开关。

图 1–1

1.3.8 餐饮部会议管理制度

为提高餐饮部各类会议的效率，做好会议管理工作，提高会议质量，降低会议成本，现需制定餐饮部会议管理制度。下面具体介绍该制度的制作方法，以及在制作过程中需要考量的因素。

会议管理制度实际就是对各种会议的召开时间、组织部门以及会议内容进行规范。管理人员在制作该制度时，可以按照不同的会议进行具体介绍。

餐饮部所涉及的会议主要包括月度餐饮经营计划会议、月度餐饮营业业绩分析会议、半月服务质量分析会议、每周前后台协调会、每周部门例会、每日部门例会、部门临时会议、餐饮部各班班前会等。

管理人员可以根据餐饮部实际情况确定要召开的会议，并且根据不同的会议确定负责会议的组织人员、召开时间和会议内容。

1.3.9 员工就餐管理规定

为了加强就餐管理，保证就餐秩序，营造一个温馨、卫生、整洁的就餐环境，做好用餐后勤保障，需要制定员工就餐管理规定，本规定应当适用于所有员工。主要可以从以下几个方面进行分析，最终完成员工就餐管理规定的制作。

定时定点就餐。应当确定固定的时间用于员工就餐，并制定就餐场所，并对非就餐时间进行管理，最后需要考虑因其他原因影响开餐时间的处理办法。

就餐过程管理。主要是规范员工的就餐过程，按何种流程就餐，厨余垃圾及餐具如何处理，还可以号召员工爱护就餐环境。

提倡文明就餐。规范员工行为，爱护餐厅公物，文明就餐，尊重他人劳动成果。例如，不得随意移动餐厅设施，不得在餐厅桌椅、厨具上乱涂乱画。

设立违规处罚。对违反相关规定的员工进行处罚，以制度的形式对员工的就餐行为进行规范。例如，故意损坏餐厅设施或私自将餐具带出餐厅者，按损坏设施价值或带出餐具价值的两倍进行处罚；情节严重且态度恶劣者，取消其就餐资格。

餐饮部员工管理，有效提升工作效率

第2章

02

管理者在对酒店进行管理时，首先需要考虑的是对餐饮部门员工进行管理，因为在服务行业中，工作人员是需要直接与客人接触的。正因如此，需要对员工的工作态度、仪表标准以及服务语言等进行规范管理。

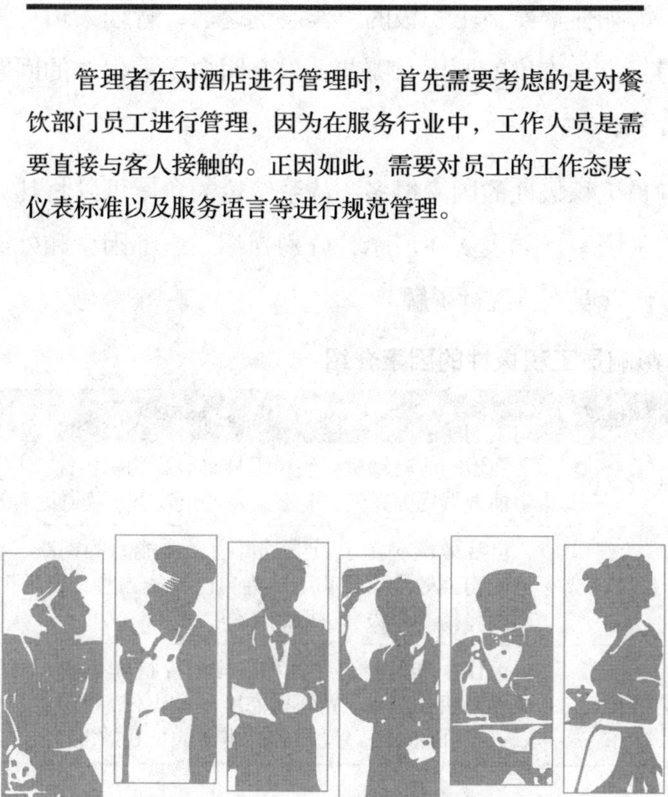

2.1 员工个人管理，提升整体形象

一个公司或集体是由所有的员工共同组成的，而酒店餐饮的员工是直接对客服务的，员工的形象和精神面貌直接代表酒店或集体的形象，所以加强员工个人管理就显得尤为重要。

2.1.1 如何培养员工积极的工作态度

在了解如何培养员工积极的工作态度之前，管理人员首先需要了解影响员工工作态度的原因有哪些，只有明白了最根本的问题，才能更好地着手解决。

影响员工积极性的因素很多，从系统论的角度可以将其分为外部因素和内部因素。如表 2–1 所示，分别介绍了内部因素和外部因素有哪些，方便管理人员进行了解。

表 2–1　影响员工积极性的因素介绍

来源	具体因素	具体介绍
内部因素	成就动机	强烈的成就动机会使员工具有很高的积极性，并且愿意将事情做得更为完美，能够提高工作效率，获得更大的成功
	自我效能	自我效能决定了员工对自己工作能力的判断，积极、适当的自我效能够使员工认为自己有能力胜任所承担的工作，由此将持有积极、进取的工作态度
	自我激励	工作中难免会遇到各种各样的挫折和失败，降低员工的成就动机并对自己持怀疑态度，所以不断地进行自我激励，以维持强烈的成就动机和高水平的自我效能

续表

来源	具体因素	具体介绍
外部因素	上司的影响	上司是为员工安排工作的源头，也是员工业绩的主要评价者，上司与员工的互动对员工的工作态度会有非常重要的影响
	同事的影响	同事之间良好的人际互动和工作氛围，将大大提高员工的归属感，进而调动员工的工作积极性
	工作激励	激励可以分为奖励和惩罚、物质激励与精神激励，适当的激励对提高员工的工作积极性有着不可忽视的作用
	工作本身	同一件工作对于不同成就动机、自我效能的员工来说，意义是不同的。分配恰当的工作，可以有效地提高员工的工作积极性

从本质上讲，没有人是愿意工作的，都是被动的或被生活所迫。那么在这种情况下，餐饮企业管理者应当如何培养员工的工作积极性呢？具体可以从软性和硬性两个方面着手。

软性方面的具体介绍如下。

- 加强企业或团队文化建设，提高员工对酒店的认同感和责任感。坚持以人为本，但要让员工以企为家，形成共融互通、双向付出的关系。
- 加强员工队伍的职业化素养及“新主人翁精神”教育，提高员工的职业化程度。
- 加强员工技能培训，让员工能感到自身的不断提高以及在工作中的人力资本升值。
- 做好支持性工作，关注员工的生活和家人，获取更大的支持。

硬性方面的介绍如下所示。

- 建立工作标准、考核办法，与员工收入挂钩（绩效考核），奖罚分明且要及时，体现效率和效益优先原则。

◆ 采取一定程度的年功序列制（工龄工资），以保持队伍整体稳定。

◆ 根据员工考核推行年度末位淘汰制，适量补充新员工，提高其紧迫感，让员工在保持适当压力的条件下工作。

◆ 进行合理的岗位分析，让员工工作量相对饱和。

◆ 条件许可时，定期轮换岗位或重新调配分组，让员工保持一定的新鲜感，同时也利于分化小团体，防止其集中抱团对抗管理，必要时树立正反典型，予以奖惩。

以上建议，仅供参考，管理者需要根据酒店目前的实际情况制定合适的方法来提升员工的积极性。

2.1.2 员工服饰及工牌管理细节

服务员通常是客人能够直接接触到的，所以规范员工的着装及工牌的佩戴，有助于树立餐厅的良好形象。如果装凌乱，则会给客人留下不好的印象。下面来看一个案例。

在某市区，一位餐饮老板开了一家面积800多平方米、拥有200个餐位的餐厅。整个店的装修设计紧凑，也比较科学合理，空间利用率很高。

在开店之前，也做过充分的市场调查，餐厅周围500米范围内，还没有一家同等规模的餐厅。正当准备大干一场的时候，现实却残酷地给了老板一耳光。餐厅从试营业到正式开业的一个多月内，营业额和客流量一天不如一天。

通过仔细观察发现，每到饭点，只有零星的几桌客人吃饭，客人吃得没劲，员工工作也没激情。而且服务员没有统一的服装，看不出客人和服务员的区别。

通过上述案例可以看出，统一着装对酒店餐饮行业的重要性，那么应该如何对员工的着装和工牌进行管理呢？

◆ 规范发放流程

酒店的行政人事部应当根据员工所在岗位随季节配发工作服及工牌，并做好换季收、发工作。若因工作需要而制作工作服，应提前两个月提出申请。

当员工的职位或岗位发生变动需要更换服装和工牌时，应持行政人事部核准的申请表调换相应服装。

◆ 设定使用期限

不同材料的服装使用的年限是不同的，应该对其进行区分。例如，毛料类、毛涤类、丝绸类第一年做两套，以后视使用情况每隔两年或 3 年更换。棉布类第一年做两套，以后视使用情况每一年或两年更换。男女式衬衫均为两年两件。工程部、保安部等部门岗位配大衣的视情况 3 ~ 5 年更换一件。皮鞋每年一双；平绒布鞋每季度一双。

◆ 规范领用 / 退库程序

新人入职领用服装时，应当根据员工所在岗位配发工作服装及工牌每人配发服装两套，相配套的衬衫、领带、领结等一并发放，并办理相应的领用手续。

员工离职时，应当将工作服、工牌全部交回，并办理相应的退库手续，完成退库程序。

◆ 统一规范保管

应建立工作服保管、发放、检查、报废和洗涤等制度。每季度初将该季度服装使用的数量及各类服装的库存量报行政人事部，以便及时补充。

2.1.3 良好的个人仪表标准是什么

服务员要展现良好的仪容仪表，使自己举手投足间更好地满足顾客的心理要求，以优化服务质量，提升企业整体形象。

所谓仪容仪表，是指一个人的整体外观。仪容就是人的容貌，主要指人的头部，包括面部、发型等；仪表是人的外表，这里主要指人的衣着。一个衣冠整洁利落的餐厅服务员给客人的印象一定是赏心悦目的，所以仪容仪表对于做好服务工作非常重要。

表 2-2 所示为良好仪容仪表的具体内容。

表 2-2　良好的仪容仪表

项目	具体描述
良好的仪容	男服务员不留大鬓角，后面的头发不能长到衣领，上班前头发定型，不能披头散发，不留胡须，经常修面。 女服务员的头发不可长到披肩，按规定盘头。不能浓妆艳抹，上班必须化淡妆，不准佩戴任何首饰，不准留长指甲、涂有色指甲油。不得使用刺激性的香水
规范的仪表	工作时间应着规定的制服，衣服要整齐干净，注意保持衣服袖口、领口处的清洁。衣服应扣的扣子要扣好，衣服的衬里不可露出，不要挽袖子卷裤腿，按照规定佩戴工牌。男、女服务员均以深色皮鞋为宜，袜子颜色要略深于皮鞋颜色

加油站

除了良好的仪容仪表外，餐厅服务人员还应具备良好的仪态。餐厅服务人员的站姿应是端庄、挺拔，体现出优美和典雅。坐姿要端正，表现出坐的高贵和娴雅，步态应轻盈、稳健。一般要靠右行走，不可与客人抢道。接待客人时，手势的运用要规范和适度，谈话中手势不宜过多，动作不宜过大。同时需要注意手势运用时要和面部表情及身体各部分协调配合，以免显得生硬，给客人造成误解。

服务人员在接待中要热情适度，耐心周到，对宾客的态度、反应敏感，虚心听取客人意见，遇事要冷静、沉着，表情要含蓄大方。自控能力要强，使自己保持良好的心态。

2.1.4 7 种方法提高员工个人素质

在如今的发展趋势下，企业竞争实际上是人才的竞争，员工整体素质高低对企业综合竞争力和能否持续发展有很大关系。

员工刚进入餐饮行业，个人的修养以及对本行业的认识可能参差不齐。在员工个人学习提高的过程中，公司的帮助也是必不可少的，下面主要介绍 7 种方法来快速提高员工素质。

定期组织相关培训。管理者可以针对基层员工设计系列培训课程，帮助员工快速提升职业素养。内容包括职业心态、专业技术、沟通、时间管理和礼仪等各个方面，循序渐进，持续提升。

建立“老带新”制度。即新员工入职以后，安排专门的专业人士，通过“老带新”的方式，言传身教，亲身示范，让员工知道正确的操作方式是什么。方便员工遇到难题进行请教，明白在公司哪些工作能做哪些不能做，养成良好的工作习惯和素养。

以身作则，带好头。作为一名团队管理者，应当以身作则，做好表率，给员工起到模范带头作用，言传身教，管理者的一举一动、一言一行都会潜移默化对员工产生影响。例如，要求员工不能迟到，自己就更不能迟到。

具体事件教育。部门发生的一些正面或反面事情，都可用来教导员工。发生这件事的前因后果是什么，有什么启发、教训、经验，今后工作中如何避免类似情形再发生，好的地方如何弘扬，起到教育作用。

为员工制定职业规划。根据员工的特长或爱好，配合企业团队战略需求，寻找一个结合点，帮助员工制定职业生涯规划。需要明确现在、将来每个阶段的目标，从职业素养到专业技能各方面充电学习，帮助员工实现职业转型。

轮岗实习，不再枯燥。员工在某岗位工作到一定时期，容易出现倦怠，管理者可以考虑定期为员工转岗，丰富员工工作，重新学习新技能新知识，激发员工的活力，使员工不断成熟完善，工作经验更加丰富。

定期组织团建活动。定期和不定期举办团建活动，如户外郊游、体育比赛等，增加员工的团队凝聚力，塑造员工的团队精神，相互帮助支持，增加友谊和感情交流。同时，加强对企业团队的归属感和向心力，共同发展。

2.1.5 餐饮服务，语言很重要

作为服务行业，要想在激烈的市场竞争中立于不败之地，要抓硬件，主要指产品质量和环境；也要抓软件，主要指服务质量。要想提升服务质量，除了前面介绍的服务礼仪外，服务语言也同样关键。下面一起来看如下案例。

一天，餐厅里来了3位衣着讲究的客人，服务员引至餐厅坐定，其中一位客人便开了口："我要点××菜，你们一定要将味调得浓些，样子摆得漂亮一些。"同时转身对同伴说："这道菜很好吃，今天你们一定要尝尝。"菜点完后，服务员拿菜单去了厨房。再次上来时，便对客人说："这道菜今天没有了，你另外换一道吧。"客人一听勃

然大怒："你为什么不事先告诉我？让我们无故等了这么久，早说就去另一家餐厅了。"发完了脾气，客人仍觉得在朋友面前丢了面子，于是，拂袖而去。

上述案例中服务员犯了两个错误，一是未了解厨房备货、菜式情况，致使客人点这道菜时未及时指出无货；二是在语言上用词不当，服务语言使用不规范。如果知道无货，应礼貌地向客人解释，例如"对不起，先生，这道菜是这里的特色菜，今天点这道菜的人特别多，已经卖完了，您能不能换道其他菜？ ×× 菜是我们这里新推出的特色菜，您不妨尝尝。"两句话看似简单，表达的意思也差不多，但是有着大不相同的作用。

服务人员与客人交流时要用敬称，说话要文雅、委婉、热情，同时要讲究一定的语言艺术，语意完整。服务语言中有"五要"和"五不要"，能够帮助服务人员规范与提高自己。

服务语言中的"五要"主要包含内容如图 2-1 所示。

尊敬　对客人多用尊称，少用贬称，禁用鄙称，多使用敬语。服务员使用的"你"字都要加"心"字底，以"您"相称。

主动　主动先开口，主动询问客人，寻觅服务对象，可以主动说"有什么可以帮您的吗？"。

明了　要讲得清，听得明，不用听者重复反问。如果主语含糊，语音不清晰，客人就听不懂，这就违反了语言的"明了性"。

愉悦　用词、说话的语气都要有讲究，多用美词雅句，营造一种高雅的文化气氛，客人进入餐厅受到感染，愉悦心情自然就会产生。

兑现　服务语言必须讲得出就做得到，不能为了一时讨好客人而随意许诺，开空头支票必将弄巧成拙。

图 2-1

与服务语言“五要”相对应的便是“五不要”，其主要内容如图 2–2 所示，服务人员应当铭记于心。

口语化：有的服务员在与客人交流的过程中语言过于口语化，可能会有意无意地伤害客人或引起某些不愉快的事情发生，如“你要饭吗”这类征询客人点菜的语言，使人听起来很不愉快、不舒服。

厌烦：服务员不能因客人不礼貌就对其表现出冷淡或不耐烦，相反服务人员更应通过主动、热情的服务使客人意识到自己的失礼。如果正忙着，可以说：“请您稍等片刻，我马上来。”

窃笑：在餐间服务时，当客人进行交流，服务人员除了提供应有的服务外，应注意不随意窃笑、不交头接耳、不品评客人的议论，以免引起不必要的摩擦。

旁听：这是餐厅服务人员的大忌；客人在交谈中，不旁听、不窥视、不插嘴是服务人员应具备的职业道德。服务人员如与客人有急事相商，也不能贸然打断客人的谈话，最好先采取暂待一旁，以目示意的方法，等客人意识到后，再上前说：“对不起，打扰你们谈话了。”然后再说具体内容。

盯瞅：在接待一些服饰、装扮较奇特的客人时，服务人员最忌目盯久视或进行评论，这些举动容易使客人产生不快。

图 2–2

以上这些餐饮服务用语注意事项，任何一个都会影响到客人对酒店的看法，只有所有服务人员都引起重视，才能不断提高服务质量，赢得客人的好评。

2.1.6 员工调节工作压力的 5 种方式

员工在工作的过程中难免会遇到各种不如意之事，如果总是做的不开心，每天都愁眉苦脸地面对，久而久之这样的情绪对人的身体健康也是有害的。因此，应该让员工掌握一些自我调节的方法，帮助员工管理自己的情绪。

员工的压力可能来源于多个方面，例如新人的冲击、人际关系的复杂、工作量太大等，下面具体来了解一下员工调节自身工作压力的 5 种方法。

对自己有信心。培养自己的逆境压力承受能力，把逆境看作一种机遇和挑战，并找到逆转的方法。当逆境出现时，相信自己能够掌握自己的命运，及时走出逆境。

保持乐观的情绪。人虽然被注定了要靠劳力、靠工作来维持自己的生活，当我们遭遇坎坷、工作辛苦的时候，想到我们还有机会欣赏这鸟语花香的世界，可以体味人间苦乐的真谛，还可以领略人间的爱心、善良和同情。如果能这样去看待困难的话，就可以保持乐观的心态。

向他人倾诉。在工作中遇到困难举步维艰时，不应该封闭自己，而是利用一切可能的时间和机会来与朋友进行沟通和交流，把自己的一些苦闷和忧愁向自己的朋友和亲人倾诉，希望能得到他们的理解和支持。

适时放松自己。有时是因为自己心理包袱太重，才处于困境中，其实用户完全可以放下心中的包袱，放松自己。例如在上班前、午休时和下班后，给自己安静和谐的 10 分钟，可以在茶坊、咖啡店放松一下。

转移压力。当你工作中开始闹情绪时，可以通过其他方式转移，比如听音乐，听一首优美的音乐，读几页书，想象一些美好的事情，把不好的事情先忘掉，也让自己得到一个休息。

2.2

高效管理员工，增加酒店效益

员工个人管理可以提高员工个人素质以及服务质量，作为管理人员更需要了解如何对所有员工进行高效管理，让酒店能够在井然有序运行的同时，实现酒店效益的增长。

2.2.1 用完善的考勤制度约束员工出勤

考勤管理是部门绩效管理工作的一部分，它通过约束的手段来统一全体员工的工作态度、规范全体员工的工作行为、提升全体员工的工作业绩。要实现这一目标，就需要管理人员制定完善的考核制度。

对于一个企业，只有切实贯彻并执行一套合理的考勤制度，才有成功的保障。考勤制度的重要性如图 2-3 所示。

- 完善考勤制度，避免小部分员工敷衍了事，无视考勤制度，占便宜。否则会挫伤遵守纪律员工的积极性，损害他们的利益。
- 考勤的根本目的不是处罚、扣款，而是为了提高员工积极性，使所有员工能处在一种公平公正的环境下。
- 从一个员工的考勤情况上也可以判断员工的工作表现，出勤状况体现员工的工作态度，态度往往又体现在行为上，成为个人表现的判断指标。
- 考勤制度还应当对员工请假进行规范，过于频繁的请假会影响工作效率。请假的方式和频率往往也是评价员工的重要依据。

图 2-3

如果酒店已经提出了考勤要求，但是效果并不好，那么就有必要建立相应的考勤制度，因为只有制度才能规范员工，才能真正体现考勤的效果与价值。

管理人员在制定考勤制度时，要从酒店的实际情况出发进行考虑，主要可以从两个方面进行考虑，分别是每日考勤制度和员工请假制度。下面分别进行介绍。

◆ 每日考勤制度

管理者首先需要明确考勤的方式，目前常用的有打卡考勤、签到考勤以及指纹考勤等；其次是对员工考勤时间进行规定；接着要明确规定没有按时考勤的员工的具体处罚措施；最后明确规定考勤是否与员工各方面考核有关。

◆ 员工请假制度

员工请假制度中需要明确员工的请假流程，让员工明白应该如何请假。除此之外，还需要注明没有按规定请假私自离开或旷工的具体处罚标准。

如下所示为某酒店的《酒店员工管理制度》中关于考勤制度的规定。

一、考勤制度

1. 按时上下班打卡签到、签离，做到不迟到，不早退。若发生打卡异常，本人需及时到人事部填写《补卡申请单》。每月累计缺卡 3 次（不含 3 次）以上按 10 元 / 次处罚（当日上班卡、下班卡视为两次）；迟到 30 分钟以内按 1 元 / 分钟处罚，另外需要在当日补足规定工作时长。迟到 30 分钟以上 4 小时以内视为缺勤 0.5 日进行处罚，迟到 4 小时以上视为缺勤 1 日进行处罚。

2. 事假必须提前一天通知部门，提交《请假单》，说明原因，经部门批准后方可休假，请假3天以上须经总经理批准。

3. 病假须持医院证明，经批准后方可休假。

4. 严禁私自换班，换班必须有申请人、换班人、领班、经理签字批准。

5. 严禁代人签到、请假。

6. 无故脱岗30分钟以上即为旷工1日，扣3倍工资，累计旷工3天做开除处理。

2.2.2 用健全的激励机制提升员工积极性

健全酒店员工激励机制有助于培养员工的主人翁意识，不断提高酒店品牌效应的信誉度。酒店的激励机制不完善主要体现在两个方面，分别是物质激励和精神激励，如图2-4所示。

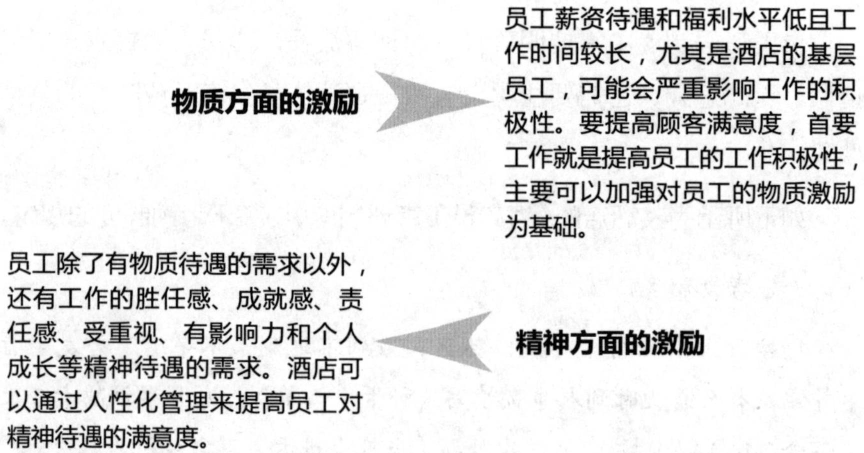

图2-4

每一位管理者都必须坚信，员工缺失激情不是他们自己的错，而是管理者和组织机制的错。员工绝不是天生缺失激情，一个浑身上下充满激情的人进入一个冷冰冰的组织，他的激情会慢慢被稀释和消解。

一个死气沉沉的人进入一个激情四射的团队，他也会被集体的热情所带动，变得富有激情。

管理者要明白，员工的激情不会凭空产生，而不适宜的管理方式和组织机制会消磨员工的激情。因此，想要激发员工的热情，管理者必须掌握科学有效的领导和管理艺术，使用正确的激励方法，并在组织内构建合理的激励机制和激励文化。

下面来看具体的案例。

世界著名 CEO 杰克·韦尔奇统率通用电气公司之后，创造了历史上的奇迹。用了近 20 年时间，他成功地将公司带到了世界最高市值公司的王座。“这一切的成功，要归功于一种全新的经营核心管理模式，而这一模式的秘诀在于通过调动员工的积极性、参与公司决策的过程，激发出他们用之不竭的工作干劲。”纵观诸如惠普、IBM、微软、松下电器、西南航空等卓越的公司，无不具有完善的员工激励机制，这些企业的领导者也都是善于激励员工的大师。

由以上例子可以看出员工激励的重要性。同样的，对那些在酒店经营过程中做出重大贡献的员工、部门或团体予以适当的表扬或物质激励，可以提高团队凝聚力。管理人员在制定激励机制时，主要可以从以下几个方面进行展开。

◆ 奖励条件

奖励条件主要是指满足相关条件的个人或团体才能获得奖励。

先进行为。员工有拾金不昧（达到一定金额或等价的物品）、见义勇为、舍己为人等先进行为。

评价优异。在酒店年度评选中被评为先进，或是季度、半年、年度优秀员工，酒店应当给予表彰。

受到表彰。个人或团体代表酒店参加比赛，受到省、市级表扬或为公司提供合理化建议或技术创新。

◆ 奖励流程

奖励的领取流程同样需要进行规范。例如，领奖人需要填写相关申请表，然后由人力资源部门进行核实，最后经相关部门批准，发放奖励。

◆ 违规处罚

为了健全奖励制度，还应当设立违规处罚机制，保证绝对的公平公正。对违规上报申请的员工和部门予以加倍处罚。

2.2.3 专业培训，提升员工能力

在第 1 章中介绍了如何制作餐饮部员工培训制度，其中对员工培训流程及内容进行了规范。要通过专业培训提升员工的能力，就需要在培训内容上多下功夫，对不同的员工采用不同的培训形式，只有把培训做精、做实，才能起到培训的最终效果。

下面具体看一个案例。

某酒店管理集团是国内排行前几名的酒店管理集团之一，目前酒店发展势头良好，营业额逐渐增加。同时，作为一家大企业还是很重视企业员工培训。

作为酒店的培训经理，对其酒店当然很熟悉，也很清楚其内部的培训情况，包括各项培训的开展情况，每月安排各种培训讲师积极展开培训。不过，酒店员工总是因各种原因不参加培训，或是敷衍了事，每月培训计划的月报变成了文字游戏，毫无意义。公司的领导对此也不是十分重视。因此，有些部门就钻空子，有些培训课根本就没有上

或培训效果不好，培训主管也感到无能为力。

经过几年的发展，酒店的业绩日渐下滑，员工的服务相较于其他同类型的公司也显得落后。酒店也没有很好的创新，加之酒店管理的落后，员工缺乏培训服务质量下降，酒店收到的客户投诉越来越多，如果不及时调整，最终可能会面临倒闭。

通过上述案例可以看出，员工培训对于酒店的长久发展有着重要的影响。酒店只有与时俱进、不断创新、提升自身能力才能得到长远发展。

酒店管理者在考虑员工培训的安排时，需要对培训内容和培训形式进行深入研究，必要时可以与培训经理进行探讨，找到适合员工的培训内容及培训形式。

◆ 培训内容

培训内容是否科学合理，将直接影响到员工培训的质量与效果，不合理的培训内容，不仅达不到预期的培训效果，还会造成企业资金和时间的浪费。因此，对于员工的培训，要根据员工技术技能、专业知识的不同需求，着眼于企业的生产经营和企业的长远发展目标，培养出德才兼备的各类人才，具体介绍如表 2–3 所示。

表 2–3　如何设置培训内容

培训内容	具体介绍
提升员工综合素质	员工综合素质的高低在一定程度上决定着员工能否干好工作，因此在确定培训内容上，应重点培养员工的敬业精神、团队精神和吃苦耐劳精神，培养员工对企业的忠诚度
培训内容要有针对性	员工的技术技能、专业知识有高有低，因此在确定员工的培训内容时，要针对员工的技术技能高低、专业知识的不同，分类别、分档次对员工进行针对性较强的培训，以达到良好的培训效果，切忌出现公司全体人员一起培训某技能的现象

续表

培训内容	具体介绍
培训内容要有前瞻性	要通过预测企业未来的发展需求和方向，企业未来运行过程中对各类专业人才的需求，提前进行培训与人才开发，重点培训一些实用的人才，为企业未来的发展进行人才储备，以便更好地适应企业的长远发展
加快培养复合型人才	随着行业形势的不断变化，企业对人才素质的要求已由原先的专业单一型向复合型转变。因此，企业要加快培养复合型人才，重点培养一批具有多项专业技能、多才多艺的复合型人才，以适应企业发展形势的需要

◆ 培训形式

加强员工培训，必须要创新培训形式，改变以往单一的授课培训方式，借鉴先进企业的培训模式，创新培训方式。以现代化的培训手段对员工进行有效培训，使之取得理想的效果，具体介绍如表 2-4 所示。

表 2-4 员工培训的先进形式

培训形式	具体介绍
技术专家进行指导	对企业员工的各类专业技术技能存在的弱点、缺点，有针对性地请国内各类技术专家定期对他们进行有效的授课或在岗培训，改正他们技术上存在的缺点
选派技术尖子进行培训	有计划地选拔一些优秀人才到国内先进企业进行培训学习，待其归来后再把自身所学到的知识对广大员工进行再次传递，产生一种良性循环，以促进员工共同提高
员工之间互动式交流培训	在设置培训主题后，根据员工自身特点，将培训内容分配到具体员工，要求他们进行各自学习，各自负责主讲部分的内容，广大员工就其所讲部分内容及授课方式展开集体讨论，总结长处，改进不足，提高培训成果
开展比赛，以赛促训	广泛深入地开展员工技术比武、岗位练兵活动，做到以赛代训、以赛促训，使员工之间进行充分的技术交流，激励员工岗位成才，引导员工在实践中完善，在竞争中提高，在奋斗中充实，努力提高自身素质

续表

培训形式	具体介绍
开展岗位复训机制	在岗员工在长时间从事相同的工作后，往往会渐生惰性，操作会由熟练变成机械、麻木，甚至将规范的操作程序简化。因此，对于在某一岗位长时间工作的员工进行复训，并对他们进行有效考核，以达到温故而知新的目的
以师带徒，快速提高	要充分利用公司拥有的一批技术骨干的专业能手，加强“传、帮、带”，以老带新，通过带岗者的言传身教，使广大员工充分获取工作经验和技能，以促进企业专业技术素质的整体提高

员工培训不是一两天能够完成的工作，想要培训出适合酒店、企业的员工团队，除了要加强员工培训管理，更要培养员工的学习兴趣，使员工快速转变观念，自主学习。

2.2.4 加强晋升管理，建设人才梯队

在公司发展过程中为了提高公司和个人的核心竞争力，提升经营业绩，同时也给广大员工提供发展通道，达到人尽其才、各尽其能的效果，就需要加强公司员工的晋升管理。

晋升管理制度的建立，需要增加公司的人才储备，保证在各个领域、层次都有足够多的合格人才；明确晋升的方向和标准，让员工知道做什么、如何做，引导员工积极做好各项工作。

◆ 明确晋升的基本原则

明确晋升原则，确定核心要素，管理人员要做到公正公平，主要可以从以下方面进行考虑。

①能力导向原则，能力是晋升的核心考虑要素，能力达标才能实现岗位晋升。

②机会均等原则，所有员工享有均等的晋升机会，不因资历、年龄、性别等区别对待。

③能升能降原则，达到酒店要求可以晋升，不满足酒店要求的则应当予以降职。

④持续改进原则，随着酒店不断发展和外部经营环境的变化，对人才的要求也会不断升级，相应的晋升标准也会更新调整，从而适应当前的酒店具体环境。

◆ 提供合理的晋升通道

管理人员在制定晋升通道时，应当从横向晋升和纵向晋升两方面考虑，为员工提供合理的晋升通道，如图 2–5 所示。

横向晋升	有时员工选择或酒店安排的工作不一定是最适合员工的，管理人员如果发现其另有所长，可以在公司内重新选择安排。例如，客房到前厅，或晋升为某一管理职位。
纵向晋升	员工职位等级由低级到高级的晋升。例如，按“部门普通员工→部门领班或文员→部门主管→部门经理或副经理→部门总监→副总经理→总经理”的流程逐步晋升。

图 2–5

◆ 制定晋升考核标准

酒店相关考核人员在对员工晋升考察时，应确定统一的考核标准，可以从员工的实际工作能力、绩效和态度等方面对员工进行考核。另外，以关键事件作为员工晋升和降职的重要参考。

其中各部分在考核中的比例也需要进行具体设置，绩效和能力应该是晋升参考的最主要因素，其占比应比较大。

◆ 合理的晋升周期

晋升分为定期晋升和不定期晋升，定期晋升是指制定一个固定的时间组织相关考评晋升。例如每年的年初（1 月）和年中（7 月）组织的晋升；不定期晋升指转正评估时的晋升或管理岗位调整时的晋升。

除了定期对提交了晋升申请的人员进行考察外，同样应当对其他所有员工根据年度绩效和年终总结进行评估，其中不胜任的人员应予以降职处理。

员工晋升的一般流程如图 2-6 所示。

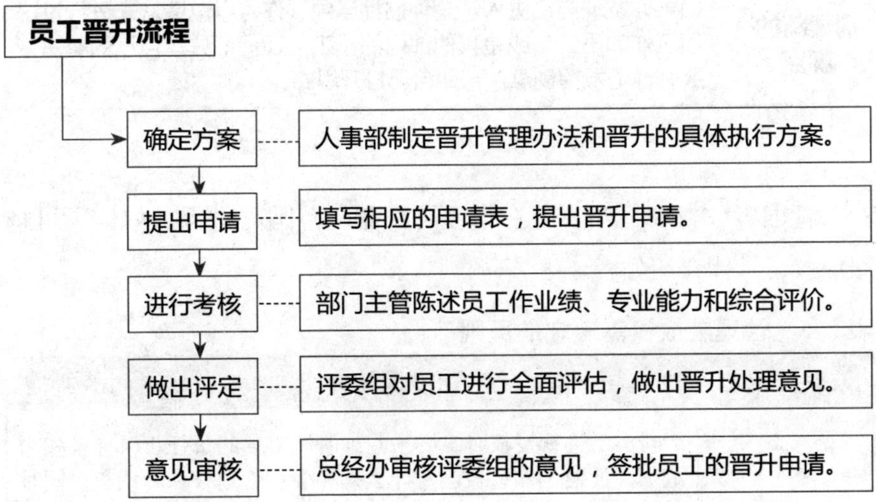

图 2-6

2.2.5 适当放权，让员工自主工作

美国著名的社会学家怀特曾说过：“世界上最困难的事就是把一项很拿手的工作交给别人，再眼睁睁地看他把工作搞砸，而你却心平气和，一言不发。”但是作为酒店的餐饮管理者，有时就得有这种魄力。

那么具体哪些情况下管理者需要放权，将工作交给员工呢？具体介绍如图 2–7 所示。

工作十分简单：当一项工作十分简单，可以轻易完成，那么这项工作已经没有任何挑战性了，再由自己完成，只会浪费时间，这时就可以将这项工作授权给员工。

想让员工学习：当你需要员工进行学习，获得成长，从而帮助你完成一些工作时，可以对员工进行培训，让其帮助你完成一些工作，在提升员工工作能力的同时，还能让员工感受到被重视。

需要新的观点：如果你发现自己进入了某种惯性当中，你可以邀请从未进行过这项工作的员工，或是其他部门的员工，让他们分享自己的看法，鼓励他们发挥创意，帮助自己打开思路。

图 2–7

管理者放权要适当，要在自己可控制的范围内进行放权，不可越级放权，具体介绍如表 2–5 所示。

表 2–5　管理者放权需遵守的原则

原则	具体介绍
明确权限	向员工进行授权时，必须明确所授事项的责任、目标及权力范围，让他们知道自己对什么人和事有管辖权和利用权，同时对什么样的结果负责及责任大小，使之在规定的范围内有最大限度的自主权。否则，被授权者在工作中摸不着边际，无所适从，势必贻误工作
适度原则	评价授权效果的一个重要因素是授权的程度。授权过少可能无法起到减少管理者工作量的效果，还可能使员工的积极性受到挫伤；但是授权过多，又可能会造成工作杂乱无章，甚至最后失去控制。因此，授权要做到下授的权力刚刚够

续表

原则	具体介绍
有权必有责	在授予权利时，权与责务必相统一、相匹配。这不仅是说有权利就要有责任，而且权力和责任还应该相对等。如果员工的职责大于他的权力，员工就要为一些自己力所不及的事情承担责任，这样自然就容易引起员工的不满。 如果员工的职责小于他的权力，那么员工就可能利用自己的权力去做职责以外的事情，从而引起管理上的混乱，给管理者带来不必要的麻烦
不同员工，不同管控	为了防止员工在工作中出现问题，管理者应当分层级对不同能力的员工进行不同程度的权限控制。例如，对能力较强的员工的控制可以稍微减少一些，而对那些能力较弱的员工，控制力度就要尽可能的大一些。 为了保证员工能够正常工作，在对员工进行授权时，就要明确控制环节和控制方式，管理者只能采用事先确定的控制方式对设置的控制环节进行核查。当然，如果管理者发现员工的工作有明显的偏差，可以随时进行纠正，但这种例外的控制不应过于频繁
不可越级授权	越级授权是指上层管理者把本来不属于本身职权范围，而属于中间管理层的权力直接授予给下级。这样做是不符合规范的，容易造成中间管理层工作难以开展，十分被动，从而扼杀他们的负责精神。 所以，无论哪个层次的管理者，都不可将不属于本级职权范围内的工作授权给下级，否则可能会导致组织混乱和争权夺利的严重后果
保证权利可控	授权不等于放任不管，权力既可授出去，也要能够收回来。所有的授权都可以由授权者收回。上级管理人员不能因为把职权授予出去而不收回职权，永久将该权利赋予下级员工。 职权的收回能够保证改组的顺利，因为公司免不了要改组，而改组的过程中不可避免地要涉及职权的收回和重新授予问题

在完成对下属员工的授权后，还应当督促下属员工立即行动，快速完成交代的任务。既已授权给下级员工，那么管理者只需在大环节

上把住关键，讲明原则让其自行决定工作流程即可。

从长远考虑，管理人员还必须对自己的员工有正确的了解。只有以此为基础，才可能做出正确且合理的人员配置，因人授职，从而发挥每个人的专长和潜能。

管理层授权后应当不再指手画脚，而是向员工放权。每个人都应当成为自己的领导，企业的文化氛围应当变为一种共同的责任。每一个日常的内容都需要做出变化。随着微观管理的消亡及专横上司成为过去，具有强大领导能力的管理者也会诞生。他们会专注于对员工的优秀表现进行鼓励和认可，也会看到每一个人的成长潜力。

酒店餐饮精细化管理

中餐厅精细化管理，服务更周到

第3章

03

中餐厅是酒店餐饮部门中十分重要的一部分，只有了解中餐厅岗位的考核方式，管理者才知道如何对各岗位进行考核，提升工作效率。除此之外，本章还涉及中餐厅的服务流程、服务技巧和规范方法，帮助管理人员有效规范服务人员操作，提升服务质量。

3.1

中餐厅岗位目标考核，提升员工积极性

中餐厅是为客人提供中餐服务的重要区域，酒店管理人员应当了解中餐厅的各个岗位的工作目标，以及如何对岗位进行考核，从而提高员工的积极性。

3.1.1 中餐厅经理的绩效考核

中餐厅经理是在餐饮部经理的领导下，负责中餐厅的日常运营管理、组织中餐厅对客服务、协调工作、成本控制以及人员管理。该岗位的考核，可以从以下5个方面进行，下面进行具体介绍。

◆ 中餐厅经营计划完成率

通常中餐厅经理会参与制作中餐厅年度及月度经营计划，那么中餐厅经理是否正确领导中餐厅员工积极完成各项接待任务和经营指标、努力提高餐厅销售收入、保证中餐厅日常工作的顺利完成，就成了重要的考核指标，这充分体现了领导人员的执行能力。

◆ 中餐厅营业额

餐厅经营是以盈利为目标，那么中餐厅的经营情况或是营业额的数量就是考核中餐厅经理是否称职的重要指标。

一个无法让酒店盈利的管理人员，其他工作做得再好，也是不符合要求的。所以在对中餐厅经理进行考核时，部门业绩将对其考核起到十分重大的影响。

◆ 中餐厅经营成本节约率

中餐厅经营成本的控制是一项非常重要的工作，这也是部门经理的重要工作之一。主要可以从以下 4 个方面对中餐厅经理进行考核。

①审核中餐厅的营业收入，是否做好结账控制工作，杜绝舞弊行为发生。

②是否有效控制中餐厅低值易耗品成本，抓好成本核算。

③是否加强配料、布草等物资的领用与管理工作，降低费用。

④掌握中餐厅的饮料销售情况，确保成本控制在标准范围内。

◆ 客人满意度

对在餐厅就餐的客人进行用餐满意度调查，从而得到客人对中餐厅的各项服务的满意度，这也是评价中餐厅经理的重要指标，间接展示了中餐厅的经营情况，只有得到客人的认可，餐厅的经营才算是比较良好的。

◆ 员工培训计划按时完成率

中餐厅经理除了需要对餐厅经营进行管理，还需要定期组织开展培训活动，不断提高员工专业技术知识和服务技巧，改变服务态度。

所以员工的培训组织情况、培训效果以及是否按时完成等，都是考核中餐厅经理的重要指标。

3.1.2 中餐厅领班的绩效考核

中餐厅领班主要负责中餐厅内的各种细致工作，督促员工，对各项工作进行检查，并将个人的意见及建议及时报告上级部门。在对中餐厅领班进行绩效考核时，主要可以通过以下几个方面进行设置。

◆ 业务技能：业务技能是指完成相关业务的能力，这包含对中餐厅领班的事务处理能力以及综合管理能力，是重点需要考核的部分，管理人员可以根据实际情况制定考核指标，如表3-1所示为常见的中餐厅领班业务技能考核指标。

表3-1　业务技能考核指标

考核内容	评分标准
经营指标完成情况	①完成或超额完成为15分；②完成90%以上为10～15分；③完成90%以下为1～10分
餐厅日常工作分配安排情况	①安排合理、到位，餐厅运转有序，5分；②基本合理、到位，餐厅运转基本有序，3～4分；③安排一般，1～2分
餐厅卫生情况及设施设备维护保养情况	①环境、餐具及餐厅员工个人卫生均合格，酒店卫生检查无大差错，5分；②卫生基本合格，酒店卫生检查基本无差错，3～4分；③卫生一般，1～2分
餐厅服务质量情况	①服务热情、规范，经常受宾客表扬，15分；②基本规范、合乎酒店要求，客人投诉较少，13～14分；③服务一般、无特色，客人投诉较多，11～12分
处理投诉能力	①对宾客投诉能快速解决，达到宾客满意，挽回酒店损失5分；②处理能力一般，基本没造成不良影响，3～4分；③基本能处理投诉，基本能使客人满意，1～2分

◆ 现实表现：主要是对中餐厅领班的基本表现进行考核，例如出勤率、工作纪律、工作态度、表率作用以及重大宴请、会议接待能力。管理人员可以从这些方面进行详细设置，制定具体的考核制度。

◆ 沟通协作能力：沟通协作能力是中餐厅领班必须具备的重要能力之一，领班岗位要起到各项业务的协同作用，需要沟通与协作的较多。例如，与中餐厅厨房进行沟通、与其他餐厅或部门进行沟通、培训参加情况以及部门培训实施情况。

3.1.3 中餐厅迎宾员服务考核

迎宾员主要负责餐厅迎客、送客过程中的服务工作，是客人对餐厅的第一印象，所以显得特别重要。对中餐厅迎宾员的服务考核，主要是按照其具体的服务流程进行服务细节考核。

- 迎宾服务考核：对于迎宾员，仪容仪表也是需要进行考核的，其次就是迎宾员的服务考核。管理人员可以针对迎宾员的具体服务工作流程制订具体的考核指标。例如，从迎宾员的仪表、迎宾、引座、手势以及上茶等服务规范进行考核，如表 3-2 所示。

表 3-2　迎宾服务考核标准

序号	评分标准
1	迎宾员仪表要整洁美观；头发前不过眉，后不过耳，长发盘起（1 分）；面部清洁，化淡妆，眼影、口红颜色适中（1 分）；着装整洁，无夸张修饰，无首饰、项链以及饰品装饰（1 分）；指甲需整齐，清洁（1 分）；彬彬有礼，热情、面带笑容地站在餐厅门口指定区域（1 分）
2	当客人进入迎宾视线范围的时候，迎宾要对客人引起关注（ 1 分）；即将到达餐厅区域附近的时候， 迎宾要立即走上前迎接客人（ 1 分）；客人到达餐厅时，要立即与客人打招呼问好，并以 15° 鞠躬礼热情地迎接客人（ 1 分）；目光亲切，声音清晰，微笑有礼，询问客人姓氏并称呼客人（ 1 分）
3	客人有预订的，要核对客人的姓名、预订单位名称、人数、电话号码，以便带位（ 1 分）
4	带领客人入座时要走在客人前方（ 2 分），带客途中速度均匀，在拐角或有台阶的地方要停下来提示客人，与客人保持约 1 米的距离（ 1 分）
5	带位过程中要使用客人的姓氏尊称客人（ 1 分）；待客人入座后告知客人行李放置的地方（2 分）

- **送客服务考核：**送客操作主要考核的是送客的动作、姿态以及服务语言。
- **服务质量考核：**迎宾人员的服务质量主要体现在客人是否投

诉，如果客人进行投诉或是投诉较多，则对应的考核成绩会进行相应的扣分。

3.1.4 中餐厅服务员的考核标准

中餐厅内与客人接触最多的就是餐厅服务人员，良好的服务质量才能让客人感到舒适，从而给客人留下好印象。因此，对服务员进行考核是很有必要的，服务员考核标准的制定，也在一定程度上决定着服务质量的优劣。

服务员的考核主要可以从以下几个方面进行，具体介绍如图 3-1 所示。

服务员仪表考核：主要需要对服务人员的仪容、着装以及配饰等进行考核，对不符合要求的员工进行扣分。例如，仪容、仪表符合酒店规范标准，礼节礼貌专业、规范，不符合规范的项目扣 1 分。

相关知识考核：服务员知识考核，主要是对在对客服务中需要掌握的知识进行考核。例如，熟悉中餐服务流程，包括餐前准备、摆台标准（2 分）；精通菜肴、酒水知识（2 分）；了解酒店概况、规章制度、奖罚条例、最新动态及顾客的消费心理（2 分）。

服务技能考核：服务技能考核主要是对服务过程中的各种规范技能进行考核。例如，熟练中餐六大基本技能（摆台、叠花、上菜、分菜、斟酒、托盘）；服务技能技巧要娴熟、轻快，摆台、收台（15 分钟）动作规范、迅速；能处理顾客的投诉，做到沉着、冷静、思路清晰。

图 3-1

服务员对客服务，是中餐厅中最主要的服务部分，也是最容易出现客人投诉的部分，所以还需要对服务人员受到客人投诉或好评的记录进行统计，这同样是对服务人员进行考核的重要标准。

3.1.5 中餐厅传菜员的绩效考核

传菜员主要负责菜品的传送工作，厨房出菜时，及时传递餐厅用餐宾客的各种要求、并负责落实。传菜员也是中餐厅中需要重点进行考核的岗位。

对传菜员的考核可以分为基础项目考核和特殊项目考核两种，下面分别进行介绍。

◆ 基础项目考核：基础项目考核主要是指员工的基础考核，主要包括出勤、仪容仪表、客人投诉、工作区域卫生等。

◆ 特殊项目考核：这部分的考核主要是指对传菜员的主要服务项目进行考核，评判其服务质量，主要包括传菜速度和准确度、托盘使用是否规范以及与厨房协调是否良好等。

表 3–3 所示为某酒店传菜员的绩效考核的部分内容与相关标准，可供参考。

表 3–3　某酒店传菜员的绩效考核内容与标准

考核内容	分值	考核标准
迟到	5	无迟到得 5 分；迟到次数≤ 1 次，得 2 分；迟到次数＞1 次，得 0 分
旷工	5	无旷工，得 5 分；旷工≥ 1 次，得 0 分
仪容仪表	5	按照管理制度关于员工仪容仪表的要求规定，全部合格，得 5 分；合格两项以上，得 3 分；合格两项以下，得 0 分
投诉	10	无客诉，得 5 分；周客诉＞1 次，得 0 分。内诉≤ 1 次，得 5 分；内诉＞1 次，得 0 分
传菜速度	12	优 12 分；良 6 分；差 0 分
托盘的使用	5	使用托盘：≤ 2 次，得 5 分；3 次，得 3 分；＞3 次，得 0 分
与厨房协调配合	8	优 8 分；良 4 分；差 0 分

3.1.6 中餐厅酒水员的绩效考核

中餐厅酒水员主要负责酒水的申购、领用和保管，酒水供应服务，酒水盘存操作。对中餐厅的所有酒水工作进行管理，以及对综合性的事务进行处理。在对中餐厅酒水员进行考核时可以从以下几个方面进行考核。

◆ 酒水管理考核

酒水管理考核主要是考核酒水员对中餐厅酒水的管理情况，确保酒水的保存管理合规。例如，陈列柜酒水摆放整齐，规定时间开启灯及换气扇；不定期检查所有酒水的有效期，造成严重后果全权负责；对当日供应酒水品种备足，并做好酒水验收工作。

◆ 酒水服务

酒水服务的绩效考核主要包含两个方面，一个是酒水服务操作，另一个是酒水推销考核。

①酒水服务考核主要是看酒水员能否快速提供需要的酒水，并且做好餐前、餐后的卫生工作。除此之外，还要做好见单发货，准确无误地登记好客人存放的酒水品种、单位、姓名等信息。

②酒水员应站立服务、面带微笑，做好主动推销工作，按照规定为客人推荐合适的用餐酒水。必要时管理职员可以制定相应的销售要求和目标，激励酒水员推销酒水。

◆ 做好酒水记录

酒水员是否能及时填写相关报告或记录也是重要的考核指标，只有做到账实相符，才能更加高效、准确地做好管理工作。例如，员工上交的客人储存酒水或剩余未开封酒水需有台账记录，并由双方签字；做好当天瓶盖回收的登记工作；当日账当日清，配合财务核查。

图 3-2 所示为某酒店中餐厅酒水员绩效考核要求，管理者可以参考该内容制定合适的考核制度。

1.对当日供应酒水品种备足，并做好酒水验收工作，违反者罚款10元，扣2分。
2.不定期检查所有酒水的有效期造成严重后果全权负责。扣15分。
3.做好见单发货准确无误并登记好客人存放的酒水品种、单位、姓名，违反者罚款5元，扣1分。
4.做好当天瓶盖回收的登记工作，违反者罚款5元，扣1分。
5.陈列柜酒水摆放整齐，规定时间开启灯及换气扇，违反者罚款5元，扣1分。
6.对打包盒、打包袋、茶叶、话梅、一次性筷子等妥善保管、合理领取，违反者罚款5元，扣1分。
7.酒水员应站立服务、面带微笑，做好主动推销工作，（注：除清算账目外）违反者罚款5元，扣1分。
8.吧台电话铃声三声内接起，不得超过三声，违反者罚款5元，扣1分。
9.做好餐前、餐后的卫生工作，违反者罚款5元，扣1分。
10.酒水单缺少，在酒吧处发现缺少，由酒水员承担全责。扣5分。
11.酒水员必须时刻督促要求开单者按要求开单并签名，未把关，则处罚一次5元并扣1分。
12.酒水单的作废及编号不符，酒水员需写明理由并由主管级以上人员审核签字并上交财务，违者处罚5元，扣1分。编造理由，与事实不符，查处后处罚50元，扣10分。
13.员工上交的客人储存酒水或剩余未开封酒水需有台帐记录，双方签字，每日由值班主管级核查并签字，违者处罚10元，扣2分。
14.私拿私饮吧台酒水以一罚十，作严重警告，扣15分。

图 3-2

3.2

中餐厅服务程序全解

合理规范的服务流程可以让餐厅工作井然有序，提升效率。管理人员在对中餐厅进行管理时，首先需要了解中餐厅的主要服务程序有哪些。只有对整个服务流程都了解了，才能更好地对各个细节进行规范管理。

3.2.1 接受电话预订要有礼

电话预订是酒店餐饮服务中经常会遇到的，例如订餐、订位、订包间等。那么应该如何礼貌接听预订电话，如何高效、准确地为客人提供预订服务，这就需要服务人员掌握一定的规范与技巧。

图 3-3 所示为中餐厅电话预订的一般流程，具体可以分为 5 步。

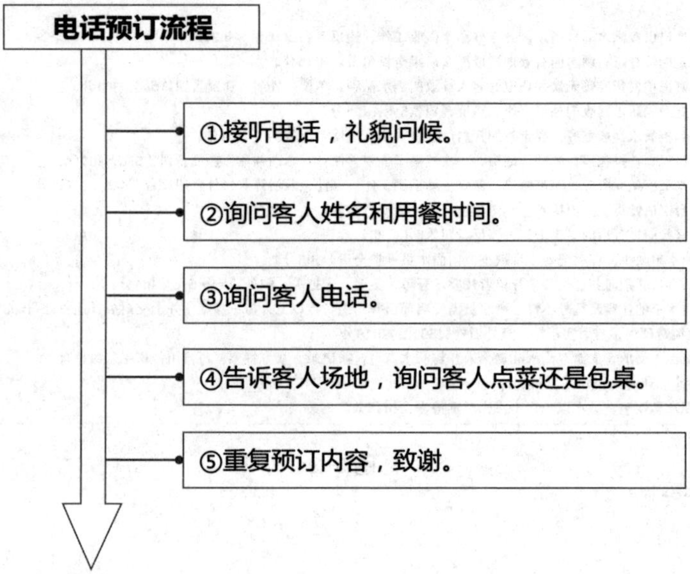

图 3-3

通过图 3-3，应该能够对预订流程有一个大致了解，下面分别对各个流程的注意事项进行介绍。

①在接听电话时，要拿稳话筒，不能出现没拿稳话筒导致电话挂断的情况，向客人问好，并告知客人酒店的相关信息，准备为客人提供预订服务或其他帮助。

②在询问客人姓名和用餐时间时，要做到礼貌，要一边询问一边记录，不能出现重复询问客人的情况。具体问话可以参考以下内容。

- 请问您贵姓？（对方说出姓氏时，再询问下面事宜）
- 请问您有几位？（对方说要直接预订包间的时候）
- 询问客人用餐类型，是生日宴还是其他，方便准备。

◆ 根据客人的人数，合理预订包间，并告知客人哪些是有最低消费的包间。

◆ 请问您要预订什么时间？（当对方说要预订的时候）

◆ 请问您要定什么时间？（当客人没有说出用餐时间的时候）

◆ 请问您需要定什么时候的包间？（当客人没有确定什么时候的包间时）

③询问客人电话号码，方便通知客户相关事宜，同时这也是重要的客户资源，可以参考以下流程。

◆ 请问您方便留一下您的联系方式吗？（一定要想办法留下客人的电话）

◆ 重复确认，您的电话是 ××××，对吗？

◆ 我们会把包间给您留到什么时间，如果您没来的话就自动取消了好吗？（必须提醒客人）

④告诉客人预订的餐位或包房是多少号码，并询问客人是点菜还是包桌（如客人询问包桌，应仔细介绍给客人听），如客人确定包桌菜单或安排菜单，必须询问客人是否有忌口和特别注意事项，并进行详细记录。

⑤将记录的客人信息和所有的预订信息报给客人，向客人确定预订信息是否正确。在确认无误后，向客人致谢并欢迎客人光临。

如果客人要取消预订或更改预订，服务流程基本相似。如果是更改预订，服务人员要记录清楚变更后的预订信息，并对之前的信息进行更正；如果是取消预订，服务人员则要询问清楚取消预订的原因，并欢迎客人下次再来预订。

3.2.2 现场预订的基本流程

酒店各餐厅一般都有预订员，负责餐饮预订、宴会预订以及安排座位和各种对外联络工作。除了电话订餐外，客人还可能亲自到餐厅订餐，那么现场订餐具体流程是怎样的呢？如图 3-4 所示。

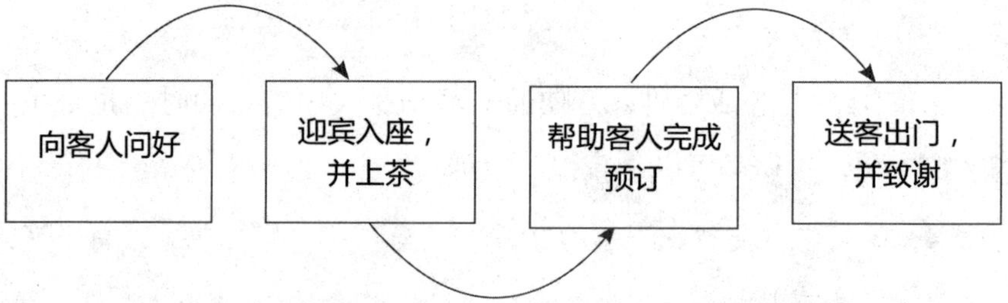

图 3-4

餐厅现场预订与电话预订还是有所差别的，现场预订可以更直观地了解餐厅的情况。下面介绍现场预订过程中需要注意的事项。

- **向客人问好**：当客人进入订餐台后，应当礼貌地向客人问好。
- **迎宾入座**：在得知客人要预订时，需主动报上自己姓名，双手呈递订餐名片，然后请客人入座，迎宾员倒上茶水。
- **预订流程**：首先询问客人预订时间、预订形式、特殊要求和客人姓名等信息，对于无法满足要求的应予婉转回绝或向上级汇报、请示，妥善解决。然后根据客人的要求，建议客人预订大厅或是不同风格的包间，如有需要可带客人参观或由客人自选包间；最后在确认预订后，留下客人联系方式（电话号码、地址或单位等）。
- **送客出门**：向客人致谢，将客人送至大门口，并说“欢迎下次光临”。

如果客人要取消预订或更改预订，可能会到现场或是通过电话的形式取消，具体操作流程在前面有过介绍，这里就不再赘述。

3.2.3 中餐摆台操作流程

摆台是把各种餐具按要求摆放在餐桌上，它是餐厅配餐工作中的一项重要内容。这是一门技术，摆台的好坏直接影响服务质量和餐厅面貌。中餐厅对客服务中，摆台是非常重要的，而且摆台流程要规范。

中餐摆台的流程主要可以分为两大步骤，分别是准备工作和摆台操作流程，下面分别进行介绍。

◆ 准备工作

准备工作主要是指在开始摆台前，需要进行的准备工作，只有准备工作完善，才不会影响到后面的摆台操作。如图 3–5 所示为准备工作的具体流程。

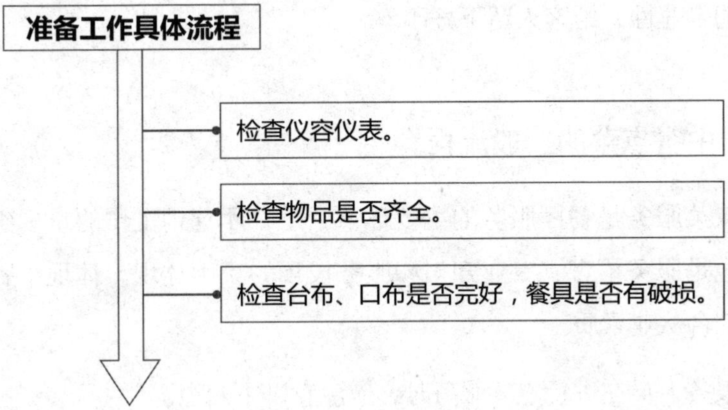

图 3–5

◆ 摆台操作流程

管理者应当对服务人员的摆台操作与流程进行规范，才能使整体的服务更加规范、统一，从而提升酒店的档次，摆台的具体流程如表 3–4 所示。

表 3-4　摆台操作的具体流程

步骤	考核标准
第 1 步	铺台布放转盘
第 2 步	摆放展示碟定位、苏菲垫、骨碟、翅碗、匙羹、味碟
第 3 步	摆放小餐具：筷架、牙签、筷子、毛巾碟
第 4 步	摆放杯：水杯、红酒杯、白酒杯
第 5 步	摆放公共物品、烟缸烟碟
第 6 步	摆放餐巾花
第 7 步	摆放花瓶
第 8 步	拉椅

合理的摆台流程不仅可以提升工作效率，还能够向客人展示酒店服务的专业性，给客人留下好印象。

3.2.4 中餐点菜的一般流程

点菜服务是餐厅服务的主要环节，是餐厅营销工作的重要组成部分，也是服务语言、专业知识和服务技巧的集中体现，体现了餐厅员工的综合从业素质。

服务人员在进行点菜服务时，应注意以下几点。

- **掌握点菜时机**：把握正确的点菜时机，在客人需要时提供点菜服务；点菜节奏要舒缓得当，不要太快也不要太慢，要注意观察，因人而异。
- **客人的表情与心理**：在服务过程中，服务员不仅应注意客人所点的菜和酒水是否适宜，更要观察客人的表情和心理变化。

◆ **认真与耐心**：点菜时应认真记录客人点的菜品、酒水饮料以及客人的桌号，认真核对点菜单，避免出错；要耐心回答客人的问题，当客人发脾气时，服务员要宽容、忍耐，避免与客人发生冲突，造成严重后果。

◆ **知识与技能**：服务员要不断拓宽自己的知识和认知，提高服务技能，才能应付复杂多样的场面，从而满足不同顾客的需求。

点菜员在协助客人点菜的过程中需要遵循一定的步骤和方法，才能更好地为客人服务，具体流程如图 3-6 所示。

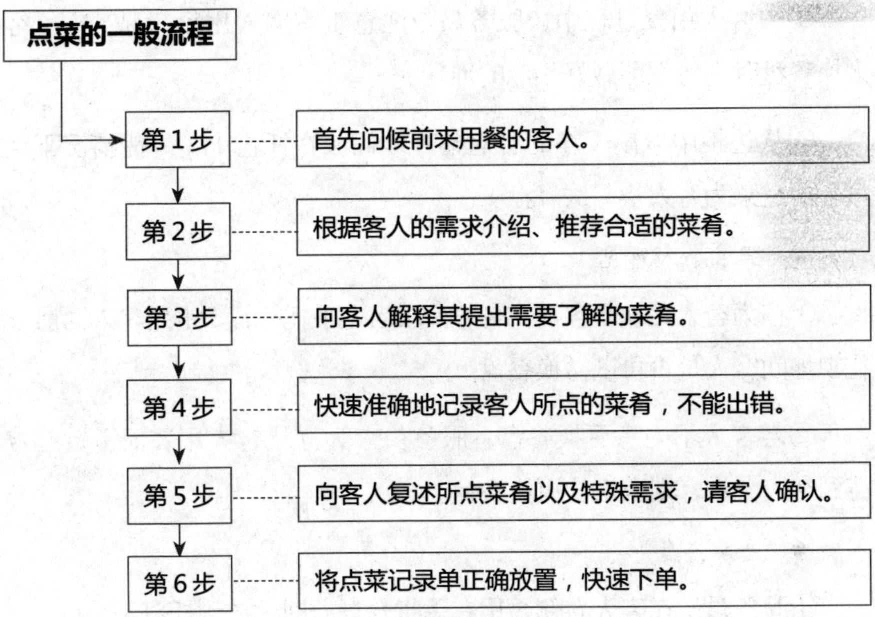

图 3-6

加油站

点菜的基本程序从形式上看比较简单，包括：递送茶水、手巾→递送菜单→等候接受点菜→点菜点酒→提供建议→记录菜名和酒水→复述确认→礼貌致谢。点菜顺序一般为：凉菜→热菜→煲汤→主食（→酒水）。

3.2.5 餐盘的整理与更换

在中餐对客服务中，餐盘的整理与更换是十分常见的操作，也是较基础的操作，但也是十分考验服务人员反应能力及服务意识的操作。

餐盘整理与更换的服务流程主要可以分为3个步骤，分别是准备工作、征求客人意见和更换餐盘，下面分别进行介绍。

◆ 准备工作

①在客人用餐过程中，服务员应注意观察客人用餐情况，需给客人换餐盘时，应立即做好相应的准备。

②从边柜中取出干净的餐盘整齐地码放在托盘上（一般情况下，每上两道菜为客人换一次餐盘）。

◆ 征求个人意见

①在为客人更换餐盘前，服务员应当左手托托盘，走到客人面前，礼貌地问客人是否可以撤换餐盘。

②若客人不同意更换餐盘，服务员应为打扰客人用餐而道歉；若得到客人允许，则应快速更换餐盘。

◆ 更换餐盘

①服务员站在客人右侧，用右手将餐盘撤回，放到托盘中。

②撤盘时应将客人吃剩的菜或汤在右边用碗或盘装起来。若客人还要食用，应将餐盘留下或在征得客人同意的情况下将菜并到另一个餐盘中。

③在为客人更换餐盘时，应按顺时针方向，从客人右侧为客人更换餐盘。

服务人员在服务的过程中应当遵循操作规范和服务顺序，尽可能少地打扰客人用餐，服务过程中动作要轻，避免影响客人交流。

3.3

中餐厅服务，规范不能少

餐厅服务是餐饮行业常见的工作内容之一，对餐饮企业的经营有着重要作用。本节主要介绍中餐厅中的规范服务有哪些，以及其对应的规范内容。

3.3.1 零点客人迎送的基本操作

零点是西方过来的术语，区别于自助餐，也就是点菜的意思。在国外，大多数的餐厅会以自助形式为主，因为用餐方便、快捷，选择的种类也较多。零点也就是点菜的意思，自己吃什么就点什么，按照自己的喜好和分量进食。

那么在中餐厅中应该如何迎送零点客人呢？下面具体介绍在迎送零点客人过程中的具体操作。

◆ 迎接客人

当客人走进餐厅约 3 米位置，迎宾人员应主动上前迎接、问候客人。问候后，迎送员面带微笑，身体微倾，并用手语和敬语请客人进入，然后走在客人右前方约 50 厘米的位置上引领客人进入餐厅，引领速度必须与客人行走的速度基本相同，注意三步一回头，确保客人能够跟随入内。

◆ 零点送客

送客时应及时征询客人对餐厅的服务及菜肴的意见，并感谢客人光临。如果客人有任何不满意的地方，应及时向客人道歉，并请求客人原谅。

3.3.2 中餐厅摆台轻松搞定

在本章前面部分介绍了中餐厅摆台的基本流程，除此之外，中餐厅摆台的一些细节也需要用户进行了解。高效地摆台不仅能够提升工作效率，注意摆台细节更能赢得客人青睐。

摆台又称铺台、摆桌，主要是指将餐具、酒具以及辅助用品按照一定的规格整齐美观地铺设在餐桌上的操作过程。这是一门技术，也是酒店餐饮服务的基本功，摆台的好坏直接影响服务质量和餐厅的面貌。

下面具体介绍中餐厅摆台的操作规范与技巧。

◆ 铺台布技巧

铺台布的技巧通常分为两种：推拉式和撒网式，这两种方式其效果和操作各不相同。其中推拉式铺台布的具体操作技巧及步骤如表 3-5 所示。

表 3-5 推拉式铺台布的具体操作技巧

步骤	操作技巧
第 1 步	铺设时应选取与桌面大小相适合的台布，站在副主人席位旁，靠近桌边，将台布用双手平行打折，向前推出，再拉回，台布鼓缝面朝上，中线缝正对正、副主人席位，台布的四角和桌腿成直线下垂，四角垂直部分与地面等距，不可拖地
第 2 步	铺好的台布图案，花纹置于桌正中，台布铺完后再围椅子

撒网式铺台布也是餐饮服务中十分常用的一种铺台布方法，该方法对服务员的要求较高，具体操作技巧及要求如表 3-6 所示。

表 3-6　撒网式铺台布的具体操作技巧

步骤	操作技巧
第 1 步	员工在选好合适台布后，站在副主人的位置，用双手把台布平行打折并提起，向第一主宾方向一次撒开，鼓缝朝上，中线缝正对正、副主人席位，台布四角要与桌腿成直线下垂，四角垂直部分与地面等距，不许搭地，铺好的台布图案、花纹置于餐桌正中，台布铺完后再围椅子
第 2 步	撒网式铺台要求动作干脆利落，动作优美，技艺娴熟，一气呵成

◆ 台型布置技巧

台型是桌与椅恰当摆设所构成的规范形状，常见的台型有 4 人方台、6 人圆台、8 人圆台和 12 人圆台等，下面分别对这几种台型进行简单介绍。

① 4 人方台，采取十字对称法，两两相对形成十字，如图 3-7 所示。

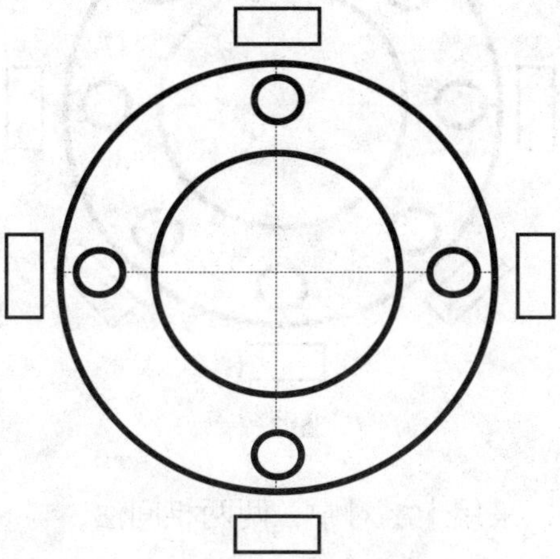

图 3-7

②6人圆台，主要采用一字对中，左右对称法，左右两边的摆台相对称，如图3-8所示。

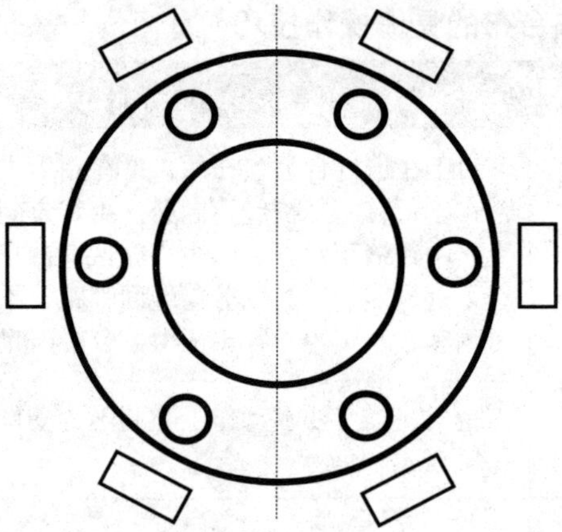

图 3-8

③8人圆台，采用十字对中，两两对称法，如图3-9所示。

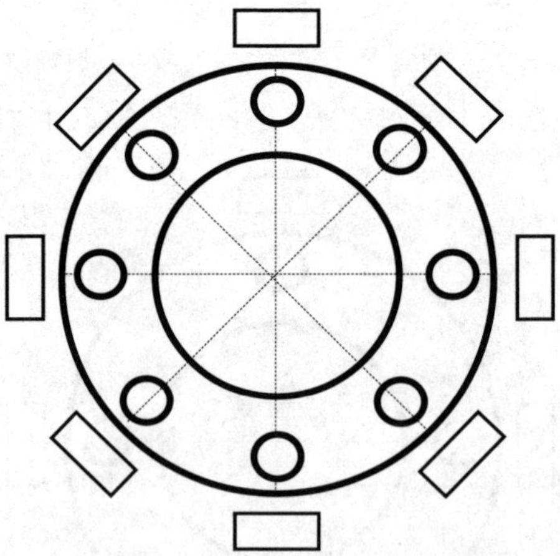

图 3-9

④12人圆台，采用十字对中，两两相间法，与8人圆台相似，只是人数更多，如图3-10所示。

图 3-10

◆ 用具摆放技巧

用具的摆放可以体现中餐厅的服务细节是否到位，还可以侧面展现餐厅的档次。用具的摆放可根据早餐、午餐和晚餐而各有不同以及其他摆放形式。

①早餐用具摆放主要是对各种物品的摆放进行规范，具体的技巧如表 3-7 所示。

表 3-7　早餐用具摆放技巧

用具	摆放技巧
餐碟（或称餐盘）	根据台型摆放，要求餐碟与桌边相距 1.5 厘米，保持一个食指位的长度
茶碟	放在餐碟右侧，与桌边的距离同样为 1.5 厘米
茶杯	扣放在茶碟上面，杯耳朝右
汤碗	摆放于餐碟的正上方位置
汤匙	摆放于汤碗内，汤匙梗把朝左

续表

用具	摆放技巧
筷子架、筷子	筷子架摆放于餐碟右上方，筷子放在筷子架上，筷子的后端距桌边 1.5 厘米。筷子套的图案要向上，筷子从餐碟与茶碟中间位置穿过

②午餐和晚餐是中餐厅内主要的服务项目，午餐和晚餐的餐具摆放的要求也有所不同，具体的技巧如表 3–8 所示。

表 3–8　午餐和晚餐用具摆放技巧

用具	摆放技巧
餐碟（或称餐盘）	根据台型摆放，要求餐碟与桌边相距 1.5 厘米
筷子架、筷子	将筷子架摆上餐碟右上方，再将筷子（带卫生筷套）摆在筷子架上。筷子的后端距桌边 1.5 厘米，筷子套的图案要向上
汤碗、汤匙	汤碗摆放在骨碟上方偏左，汤匙摆放在汤碗内，梗把朝左
酒具	中餐宴会一般使用三套杯，即饮料杯、葡萄酒杯、白酒杯，先将葡萄酒杯摆放在距翅碗与味碟边约 0.5 厘米的餐碟垂直线上，然后饮料杯于其左，白酒杯居于其右，三杯直径横向成一条直线，杯距约 0.5 厘米，以不互相碰撞为宜
茶碟、茶杯	茶碟放在餐碟右侧，与桌边保持 1.5 厘米距离；茶杯倒扣放在茶碟上面，杯耳朝右
牙签	牙签多为袋装，摆在筷子与餐碟之间，印有图文的一面向上对正即可
餐巾	将餐巾折叠整齐，可折成各种款式，一般以摆放在餐碟中为中高级，另一种是摆插在饮料杯中
香巾、香巾托	上香巾时，将香巾放在香巾托内置于餐碟左边

③除了用餐用具的规范摆放外，中餐厅摆台过程中还有其他一些物品的摆放技巧，如表 3–9 所示。

表 3-9　其他物品摆放技巧

物品	摆放技巧
鲜花	单枝插花、花瓶插花通常摆放在小方台正中，多枝插花、盆栽插花通常摆放于转台中心上
烟灰盅（缸）	在大台摆放烟盅时呈“品”字形
转盘	通常用在大圆台上，盘底宜压在台布“十”字折边的正中

了解了中餐摆台的服务技巧与规范后，就需要了解如何协助客人进行点菜，以便客人到来时为客人服务。

3.3.3 中餐点菜服务技巧

在一些大酒店都有专门的点菜师或是膳食顾问，他们的主要工作就是帮助客人点单，为客人提供一桌营养、丰盛的菜肴，让客人感到满意的同时提升酒店的业绩。

下面具体介绍中餐点菜过程中的具体服务技巧。

◆ 如何开始点菜

点菜人员站于客人（主人位）左侧，距客人半步至一步左右，为客人递上菜单。如果主人表示客人各自点菜时，应先从主宾位开始，然后按顺时针方向依次为客人点菜。若顾客仅两位且为异性时，习惯上先问女士以示尊重。

◆ 为客人推荐菜品

根据客人就餐性质为客人点菜，家庭聚餐、朋友聚会等私人消费，要为客人推荐经济实惠的菜品，商务宴请等要为客人推荐特色、精品菜肴。

当客人点菜过多或是已点菜肴沽清时，要及时提醒客人，并表达歉意。当客人点到菜单上没有的菜肴，点菜员应向厨师长了解该菜能否立即制作，如暂无原料或时间较长，要向客人解释清楚。

点完菜以后应向客人复述一遍，避免漏记或多记，同时寻问客人是否有特殊要求，如忌口的要予以标明（如：不吃大蒜、不吃糖、不吃辣、不吃花生油和不吃猪肉等）。

要做好一个点菜员，不光要熟悉相关业务流程规范，还需要了解一些协助点菜的技巧。下面具体介绍中餐点菜服务的 6 大技巧，如表 3–10 所示。

表 3–10　中餐点菜服务的 6 大技巧简介

技巧	摆放技巧
按照上菜顺序点菜	又被称为程序点菜，即按照先冷后热，然后汤类、主食点心，这样的顺序来点，点菜效率更高
按照就餐人数点菜	即根据客人的人数来决定点多少菜肴，比如客人只有两个人，那么心中应该明白，两个人点菜，一般点 2 ~ 3 道菜就够了。如果客人点了 4 道菜，要能提醒客人，做到不铺张浪费
按照消费习性点菜	不同的客人、不同年龄段、不同地方的人，他们的饮食习惯及口味等都是不一样的，服务人员要能根据客人不同的消费习性来推荐有效的菜肴
按照消费能力点菜	按照不同的消费层次及客人消费能力去为客人推荐相关菜肴。例如，针对商务客人或者说支付能力很强的群体，服务人员可以为客人推荐一些中高档的菜肴；针对中档顾客或者说中产阶级，可以推荐一些家禽类、小海鲜或素食类的菜肴
按照食品结构点菜	餐厅菜单上有不同类型的菜肴，如素菜类、海鲜类、水产类等，能根据这些不同类型有效组合、搭配，即为按照食品结构、类型

续表

技巧	摆放技巧
按照菜单搭配点菜	这是指在为客人点菜时，要注重营养结构。可以将餐厅菜单上的每一道菜，都注明各种营养成分、营养结构及怎样进行菜单搭配，从而让客人知晓。点菜时，通过服务人员的引导，让客人点的菜看营养搭配合理

加油站

点菜员应具备的素质主要有：①了解菜单上的菜品（味型、盘型、烹调时间、以及装饰等），以便在点菜过程中准确回答客人的提问；②了解当日酒店沽清、急推菜品等；③了解定餐客人人数、身份、定餐性质等。

3.3.4 如何提供酒水服务

酒水服务是餐饮服务工作中的一项基本服务技能，由于酒水的品种繁多，饮用要求、温度、盛载杯具和服务都不尽相同，因此服务员应熟练掌握中、西餐厅酒水服务技能，才能真正向客人提供优质服务。

◆ 准备杯具

餐桌上晶莹美观的各式酒杯，不仅能增添餐厅用餐的气氛，还能使酒水特性得到更好的发挥。服务员需要了解不同酒水使用的杯具和清洁卫生标准以及操作方法。例如，啤酒杯的容量大、杯壁厚，可较好地保持啤酒的冰镇效果；葡萄酒杯做成郁金香花型，斟倒五成或七成满，使酒与空气保持充分接触，让酒香更好地发挥；中国烈性酒杯容量较小，使杯中酒更显名贵与纯正。

◆ 准备酒水

酒水的准备工作主要是根据客人的要求填写点单，然后从酒吧取出相应的酒水，同时还要保证酒水的温度符合要求。

①白葡萄酒、葡萄汽酒、玫瑰露酒、啤酒和一些软饮料最佳饮用温度应低于室温。如啤酒的最佳饮用温度为8℃～10℃，白葡萄酒的最佳饮用温度为8℃～12℃，葡萄汽酒的最佳饮用温度为6℃～8℃。针对不同的酒水，服务员应用不同的方法进行处理。

②香槟酒的瓶塞是用外力将木塞大部分压进瓶口，露有一截帽形物，并用铁丝绕扎固定瓶内丰富的气体。开瓶前首先冰镇，并将瓶身倾斜约60°，左手大拇指紧压塞顶，用右手扭开铁丝，然后握住木塞，轻轻转动往上拔，靠瓶内的压力和手拔的力量将瓶塞取出，再保持倾斜数秒，防止酒液溢出。

③用托盘将饮料托送至餐台，左手托盘，在客人右侧用右手开启饮料，不可对着客人。开启啤酒和汽水前不可晃动易拉罐，避免液体向外喷出。

酒水的利润较高，在点完菜后，不要忘记询问客人是否需要酒水，并根据情况适当介绍与推销。推销也要讲究艺术，要有建议性地进行推销，合理的推销和盲目的推销有很大的差别，后者会使客人生厌。下面介绍5种酒水推销的方法。

根据客人类型推荐。先向客人推荐高价位酒水，后推荐中低价酒水，为男士客人推荐洋酒、红酒或者啤酒，女士客人推荐饮料、果汁等。

“二择一”的推销方法。服务员应把店里经营的酒水品牌报上来，而不是让客人自己凭空想象。例如，“先生/小姐或老板，晚上好！请问您喝点什么？是喝洋酒还是白酒？”假设客人选择洋酒，就问：“您是喜欢喝白兰地，还是威士忌？”。

就餐中途推销。在就餐途中及时收走空酒瓶，当客人的剩酒不多时，可以再次询问客人是否需要某种酒水，在客人用餐途中推销酒水成功概率较大。例如，“先生 / 小姐或老板，您的酒已经不多了，请问您还需要酒水吗？我们这有几款新推出的酒水，味道醇厚，回味无穷，非常适合佐餐。”

配合身体语言推销。与客人讲话或推销酒水时，目光注视对方，以示尊重；上身微倾，尽量靠近客人讲话，不要距离太远。客人讲话时，随时点头示意，表明自己在听且听清。

注意积累推销经验。平时多留意客人，熟记客人的爱好，方便日后再次推销；熟记各种饮料、酒水，了解所推销饮品的品质及口感；熟记各种饮品的价格。

3.3.5 中餐席间服务全知道

中餐席间服务主要是指在客人就餐的过程中提供的服务，席间服务主要包括台面服务、斟酒服务以及其他服务等。席间服务的优劣是评价一个餐厅的重要指标。

席间服务包含的具体事项及需要注意的服务技巧介绍如下。

◆ 台面服务

撤换骨碟。通常情况下每上一道海鲜就应更换一次骨碟，服务人员可以根据实际情况进行操作，但是每餐必须更换 3 次或 3 次以上的骨碟，必须先上干净的骨碟，后撤下用过的骨碟。

换烟缸。首先用托盘托着干净的烟缸，接着将干净的烟缸放在脏的烟缸上面，把两个一起撤到托盘里，再把干净的烟缸放在原处，供客人使用，这样做可以避免烟灰飞到台面上。通常要求烟缸内不许超过 4 个烟头。

◆ 斟酒服务

斟酒前检查酒水质量，用手握住瓶颈部，将瓶倒置，对准明亮处看酒水是否沉淀，饮料是否浑浊，将瓶身、瓶底擦干净待用。在给客人斟酒时，要掌握一定的斟酒要领，具体介绍如图 3-11 所示。

第一步：示瓶

服务员站在客人右侧，左手托瓶底，右手扶瓶，酒标朝向客人，请客人先确认。

第二步：斟酒

从主宾开始，按顺时针为客人斟酒，服务员站在客人右后侧，右脚向前跨一步，身体略向前倾，右手持瓶的中下部，商标朝外，左手持一块干净的口布，手背后。或左手托盘每斟倒一次擦一次瓶口。酒瓶和客人呈45°，瓶口略高于杯口1～2厘米，斟八成满时停止转动酒瓶使最后一滴不滴在客人身上。

第三步：斟酒量

不同的酒斟酒量也不相同，通常情况下白酒、啤酒斟八成为宜，红葡萄酒斟1/2杯，白葡萄酒斟1/3杯，威士忌斟1/6杯，斟香槟酒时先斟1/3杯。当两名服务员同时为一席来宾斟酒时，应当分头从主宾，副主宾开始，按顺时针方向进行斟酒。

图 3-11

◆ 其他服务

在为客人换烟缸、倒茶水、更换骨碟时，不能打扰客人用餐，不能把客人未吃完的菜撤走。一个包房的服务员在包房内服务，反复斟茶、倒酒，服务中最忌讳的言语“要”“不知道”“有事吗”等，要使用敬语。在席间服务要三轻：“轻说话”“轻走路”“操作轻”。

3.3.6 中餐上菜顺序与技巧有哪些

中华饮食，源远流长。在这自古为礼仪之邦，讲究民以食为天的国度里，饮食礼仪自然成为饮食文化的一个重要组成部分。那么中餐的上菜过程中主要有哪些需要注意的地方呢?

上菜顺序是中餐中需要特别注意的，例如，先冷后热、先菜后汤、先鲜后咸、先烧后蒸、先清淡后肥腻、先主食后甜品、先点心后水果、先优质后一般。对于一些讲究的客人，上菜顺序是他们比较关注的，这也能体现餐厅的档次和服务质量。

与上菜顺序同样重要的还有上菜过程中的技巧以及需要注意的事项，下面具体介绍上菜过程中的注意事项以及服务技巧。

◆ 上菜前的准备工作

服务人员将菜准备上桌前，必须先核对传菜服务员所传到的菜是否与菜单上所列相符，确认后方可上桌，有些菜上桌后方可开盖，上菜时要检查器皿无破损、菜量是否符合标准。上菜前先将上菜的位置腾出，站在副主人的右手边。

◆ 上菜时要注意的细节

①服务员上菜时要按顺时针的顺序上菜，所有菜均在主人与主宾的中间经过，以示尊重，在服务时要重点服务主宾、主人。

②上菜时，报菜名要声音洪亮、清楚，并用手示意，有配料的菜品应先上配料后上菜，介绍菜名。

③上完菜时，主动征求客人是否需要加米饭，（上白米饭时应把每碗端到客人的餐位上），并在菜单上写上白米饭的数量。

④当餐桌上的空位不足以摆放下一道菜时，应在征求客人的意见后，将台上所剩最少的菜，换到小盘里，切忌将新的菜叠压在另一道菜上面。

⑤注意客人台上的菜是否齐全，但有些菜等待很久没有上桌，要及时查单，看是否有遗漏（或告知当区的负责人追菜），接到通知有沽清的菜，要立刻告诉客人，并向客人致歉。

⑥上一些（完）菜时，首先要告诉客人这道菜的特点及口味，同时提醒客人小心烫或其他注意事项。

3.3.7 3个技巧为客人分菜

分菜有3种方法，即餐台分菜、分菜台分菜和厨房分菜。前两种分菜是在客人面前进行的，餐厅服务员现场操作分菜服务，其分菜技术要求高。餐台分菜又分为分让式餐台分菜和两人合作餐台分菜，所以这里主要介绍分让式餐台分菜、两人合作餐台分菜和分菜台分让式服务。

分让式餐台分菜。分菜服务时，餐厅服务员应左手垫上餐巾布，将菜盘托起，右手拿分菜用的餐叉、餐勺进行分菜。用右手食指和拇指夹住叉柄，其余三指夹住汤匙柄，身体稍向前倾，用匙叉将菜品夹起，分派至客人餐盘中。

两人合作餐台分菜。指分菜服务时由两名餐厅服务员配合操作，即一名餐厅服务员负责分菜，另一名餐厅服务员负责将分好菜的餐盘递送给客人。这种分菜服务时，餐厅服务员应右手持餐叉、餐勺（可以用公用筷、公用勺）盛取菜肴，左手持长把勺接挡下方，以防菜汁滴落在台面上。另一名餐厅服务员站在宾客的左侧，把餐碟递给分菜的餐厅服务员，待菜肴分好后，再将餐碟放回客人面前。

分菜台（服务台）**分让式服务。**又称为旁桌分让式。首先在分菜台上准备好干净的餐盘，备好叉、勺等分菜工具。当菜肴从厨房递送到前台后，餐厅服务员应先将菜放在餐台上进行展示，介绍菜名、特色，然后再将菜取下放到分菜台上进行分菜操作。分菜时要求快速、均匀，菜分好后应将装菜碟放在托盘内，端托至宾客的左侧递送到客人面前。其分送顺序与餐台分菜顺序相同。

分菜服务时应注意的内容：不可拖带菜汁或将菜汁滴落在桌面上，也不能溅洒在宾客的衣、物上。分让菜在中餐服务中是一项带有技术性的重要工作，要想熟练地掌握该技巧，就必须对各种菜肴的烹制方法，菜肴成熟后的质地、特点（是整形的还是块状的，是多汁的还是无汁的）等有充分的了解，才能在宾客面前自如地操作。

加油站

除了前面介绍的几种常见的分菜方法外，还有一种转台分菜法也是较为常用的。需要注意的是，这种分菜法不可在一个服务位同时为两位客人派菜。

服务员将菜品向客人展示介绍后，右手持握服务叉、匙从转盘上将所上菜品按照先宾后主的顺序依次分入客人餐盘中，边走边转边分。分菜完毕后，应保证菜盘中剩下 1/5 左右，整理余菜，放回服务叉、匙，请客人慢用。

3.3.8 中餐结账有门道

结账服务是餐厅送客服务前的最后环节，也是会给顾客留下最为深刻印象的服务环节之一，因此餐厅服务员必须做好这个环节的服务，提高顾客的满意度。

下面具体来看看如何礼貌规范地协助客人完成结账服务，以及过程中需要注意哪些内容。

◆ 为客人拿账单

①当客人要求结账时，服务员首先应当请客人稍等，并立即去收款台为客人取账单。

②服务员告诉收款员所结账单的台号，并检查一次账单台号、人数、食品及饮品消费额是否正确。

③将取回的账单夹在结账夹内，走到主人右侧，打开结账夹，右手持账夹上端，左手轻托账夹下端，递至主人面前，请主人检查，注意不要让其他客人看到账单。

◆ 请客人签单

①如果客人是住店客人，服务员应请客人出示房卡及卡套。

②在为客人送上账单的同时，为客人递上笔，并礼貌地提示客人需写清房间号、正楷姓名及签字；如客人未带卡套，请客人稍等将房卡送收银员处核对。核对无误后，将房卡归还客人。

③客人签好账单后，服务员将账单重新夹在结账夹内，拿起账夹，真诚地感谢客人并将账单送回收款员处。

◆ 结账后的服务

如客人结账完毕后并未马上离开餐厅，而继续进行交谈，服务员应继续提供服务，不能怠慢，为客人添加茶水，并及时更换烟灰缸。

◆ 为客人开发票

①客人结账时，如提出需要开具发票，服务员需礼貌地询问客人发票上需要写明的单位名称等信息。

②礼貌地告诉客人，账单的第一页将留在财务部存档，并告诉客人所需等待的时间。

③服务员将账单第一页交给收款员，并告诉收款员发票上应写的单位名称，请收款员为客人开具发票。

④检查收款中开具的发票，单位名称是否正确，数字填写是否正确。确认无误后，将发票夹在结账夹内，从客人右侧交给客人，并再次感谢客人在本餐厅的消费。

3.3.9 中餐餐后服务流程与技巧

在客人结完账后，但还没有要走的意思时，服务员要做好添茶工作，在征得客人同意后，可将菜轻轻撤下。此时，在不影响客人的情况下可以对餐具等进行整理。服务员在这时一定不能表现出不耐烦或是不热情，这样会给客人留下不好的印象。

客人准备起身离开时，要主动协助客人拉椅，将门打开，协助客人拿好衣帽、包等，并提醒客人带好随身物品。

将客人送至大门口，提前打开大门。普通包厢由包厢服务员送客至门口，目送客人消失在视线中。送客时礼貌与客人道别，可以说“欢迎再次光临！请慢走！”。

当完成送客操作后还应当进行一系列的收尾工作，快速整理餐具和打扫卫生，具体操作如下。

- 及时关闭灯、电视、空调等电器，留下一组照明灯用于打扫卫生。
- 将各种杯具收好，已免破损，清洗干净、擦拭干净摆在固定的位置。
- 大小餐具分类放好，放置备餐间，楼面的餐具由楼杂工清洗后，由服务员擦拭干净并放入消毒柜内。
- 转盘在收尾时用洗洁精及清水擦亮。

- 保证餐台无油渍，干净。
- 餐台上及时按要求恢复摆台。
- 如果是包厢，包厢的瓷砖地面应该用洗洁精及清水擦拭，确保无油渍。
- 要求将厨房餐具分类轻放，大的餐具放下面，小的餐具放上面，不能斜着插下，以免将餐具损坏。
- 潲水按要求堆放在统一的器具内，不得出现洒漏。

只有完成了上述的这些操作，才算真正完成了所有服务，并且已经为下一次服务做好了准备。

西餐厅精细化管理，提升用餐体验

第4章

04

酒店餐饮部门中不止有中餐厅，西餐厅也是重要的组成部分，那么酒店管理者如何对西餐厅进行精细化管理，让服务更显专业，同时让客人享受到正宗的西餐，提升客人用餐体验，下面一起来看看吧。

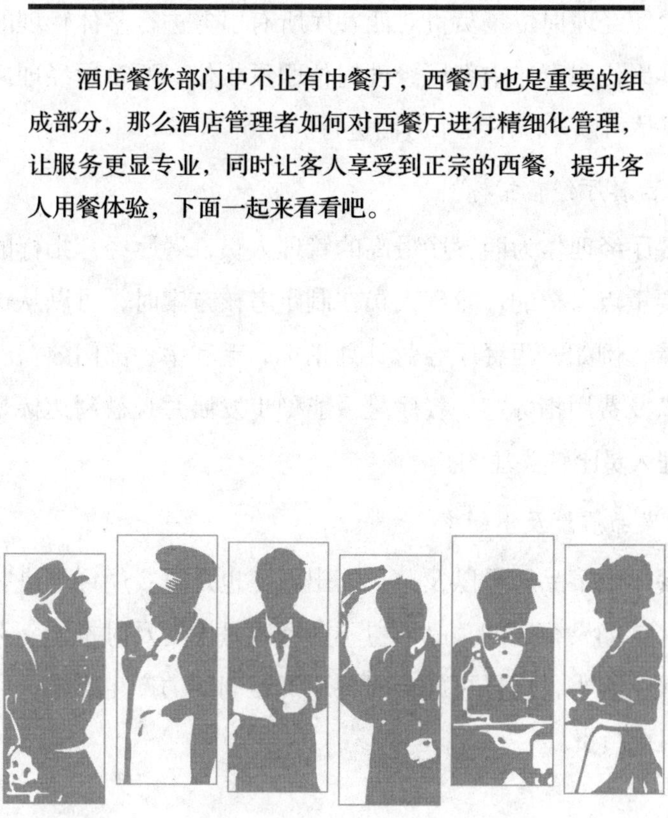

4.1

西餐厅岗位目标考核，让员工更高效

西餐厅是酒店中的重要餐饮服务场所，主要是为需要的客人提供西餐服务。本节通过对西餐厅的主要岗位的考核方式进行介绍，方便管理人员了解。

4.1.1 西餐厅经理绩效考核

西餐厅经理岗位是负责对西餐厅所有事务进行整体管理的最高级岗位，其岗位职责与中餐厅经理岗位职责相似。西餐厅经理岗位的绩效考核具体可以从以下几个方面进行。

◆ 西餐厅经营指标

西餐厅经理作为西餐厅最高的管理人员，餐厅经营指标的完成情况是需要重点考核的。管理人员在制定考核方案时，可以从这些方面进行设置，例如，西餐厅经营计划指标、毛利率、部门效益、每餐位年创收以及费用指标等。餐厅是否能稳步发展并且盈利达标是上级领导和管理人员比较关注的。

◆ 菜品质量及出新率

西餐厅中菜品质量以及菜品的出新率也是对餐厅经理进行考核的重要指标，如果餐厅的菜品质量不达标或是没有及时推出新菜品，自然难以吸引客人，这样可能会对餐厅的盈利能力产生影响，所以餐厅经理要对此负责。

◆ 个人行为考核

餐厅经理的个人行为也需要进行规范考核，餐厅经理往往需要起到模范带头作用。其个人考核应较为严格，例如出勤率、是否很好地执行酒店规章制度、是否完成员工培训以及员工外语合格率等。

◆ 客人意见

客人来餐厅就餐可能会对餐厅的服务或菜品提出赞扬或是投诉，餐厅能否快速处理好客人的投诉、安抚客人情绪，这也是考核餐厅经理的重要指标。如果餐厅中出现较多的客人投诉而又没有及时处理，不仅会给经理的考核带来影响，也会给整个餐厅造成影响。

◆ 卫生合格率

餐厅的卫生状况是考核的重中之重，应当重点考核，特别是在餐饮行业中。只有餐厅的各项卫生都达标了，才能让客人放心就餐，所以应该从内部严控。

菜点质量、餐茶酒具化验合格率、食品化验合格率、环境卫生检查合格率以及餐厅整体卫生情况等，都是对西餐厅经理进行考核的指标。

4.1.2 西餐厅领班的工作质量考核

西餐厅领班主要是在餐厅经理的领导下，落实并检查部门各种制度的执行情况和各项工作的完成情况。西餐厅领班一般对西餐厅经理负责，对餐厅中的各种细致工作进行管理和监督，使餐厅的各个环节能够正常运行。

在对西餐厅领班进行考核时，主要可以从两个方面进行，分别是个人能力考核和工作质量考核。西餐厅领班是比较重要的岗位，若不能起到良好的监督作用，将会影响到各级人员的工作效率。

个人能力考核。该指标主要对西餐厅领班的仪容仪表、工作状态以及心理状态等进行考核。该岗位不仅需要督促、管理员工，还可能会接触到客人，所以需要对其仪容仪表进行考核；作为管理人员，还要有积极的工作态度，这样才能更好地领导员工工作；工作期间不能抱怨，向员工传递正能量。

工作质量考核。西餐厅领班岗位是直接对员工进行管理和指导的岗位，其重要性不言而喻，所以领班的工作质量会直接影响到餐厅员工的工作质量。领班的工作质量考核，要考察其工作分配能力、现场操作指导能力、是否能够统筹安排任务以及能否合理处理客人投诉等。

如表 4-1 所示为某酒店西餐厅领班质量考核表内容，可供管理人员参考。

表 4-1　餐厅领班质量考核表

考核内容	分值	得分
严格遵守考勤制度，无迟到早退现象	6	
日常工作安排分配细致、明确、合理	8	
个人仪容仪表、行为规范是否合格	6	
现场操作及指导能力熟练	10	
上班期间工作积极主动、有责任心，明确自己工作内容	10	
员工行为规范、监督、提醒是否到位	8	
为人处事要言行一致、大度包容	8	
严于律已，勇于承担工作中的责任，在餐厅能起到表率作用	12	
处理客人投诉问题得当，能得到客人认可	12	

续表

考核内容	分值	得分
早餐带班能合理安排、统筹分配，帮助服务员一起完成收尾工作	10	
工作期间时刻保持积极心态，不抱怨，员工之间传递正能量	10	
备注：96 分以上为优秀，86 ~ 95 分为良好，76 ~ 85 分为合格，75 分以下为不合格取消当月考核工资		

4.1.3 西餐厅迎宾员服务质量考核

西餐厅迎宾员的作用不容小视，他们是整个西餐厅对客服务的第一步，第一印象往往决定客人对餐厅的整体印象，所以迎宾员的服务质量就显得尤为重要。

对西餐厅迎宾员进行考核时，可以从其具体的工作内容进行考核。比如，迎领客人、收集客人意见以及统计工作等。不仅如此，作为迎宾人员，仪容仪表也是十分重要的。西餐厅对客服务，拥有一定的英语口语能力也是很有必要的。

- **安排留台：**西餐厅迎宾人员能否根据客人的预订情况，安排为客人留台并合理迎领其他客人，不与其他客人冲突。
- **迎领客人：**这是迎宾人员的本职工作，需要考核其是否能够准确地将客人迎领到适当的餐位。
- **收集客人意见：**迎宾人员是否向客人询问就餐相关意见，并将客人意见和投诉向上级部门呈报，这是需要重点考核的部分。
- **统计整理工作：**迎宾人员是否统计就餐人数以及营业收入并上报，定时更换布草并上报，同样是需要进行考核的。
- **仪容仪表及英语口语能力：**在进行考核时，要重点考核迎宾人员的仪容仪表和英语口语能力，提升迎宾人员的服务质量。

如表4–2所示为某酒店西餐厅迎宾人员的具体考核指标。

表4–2　某酒店迎宾人员考核指标

被考核人	××	部门	餐饮部	岗位	迎宾员
序号	指标	权重	考核指标释义	数据源	考核人
1	安排留台	25%	根据客人预订情况安排留台，合理迎领其他客人	领班	领班
2	引领客人	35%	将客人迎领到适当餐位	领班	领班
3	收集客人意见	5%	收集客人意见及投诉，并在发生后×小时内向领班汇报	领班	领班
4	统计工作	15%	做好就餐人数、营业厅统计工作，并在×小时内上报	计财部	领班
5	更换、保管布草	20%	送洗布草，定期在每月×日前盘查，及时向领班汇报布草使用情况	领班	领班

4.1.4 西餐厅服务员的考核标准

西餐厅服务员主要是接受领导分配的服务工作，向客人提供优质服务，其考核内容与中餐厅考核有许多相似之处。管理人员主要可以从以下几个方面进行考核，分别是仪表仪容、行为规范、业务技能以及团队协作。

仪容仪表。对餐厅服务员来说，仪容仪表是非常重要的。在对仪容仪表进行考核时，个人仪表、卫生需要重点考核，除此之外还有工牌、工服以及服务人员的综合印象等也可纳入考核范围。

行为规范。服务员基本行为规范也能展示西餐厅的整体服务质量，在对服务员的行为规范进行考核时，可以从出勤率、劳动纪律、工作状态、言谈语态等方面进行考核，从而让服务员随时随地规范自己的言行举止，维护餐厅整体形象。

业务技能。服务员在对客服务的过程中会涉及多种服务，一个优秀的服务员应该掌握所有的服务技能，才能自如地应对所有的场景需求。那么在对服务员进行考核时，可以从西餐摆台、西餐席间服务、点菜服务以及外语等方面进行考核。

团体协作。服务员除了对客服务外，还要积极参加酒店组织的相关活动，例如集体活动、酒店及部门培训等并纳入考核。主要是对活动或培训的出勤情况以及活动效果进行考核。

4.2 西餐厅服务程序全解

西餐厅的服务流程中有许多和中餐流程基本相似，例如预订、餐盘整理等，这里就不再重复介绍。西餐厅服务程序中还有一些不一样的，需要管理人员进行了解，才能更好地把控细节。

4.2.1 西餐摆台的物品摆放流程

西餐除色香味外，特别注重情调，除了用餐环境的硬件设施，摆台就是营造情调的关键。

西餐摆台涉及的物品较多，服务人员要记清各个物品的摆放位置以及摆放规范。当然，这些都是建立在充分了解西餐摆台的基本流程上，那么西餐摆台的具体流程是怎样的呢？具体介绍如图 4-1 所示。

西餐铺台流程

- 第 1 步：摆放展示盘。可用托盘端托，也可用左手垫好口布。
- 第 2 步：摆放面包盘、黄油碟。展示盘左侧 10 厘米处摆面包盘。
- 第 3 步：摆放餐刀、叉、勺。从展示盘的右侧顺序摆放。
- 第 4 步：摆放酒具。摆酒具时，要拿酒具的杯托或杯底部。
- 第 5 步：摆放餐巾。餐巾折花，将观赏面朝向客人。
- 第 6 步：摆放蜡烛台和椒、盐瓶。
- 第 7 步：摆放烟灰缸、火柴。

图 4-1

注意西餐餐具摆放的顺序。先摆放餐盘（装饰盘）定位，后摆各种餐刀、叉、匙，再摆放面包盘等，最后摆放各种酒杯。餐具摆好后，在餐盘中摆上餐巾花，桌子中间摆上花瓶、胡椒粉瓶和盐瓶，还有糖缸和蜡烛台等。摆台时注意手拿瓷器的边沿和刀、叉、匙的把柄，在客人右侧摆刀、匙，左侧摆叉。银餐具要用餐巾包着摆放或戴手套，破损或脏的餐具要及时更换。

加油站

西餐餐具的摆法标准并不一样，在国外有法式、美式、俄式等之别，但基本要领是：餐盘正中、盘前横匙、叉左刀右、先外后里、叉尖向上、刀口朝盘、主食靠左边，餐具在右。

4.2.2 西餐点菜规范步骤

西餐点菜通常与中餐点菜有所区别，西餐点菜通常先点酒水，然后再点菜品。那么西餐厅服务员在协助客人点餐时，应该按照怎样的流程进行呢？

①协助客人点酒。当客人到来时，首先应当为客人上一杯冰水，然后询问客人需要饮料或是酒水，向客人确认后，即可开单上酒。通常酒单为三联（一联送酒吧，一联交账台，一联留底备查）。

②协助客人点菜。给客人递上菜单，询问是否可以开始点菜，注意观察客人的表情。当客人不知道点什么时，可以向客人推荐或介绍合适的菜肴。

客人点餐后，要向客人重复一遍，确认记录的菜品是客人所点的菜品，记录客人对菜品的要求（如客人点菜有煮蛋、牛排等，要问清喜欢何种生熟程度），确认无误后即可开单，点菜单一般为四联（第一联交厨房，第二联留收银账台，第三、四联由服务员、传菜员留底备查）。

③为客人上菜。根据客人点菜，安排好上菜顺序：面包、白脱、头盘、汤、主菜、甜品、咖啡、茶，注意要从客人右手边上菜。

④餐间服务。要随时与厨房联系，调整出菜速度。注意添加酒、饮料、面包、黄油、咖啡或茶等。

调换碰脏的餐具，掉落的刀、叉、匙等。如客人要抽烟，应为其点烟，拿换烟缸。

从上面 4 个步骤，基本可以了解西餐厅协助客人点菜的基本服务流程，按照一定的流程为客人服务，才能让客人感受到餐厅服务的规范性与专业性。

4.2.3 西餐汤类服务程序

西餐中的汤主要有冷汤和热汤两类，西餐厅服务员在了解到客人的菜单中有汤类时，要提前做好准备，并按照一定的服务流程为客人提供所需的汤品。具体的西餐汤类服务流程如图 4-2 所示。

汤类服务流程

- ①检查客人点菜单。了解客人所点汤类品种及名称，确保准确无误。
- ②检查餐桌、餐具配备。确保客人享用汤的各种餐具都已准备，并准确无误。
- ③进厨房取汤。冷汤用冷汤盘，配垫盘；热汤用热汤盘，配垫盘；服务顺序是女士、客人、主人。
- ④将汤盘装盘。汤盘装入托盘，并准备好与汤相配合的相应辅料。
- ⑤给客人上汤。从客人右侧上；一桌客人需同时提供上汤服务。
- ⑥谢客，告退，使用敬语。完成汤类服务以后，询问客人意见后告退。

图 4-2

西餐中的汤类花色品种较多，特别是在上热汤时，要注意提醒客人，不要被烫伤。

加油站

西餐汤类按冷热进行区分，可以分为热汤和冷汤。常见的冷汤有西班牙冻汤、德式杏冷汤、格瓦斯冷汤等。热汤又可以分为清汤和浓汤，例如清汤有原味汤、精制汤等；浓汤有奶油汤、菜泥汤、海鲜汤、什锦汤等。

热汤通常适合冬季饮用，使人温暖，滋润肠胃；冷汤夏日喝倍感舒心，平息体内热燥不安，使用能够轻松享受随后的正餐。

4.2.4 自助餐服务程序

有的西餐厅可能会提供自助餐服务，自助餐要求各类菜品准备要齐全，服务员需要不断地巡台，一旦发现客人有什么需要，要立刻为客人提供服务。自助餐服务程序主要分为 3 个服务程序，分别是餐前准备、餐中服务以及餐后收尾工作，如图 4−3 所示。

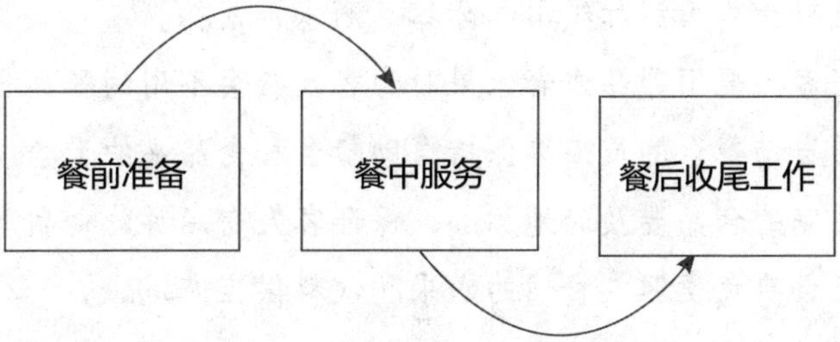

图 4−3

下面分别对上述 3 个流程中需要特别注意的事项进行介绍。

①西餐厅服务人员在进行餐前准备时，需要注意以下几点。

- 工作前要洗手，注意自己的仪容仪表，保持良好的精神状态。
- 检查所用的餐具、电器设备设施等，查看需要使用的物品是否备齐。
- 做好餐厅的卫生并随时观察是否有客人进入餐厅。

◆ 准备好自助餐摆台的用具和食品夹（没有水质）。

◆ 备好餐中所需的水果、饮料、食品、易耗品、酱汁等，为迎接客人做好充分的准备。

◆ 对每天餐厅所出的菜肴的知识用料和做法要提前熟悉。

◆ 从迎宾处了解当餐或下一班客人的具体订餐情况，提前进行备餐工作。

②自助餐的餐中服务主要还是对客服务，服务人员并不是单一的为某一部分客人服务，而是对所有客人服务，具体介绍如下。

◆ 客人到齐后和迎宾员核对人数，以免出现纠纷。

◆ 客人离位取食物时服务员应主动为客人拉椅并提醒客人随身携带贵重物品。

◆ 及时地为客人撤换用过的餐碟，保持桌面的清洁，客人吸烟时要及时为客人点火及备好烟灰缸。

◆ 及时为客人添加纸巾和牙签、酒水、饮料。

◆ 当客人要用甜品或者水果时为客人撤去不用的餐具。

◆ 看自助餐台的员工要保持自助餐台和食品夹的干净、整洁，快用完的食品要及时地添加，保证客人有足够的食品享用。

◆ 吧员要负责客人食用的水果和饮料供应充足。

③收尾工作主要是当客人用餐结束离开后，服务员要及时进行收尾工作，整理相应物品，准备迎接下一批客人。

◆ 首先检查餐具是否有丢失或破损，尽量在客人离开前检查。

◆ 收餐应按收餐的顺序进行，快速的检查台面，整理餐椅并定位，并重新摆台。

◆ 清洁工作台和食品台，并按要求进行备餐。

◆ 收餐时切断部分电源和照明灯，当客人全部离开后切断主照明。

◆ 不锈钢等贵重的物品洗干净后要擦干并放入工作柜做好记录。

- 并做好地板的卫生工作，随时保持地板的卫生清洁。
- 检查各项工作是否做完，并检查电源等是否切断并和下一班的人员做好交接。

4.3 西餐厅服务标准，提升餐厅档次

西餐礼仪随着西餐文化的发展不断兴起，早期的西餐文化起源于欧洲贵族家庭，人们对西餐礼仪有严格要求。餐饮业的服务礼仪是服务质量、服务态度的直接表现，所以要加强对餐厅服务人员的要求，确定相应的服务标准，提升服务质量。

4.3.1 西餐餐具配备与摆放

西餐餐具与中餐餐具相比数量较多，且不同的餐具有不同的用途，就显得十分复杂烦琐。为了体现西餐厅的正宗，提升餐厅档次，需要对客人就餐用的餐具和具体摆放方式进行规范。

要了解西餐餐具的摆放方式，首先需要知道西餐餐具有哪些，然后再将各个餐具按照规定摆放在合适的位置上即可。

西餐餐具主要可以分为 5 类，分别是盘类、刀类、叉类、勺类以及杯类，下面分别进行介绍。

- **盘类**：主要有展示盘、面包盘以及黄油碟等。
- **刀类**：主要用于切割食物，包括主菜刀、黄油刀和开胃品刀。
- **叉类**：包括胃品叉、鱼叉、主菜叉和甜品叉。

◆ **勺类**：勺类餐具主要用来取用汤类食物或甜品，主要有汤勺和甜品勺等。

◆ **杯类**：主要用于存放饮料或酒水，包括水杯、红葡萄酒杯、白葡萄酒杯等。

西餐餐具的种类虽然较多，但只要掌握一定的摆放规则即可以快速完成西餐餐具的摆放。如图 4-4 所示为常见的西餐餐具摆放示意图，图中对各餐具的摆放位置进行了介绍。

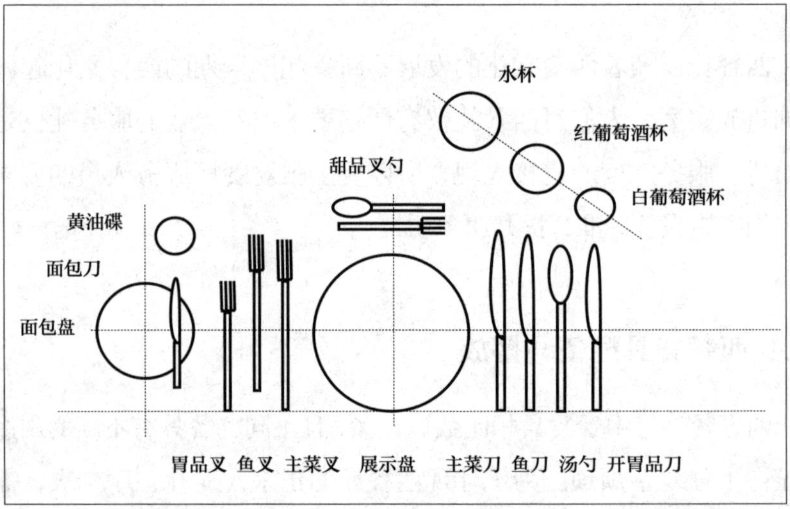

图 4-4

下面具体介绍各餐具的摆放方式。

◆ **摆放展示盘**：将餐盘摆放于餐位正前方，盘内的折花要端正，盘边距桌边两厘米。

◆ **摆放面包盘、黄油碟**：展示盘左侧 10 厘米处摆放面包盘，面包盘与展示盘的中心轴取齐，黄油碟摆在面包盘右前方，距面包盘 1.5 厘米，图案摆正。

◆ **摆放餐刀、叉、勺**：主刀摆放于展示盘的右侧，与餐台边呈垂直状，刀柄距桌边 1 厘米，刀刃向左，与展示盘相距 1 厘米。

鱼刀、头盘刀、汤勺摆放间距 0.5 厘米，手柄距桌边 1 厘米，刀刃向左，勺面向上。主叉放于展示盘左侧，与展示盘相距 1 厘米，叉柄距桌边 1 厘米。甜食勺，放在甜食叉的正前方，与叉平行，勺头向右，与甜食叉的叉柄相距 0.5 厘米。黄油刀斜放在面包盘上，刀刃向左，黄油刀中心与面包盘的中心线吻合，刀柄朝右下方，与面包盘水平线呈 45°。

◆ **摆放酒具：**水杯摆在主刀的上方，杯底中心在主刀的中心线上，杯底距主刀尖 2 厘米。红葡萄酒杯摆在水杯的右下方，杯底中心与水杯杯底中心的连线与餐台边成 45°，杯壁间距 0.5 厘米。白葡萄酒杯摆在红葡萄酒杯的右下方，其他标准同上。

加油站

餐具摆放注意事项：杯子与饮料关联，餐具与菜肴配套，桌垫与花瓶放中间，花瓶前摆盐和胡椒，椒盐前面是牙签筒，再前面是烟缸，需要摆放金、银及水晶器皿时，应佩戴手套，防止手印留在上面。

4.3.2 西餐厅座次安排有技巧

西餐厅通常是没有圆桌的摆设，只有方桌与长桌两种，当然这是一种特色，其实最主要的是便于现场添加座位，当现场客人需要加位子或是桌子时，只要把相同大小的桌面并在一起，就可以很轻松地让客人坐在同一桌上享用餐点。

较为正式的西餐座次，坐在桌子最里面正前方的将会是男主人，而正对面则是女主人，而两侧相邻的客人，则会依照男女交叉安排就座。而且会适当让每对夫妻或是男女朋友分开就座，这与中餐的座位安排原则有较大不同。如图 4-5 所示为西餐厅座次安排的示意图。

图 4-5

西餐入席的规矩十分讲究，席位一般早已安排好。

- ◆ 与客人同来的先生或女士，绝不会被安排坐在相邻位置，欧美文化认为熟人聊天机会较多，要趁此机会多交朋友，这也是与中餐截然不同的地方之一。
- ◆ 当用餐在宴会厅内或是主人家时，通常安排座位时男、女主人将分别坐在长方形桌子的上、下两方，女主人的右边是男主宾，男主人的右边则是女主宾，其他客人的坐法是男女相间。
- ◆ 在餐厅内用餐时，根据礼仪，最舒服的位子总是留给最重要的人，安排就座之后服务人员把客人带到用餐座位后，贴心为客人拉开椅子让客人就座。

在为客人安排座位时，除了考虑以上基本规则外，还要熟记以下 3 个原则，具体如表 4-3 所示。

表 4-3　为客人安排座位时需遵守的原则

原则	内容
View 原则	在主客就座时，要让主客能够看到现场最好的场景，不论是风景、表演场景或是现场优美布置。而主人则安排在进出方便的座位上，以便做用餐时的各种调度。如果桌子位于角落里，客人的座位就应当背墙，以便他能看到整个大厅或是美景

续表

原则	内容
主导性原则	主人在邀请客人时，如果客人是公司领导或长辈，在安排座位时，应将主客位置安排在一眼就能看到所有人的座位，这样一来不但能看到所有人，也能让所有人清楚地看到
安全性原则	如果座席上并没有可看的 View（景观）或是主导性问题时，就应该以安全及进出方便为原则，将主客安排在离门最近的位置，以方便主客进出，或遇紧急事故便于逃生

4.3.3 如何规范书写西餐订单

为客人安排合适的座位后，就需要协助客人点菜，在此过程中要记录清楚客人所点的菜品以及客人的要求，避免出现错误，影响客人就餐。如何规范书写订单就是一个重要的问题，如果订单不准确可能会影响厨房制作，造成不必要的麻烦。

这就要求服务人员在书写订单的过程中要规范、准确，不能多添，也不能遗漏。服务员在书写订单时，可以遵循以下 3 个步骤。

①填写订单项目。服务员在填写西餐订单时，首先应当填写清楚订单项目信息。例如，填写清楚服务员姓名、客人就餐人数、台号、日期，并注明客人是否分单结账，最后根据客人的就座情况，在订单上给客人编号定位。

订单中的项目信息填写完整可以帮助餐厅后期汇总统计，避免出现不必要的纠纷。

②分类开单。不同的项目应分类书写，不能混在一起，不然不仅不方便相关人员查看详细信息，而且容易出现遗漏，开单的具体要求

与步骤介绍如下。

- ◆ 开胃菜、汤、头盘等要写在订单的最上面，因为这是需要最先上桌的菜品。
- ◆ 主菜写在中间，主菜是客人用过开胃菜后，根据客人需要上的菜品，所以要写在开胃菜后的中间位置。
- ◆ 甜食写在最后，甜品往往是客人最后享用的菜品，所以应当写在最后。
- ◆ 酒水饮料与菜肴分开订单，酒水饮料与菜肴并不是由同一部门准备，所以要分开下订单，菜肴由厨房负责，酒水饮料由酒水员或吧台负责。
- ◆ 用间隔符号把各类菜分开，为了区分各个菜肴，需要使用分隔符，避免厨房弄错。
- ◆ 注明客人的特殊要求，客人可能对菜肴有特殊的要求，服务员开单时需要在订单上进行注明，这样厨房在制作时，才能知道客人的需求，从而制作出客人满意的菜肴。

③注明配料。西餐不同于中餐，西餐中会涉及多种配菜和调料等，服务员应根据客人的需求将客人所需的配菜、调料等在订单上注明，避免出错。

4.3.4 西餐上菜服务标准全知道

西餐上菜是非常讲究的，特别是上菜顺序。要想餐厅展现出专业性，了解正确的上菜顺序是很有必要的。除此之外，在上菜过程中还有许多的注意事项，同样值得重视。

如图 4-6 所示为正确规范的西餐上菜顺序，西餐上菜的顺序与中餐差别较大，西餐的汤往往是在头盘（开胃菜）之后就上了，上菜顺序需要服务人员特别注意。

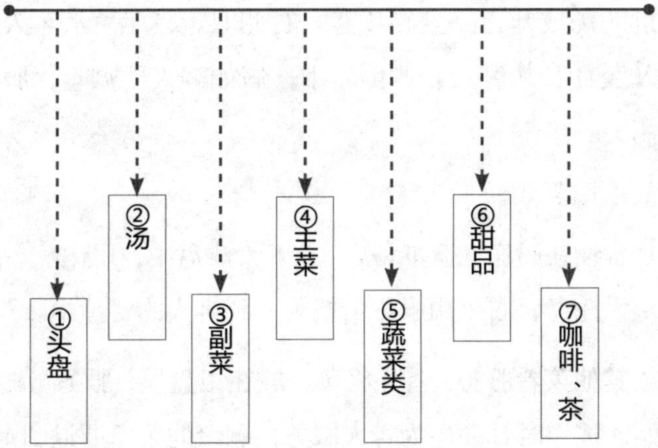

图 4-6

下面具体介绍西餐上菜的要求。

◆ 按顺序上菜，即开胃菜、面包、黄油等头盘，头汤，副菜，主菜，配菜，甜品，咖啡与茶等。

◆ 先斟酒后上菜。任何一道需要配饮酒类的菜品，在上桌之前均应先斟酒后上菜。

◆ 所有菜品上桌时均需遵循先女后男、先宾后主的顺序依次进行。上菜一般用右手从客人右侧进行。

下面介绍几种典型的西餐上菜方法。

◆ 美式上菜

首先在厨房内将菜分成一人一份，服务员用左手从客人左边上菜，从客人右边撤盘。

①首先用托盘先上汤或开胃品（菜），接着从客人右侧取走餐前酒杯，汤勺与开胃品的餐具放在碟子的右侧。

②主菜及配菜烹调好后盛到盘子里，由服务员用托盘端进餐厅，

从客人左侧供应主菜，从客人右侧撤走主菜盘碟。

③用过的汤或开胃品盘碟从客人右侧取走，然后从客人左侧再度供应面包及黄油，从客人右侧倒冰水；假如客人要咖啡，服务员要从客人的右侧供应。

◆ 俄式上菜

一般将食物在厨房完全准备好，放入大浅盘中，由服务员端到餐厅，服务员用左手托盘，右手用服务勺把菜分到客人的餐盘中。

主菜或其他菜肴服务。首先将菜肴放在银盘里，服务员端进餐厅，从主人开始，按逆时针顺序为客人服务，剩余的菜肴要退回厨房。

汤服务。服务员按顺时针从客人右边用右手将餐盘逐一放在客人面前，然后回到服务台，用左手端起盛汤的大银盘，用右手从客人左边分给客人。

◆ 法式上菜

菜肴最后的烹饪程序在客人面前的餐车上完成，一般由两名服务员协作，一名在餐车上将菜烹饪好，另一名服务员将菜端给客人。

①服务员用右手从客人右侧端上和服务，一般的菜点都从右侧服务。面包、黄油碟、色拉碟及其他盘碟必须从客人的左侧供应和服务。

②汤由助理或首席服务员用右手从客人右侧供应和服务，放在客人的底盘纸上，并放上一块叠好的餐巾。主菜的服务方式同汤类一样，不过色拉要与主菜一同端上。

4.3.5 西餐巡台该做些什么

餐中巡台能及时解决客人的需要，在巡台中要是能在客人提出要求之前提供给客人所需物品，那么服务就到位了。一个优秀的服务员在巡台过程中是停不下来的。

那么西餐厅服务员在巡台过程中具体需要处理哪些事情，以及如何规范地为客人提供服务？

◆ 更换烟灰缸

服务员应左手托放干净烟缸的托盘，走到客人面前，向客人致歉后，右手拿起一个干净的烟灰缸正放在脏烟灰缸上。用右手同时把两个烟缸拿起放在托盘上，重新将干净烟缸放回餐桌原位上。

◆ 整理台面，保持整洁干净

服务员巡台时，要时刻保持客人桌面整洁。为客人更换餐具时，先将客人进餐中不使用的餐具撤掉，再将客人所需的餐具摆好。持餐具时需用食指和拇指拿餐具，严禁直接用手握住餐具接触食品的部位。

根据客人所订菜肴的服务先后次序，从客人两侧由外及里摆放。台面保持整洁，有油渍处可用花纸垫或口布盖住。

◆ 及时礼貌微笑地二次推销

巡台服务员要时刻注意观察客人的用餐情况，在合适的情况下向客人进行推销。例如，客人的酒快要喝完时，即可向客人推荐酒水，推销要有针对性，严禁强迫推销。

◆ 及时解决客人疑难问题

服务人员在巡台的过程中遇到客人有什么疑难问题，都应当尽量帮客人解决，让客人满意。例如，遇有客人打翻茶碗、水杯时，服务员应及时递上口布、毛巾擦拭，给客人更换新的餐具，安慰客人不必惊慌；遇有售缺菜时，应该婉转告之客人，并同时向客人推荐类似的菜肴。

4.3.6 为客人提供餐后酒服务

在客人用餐结束后，通常还需要为客人提供餐后酒服务，这也是西餐的重要服务之一。这对于餐厅而言同样重要，餐厅可以通过向客人推荐餐后酒，从而增加餐厅的收入。

服务人员需要知道如何为客人提供餐后酒服务，以及具体的服务流程是怎样的。餐后酒服务主要可以分为两个步骤，分别是准备阶段和餐后酒服务阶段。

◆ 准备阶段

在进行餐后酒服务之前，服务人员首先需要将服务所需的各种器具、酒准备妥当，尽量不要出现在服务过程中再去寻找酒具的情况。具体可以参考以下的细节。

①检查酒车上的酒和酒杯是否备齐，将酒和酒杯从车上取下，清洁车辆，在车的各层铺垫上干净的餐巾。清洁酒杯和酒瓶的表面、瓶口和瓶盖，确保无尘迹、无指印。

②将酒瓶分类整齐，摆放在酒车的第一层上，酒杯朝向一致；将酒杯放在酒车第二层上；将加热白兰地酒用的酒精炉放在酒车的第三层上，将酒车推至餐厅明显位置。

◆ 餐后酒服务阶段

在提供服务前，服务人员先要进行观察，当服务员为客人上完咖啡和花后，酒水员将酒车轻推至客人桌前，酒标朝向客人，建议客人品尝甜酒。

①酒水员必须熟悉酒车上各种酒的名称、产地、酿造和饮用方法。

②积极向客人推销，对于不了解甜酒的客人，向他们讲解有关

知识；推销名牌酒；根据客人的国籍，给予相应的建议；尽量先推销价格高的名酒，然后是普通的酒类。

③向男士推销时，选择较烈的酒类，向女士建议柔和酒；斟酒时，不同的酒要用不同的酒杯，用右手在客人的右侧服务。

4.3.7 西餐结账服务标准与规范

结账服务通常是在客人结束用餐后才会示意服务员进行的，但是如果那时才开始准备结账服务，就会让客人久等，给客人留下不好的印象。所以应当对结账服务进行规范，让客人享受到流畅的服务。

提前准备账单。在顾客用餐期间，服务员应当在收银处预先将账单打印出来。当顾客要求买单或结账的时候，快速地为其递上。一般顾客在餐饮的过程中，服务员不要手持账单在一旁。尽管可以预先将账单准备好，但不应在顾客面前展示，让人有催促顾客进餐的嫌疑，反倒影响顾客用餐。

注意服务礼节。在顾客的示意下，服务员才可以上前。核对好材料（人数、食品等），再拿账单夹夹取账单，送到顾客面前。要将账单夹放在收银盘上，抵达顾客座位处后，将账单夹拿在左手上，递给顾客，并可再次询问顾客是否还需要其他服务。如果需要，服务员可以立即再做准备；如果不需要，服务员就可以略微后退，等待顾客查看账单。

结账后续服务。在顾客示意服务员拿走账单夹的时候，服务员将身体微向前倾，用双手接取并表示感谢，然后背对顾客打开账单夹核对顾客所付账目是否准确。如果核对正确，则服务员可以迅速离开；若顾客结账不准确，应当委婉地提醒顾客所支付的账目有问题，并拿出菜单与顾客共同核对。

结账过程中的其他事项。若顾客选择使用银行卡、会员卡、折扣券等方式进行结账，服务员要仔细核对顾客的身份、所用卡或者券的信息，并让顾客进行刷卡或者现金结算。无论顾客是否要求，服务员要随时准备为顾客解释银行卡或者折扣券的使用程序和注意事项，并提醒顾客保管好个人的银行卡和现金，并在顾客准确结账后，向顾客的合作表示感谢。

加油站

结账服务注意事项：若顾客的结账不准确，应当委婉地提醒顾客所支付的账目有问题，当顾客身边有其他客人，则要轻声提示，避免让顾客感到尴尬与难堪，然后可以引领顾客到别处一起核对菜单是否有误。

宴会厅精细化管理，保证宴会品质

第5章

05

宴会厅主要是用来举办大型宴会的，通常情况下也是受餐饮部的管理。宴会与普通就餐有所不同，需要提供的服务较多，且服务的客人很多，更要进行精细化管理，在提高宴会服务质量的同时保证宴会品质。

5.1

宴会厅岗位目标考核，发现自身的不足

酒店的宴会厅通常用来承接大型宴会，也是酒店的较大收入来源，所以加强宴会厅岗位的考核管理可以提升员工工作效率，增加酒店收入。

5.1.1 宴会厅经理岗位绩效考核

宴会厅经理和中餐厅经理类似，主要是对宴会厅所有员工进行统一管理，为顾客提供宴会服务。宴会厅经理是宴会厅的主要负责人，需要较强的整体把控能力和紧急事件处理能力，可以从以下几个方面对其进行考核，如表 5-1 所示。

表 5-1　宴会厅经理绩效考核要点

考核要点	具体内容
宴会厅经营状况考核	宴会厅经理应当按月制订宴会部工作计划及经营计划，报批通过后执行，所以需要定期对宴会厅的经营情况进行考核。经营状况是对宴会厅经理的重要考核指标，如果长期经营不达标，那么这样的经理是不合格的。同时该指标也是酒店的高层领导比较关心的，所以需要进行重点考核
人员组织与培训考核	作为管理人员，沟通组织能力也很重要。对餐厅内部各部门人员的接待要注意热情友好、谦虚谨慎。对各部门的协调与沟通要注意方法，争取得到各部门对宴会部工作的配合、帮助与支持。 部门培训和人员组织情况也是考核宴会厅经理的指标，要注意抓紧宴会部工作人员的培训工作，不断提高他们的业务水平

续表

考核要点	具体内容
调查研究，了解行情	宴会厅经理的职责可能不止于内部，还需进行调查研究，注意客源分析，掌握消费者心理，进行广泛的宣传工作。善于组织客源，留住老客户，广交新客户，不断扩大经营对象。 在调查研究的基础上，将调查结果运用到实际工作中，提升宴会厅营业能力
协调安排及菜式创新	是否注意协调有宴会订单的宴会厅房安排，分派及指导营业员制订宴会菜单，重要的筵席要亲自制订菜单。写菜单要注意搭配，做到斤两准确，注意质量，不漏单错单。 是否熟悉和掌握本餐厅、其他餐饮单位食品情况和花色品种，经常与餐饮部经理、行政总厨和厨师长研究新的菜式、花色品种，编制新的菜单，满足宾客新的要求。必要时还需要建立食谱档案，对老客户要注意他们的口味特点
了解货源和市场价格	宴会就餐的人数较多，所以食材的安全特别重要，宴会厅经理要从食材源头开始把控，了解货源情况和食品原材料价格，了解和掌握本餐厅各种食品，特别是鲍、翅、燕窝和海鲜野味等名贵品种的库存、池养情况，注意推广和销售。 除了食材质量外，对食材价格的控制也是较为重要的，节省出的原料价格便是收入，所以宴会厅经理要对原料的价格进行控制，这也是重要的考核指标

宴会厅经理和中餐厅经理相似，主要职责还是进行统筹管理，不需要事必躬亲。

5.1.2 宴会厅领班统筹能力考核

宴会厅领班通过以客人为中心的服务方式和有效的员工管理，熟练的安排员工换班。在宴会活动过程中，协助经理对宴会活动进行安排、指导，协调宴会服务员的工作。

宴会厅领班主要负责宴会厅中各种细节的把控以及人员的安排，其具体考核内容及指标如表 5-2 所示。

表 5-2　宴会厅领班的考核指标设置

考核指标	具体描述
仪表及态度	按照酒店和部门仪容仪表要求，经常检查个人卫生，注意仪表。随时保持专业的形象，和客人及员工打交道时，态度友好，面带微笑
设施设备管理	监督服务设备的维护，检查所有的调味品、宴会厅供应品以及经营用具，保证有日常经营所需的存货。 协助餐厅经理检查餐厅，保证所有的修补和维护都已经进行，汇报需要维修的地方。 保证所有菜单都干净、整洁、美观，没有痕迹、污渍和水印。更换所有应该更换的菜单
员工管理	确保所有的员工都在指定的岗位，指定的岗位清楚明确；确保新员工在聘用的第一个月内参加公司的入职介绍；保证所有员工都按照排好的排班表上班，所有事假和病假的要求都要通过宴会经理批准
员工的招聘与培训	参加员工的招聘工作。遵照酒店的制度和部门的程序，培训及训练员工，并提供有建设性的反馈信息以提高工作成绩。 根据部门的标准和程序组织工作培训，并记录每一个员工的发展情况
妥善处理投诉和质问	和客人保持密切接触，保证能得到客人的满意和称赞；积极友好地处理客人的投诉，尽量满足客人的要求，给客人留下好印象，维护餐厅的形象

管理人员可以根据宴会厅领班的具体工作内容设置相应的考核指标，从而更准确地进行考核。

5.1.3 宴会销售专员绩效考核

宴会销售专员主要负责宴会营销、宴会预订以及宴会期间跟进服务，其工作效率及销售能力在一定程度上会影响宴会厅的整体业绩。为有效提高宴会销售专员工作效率、销售业绩，同时对宴会销售专员的工作业绩进行客观评价，需要对其进行考核，考核指标的具体设置如表 5-3 所示。

表 5-3　宴会销售专员绩效考核指标的设置

考核指标	具体考核事项
宴会销售能力	通常会事先为其设置一定的宴会销售额，达到目标即为合格；低于目标值时，有相应的处罚；高于目标值时，也有相应的奖励。除了销售外，宴会销售专员还需要定期拜访客人，了解他们对宴会服务的态度，并且制订具体的拜访额，方便对其进行考核
宴会预订单的管理	为客人预订宴会时要及时，这是考察宴会销售专员的指标之一，如果因为预订不及时，导致客人投诉或投诉次数过多，则会受到处罚。同时，如果出现预订不准确，且导致酒店受到经济损失的情况，也会影响考核
宴会期间跟进服务	在宴会期间，宴会销售专员还需要在不影响客人的情况下进行客户满意度调查，调查的结果如果低于目标值，则考核结果会受到一定影响

除了上述的考核指标外，宴会销售专员的沟通能力、解决问题能力、工作积极性以及工作纪律等指标也可以纳入考核范围，管理人员可以视情况而定。

5.1.4 宴会厅服务员岗位考核

宴会厅举行宴会的过程中，服务员是主要的对客服务人员，也是主要的服务工作者。服务员的服务质量直接影响宴会的效果，那么如何对服务员进行规范考核呢？

在对宴会厅服务员进行岗位考核时，主要可从以下几个方面进行，如表 5-4 所示。

表 5-4　宴会厅服务员考核指标的设置

考核指标	具体考核事项
仪容仪表是否标准	服务人员良好的仪容仪表和个人卫生，会给宴会到场人员留下一个好印象，更加愿意在这里就餐。服务员应按照规定整理个人形象和卫生，这是对服务员考核的首要考核指标
开餐前的准备	开餐前准备充分才能让后续的服务工作更加井然有序，开餐前需要准备的事项各不相同，例如检查宴会厅的卫生清理是否符合标准，设施设备工作是否完好有效，灯光是否按规定时间开关，检查就餐场所内是否存在安全隐患等
服务效果考察	服务员是否受到客人的口头表扬、收到表扬信或是遭到客人投诉，这些都是考核服务员服务质量的重要指标。在快节奏的服务过程中，如果遭到客人投诉，应该道歉并及时上报，寻求解决办法
餐后收尾工作	在宴会结束，客人就餐离去后，服务员是否按照相关规定进行收尾工作，正确完成收尾工作也需纳入考核。如果在收尾过程中出现损坏餐具的情况，需要视情况进行处罚

5.2

宴会厅服务程序全知道

宴会厅服务程序主要包括中餐宴会服务程序和西餐宴会服务程序，两种宴会的服务程序是不同的，本节将进行具体介绍。

5.2.1 中餐宴会如何快速铺台

中餐宴会对铺台的要求较高，需要服务员有一定的工作经验或是受过专业培训。中餐宴会铺台与普通中餐厅铺台相似，但在具体细节上的要求却不相同。

中餐宴会铺台的具体流程如图5-1所示，整个过程共分为8个步骤，按此顺序即可快速铺台。

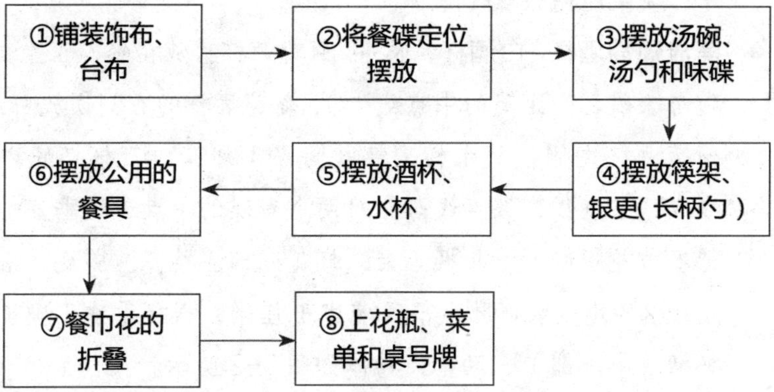

图 5-1

中餐铺台流程看似简单，但是在铺台过程中还有许多细节及操作相当烦琐，下面进行具体介绍。

- **铺装饰布、台布**：拉开主人位的餐椅，首先在主人位铺装饰布、台布；装饰布铺在台布下面，正面朝上，要求台面平整，下垂均等；台布正面朝上；定位准确，中心线凸缝向上，且对准正副主人位；十字居中，台布四周下垂均等。
- **将餐碟定位摆放**：从主人位开始一次性定位摆放餐碟，餐碟边沿距桌边 1.5 厘米；每个餐碟之间的间隔相等；相对的餐碟与餐桌中心点三点成一直线；操作要轻松、规范。
- **摆放汤碗、汤勺（瓷更）和味碟**：汤碗摆放在餐碟左上方 1 厘米处，餐碟右上方摆放味碟，汤勺放置于汤碗中，勺把朝左，与餐碟平行。汤碗与味碟之间距离的中点对准餐碟的中点，汤碗与味碟、餐碟间相距 1 厘米。
- **摆放筷架、银更（长柄勺）、筷子、牙签**：筷架摆在餐碟的右边，方便拿取，其中点与汤碗、味碟的中点要处在同一直线上；

银更、筷子搁摆在筷架上，筷尾的右下角距桌沿 1.5 厘米；牙签位于银更和筷子之间，牙签套需要正面朝上，底部与银更齐平；筷架距离味碟 1 厘米。

◆ **摆放葡萄酒杯、白酒杯、水杯**：葡萄酒杯摆放在餐碟正上方（汤碗与味碟之间距离的中点线上）；葡萄酒杯的右侧摆放白酒杯，葡萄酒杯左侧摆放水杯，杯肚间隔 1 厘米，三杯杯底中点连线成一条直线，该直线与相对两个餐碟的中点连线垂直；水杯待餐巾花折好后一起摆上桌，杯花底部应整齐、美观，落杯不超过 2/3 处，水杯肚距离汤碗边 1 厘米；摆杯手法正确（手拿杯柄或中下部）、卫生，具体如图 5-2 所示。

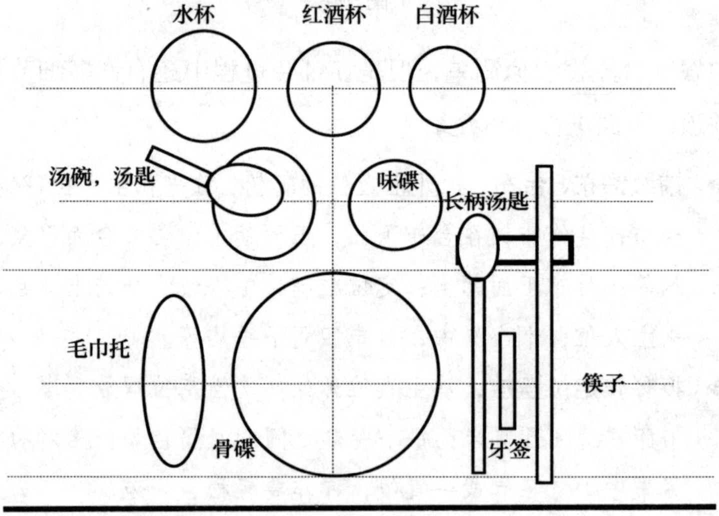

图 5-2

◆ **摆放公用的餐具**：公用筷架放置在主人和副主人餐位相对的正上方，距水杯肚 3 厘米，公匙、公筷置于公用筷架上，匙柄和筷子尾端朝向右边。如折的是杯花，可先摆放杯花，再摆放公用餐具，如图 5-3 所示。

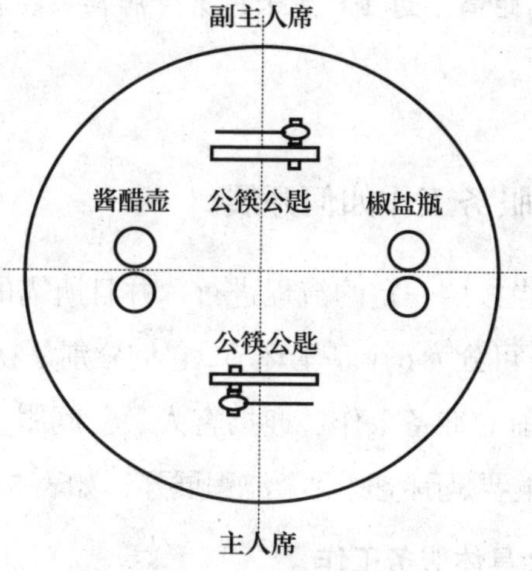

图 5-3

◆ **餐巾花的折叠**：折 6 种以上不同餐巾花，每种餐巾花 3 种以上技法；花型突出正、副主人位；有头尾的动物造型应头朝右，主人位除外；巾花观赏面向客人，主人位除外；巾花挺拔、造型美观、款式新颖；操作手法卫生，不用口咬、下巴按、筷子穿；手不触及杯口及杯的上部，如图 5-4 所示为两种餐巾花样式。

图 5-4

◆ **上花瓶、菜单和桌号牌**：花瓶应当摆放在台面的正中央，要求造型精美；菜单摆放在正副主人的筷子架右侧，位置一致，菜单右尾端距离桌边1.5厘米；桌号牌摆放在花瓶正前方、面对副主人位。

5.2.2 中餐宴会服务工作如何开展

中餐宴会应当按照一定的流程进行，并且所需的人力物力也是相当大的。宴会服务可分为6个基本环节，它们分别是宴会前的准备工作、摆台工作、开餐前的准备工作、迎接客人、餐间服务以及送别客人，宴会服务工作也主要是围绕这几个流程展开，如表5-5所示。

表5-5　中餐宴会具体服务工作

流程	具体介绍
宴会前的准备工作	①服务员根据菜单所列菜式的服务要求，计算餐具的用量、特殊菜的佐料，进行服务用具用品的准备；②根据桌数和菜单选配银器、瓷器、玻璃器皿、台布、口布、小毛巾、转盘等必备物品；③根据宴会的类别、档次进行合理布置，检查灯光、室温、音响、家具、设施的完好状况；④检查宴会厅各个部位（地毯、墙壁、灯饰、窗帘、天花板、走廊、卫生间和工作间等）的环境卫生和厅内设施设备；⑤按菜单要求备足各类酒水饮料，用布擦净酒水饮料的瓶子，在工作台或工作车上摆放整齐
摆台工作	①服务员按宴会预订的人数，摆放与之相适应的宴会台面、宴会座椅，并将座椅摆放整齐，且围好座椅套；②对每一个台面进行摆台
开餐前的准备工作	①宴会当天，宴会领班再跟销售专员确认最终人数、桌数，跟厨房沟通并互相交换该注意的要点；②领班陪同销售专员迎接宴会主办方，与其确认最后安排是否有修改，在许可的情况下给予配合，并核实宴会程序及上菜时间；③宴会开始前10～15分钟，服务员将冷菜上桌，对于有造型的冷盘，将花型正对主人和主宾；④宴会开始前10分钟，将酒斟好，以备客人开宴后讲话结束时使用
迎接客人	①客人到达前5～10分钟，迎宾员在宴会厅门口迎候客人；②客人到达后，应主动向客人问好，并计算入场人数；③在客人前方请客人进宴会厅，并在客人右前方50厘米处引领客人，步速要同客人的行走速度一致；④时间或人数接近时，宴会领班通知主办方最新人数，最后确认桌数及上菜时间，并及时通知厨房厨师长

续表

流程	具体介绍
餐间服务	①客人走到桌前，为客人接挂衣帽，并为客人拉椅、奉茶；②宴会开始后，为客人打开餐巾，铺在客人膝盖上；③上热菜时须由主台开始，不能抢先；④每上一道新菜，要进行介绍；⑤分菜要先分主宾，继而按顺时针方向分给其他客人，然后才分给主人；⑥重要的宴会要求每道菜换一次碟，换碟时，碟里有未吃完的食品，先征求客人的意见，客人同意后才换；⑦除了正常换餐具外，若发现个别客人骨碟内有牙签或骨头等，应主动换碟；⑧若客人的餐巾、餐具、筷子等掉在地上，须马上为客人更换
送别客人	①客人起身离开时，服务员应拉椅让座，递送衣帽、提包并协助客人穿衣，然后向客人礼貌道别并致谢；②送客至门口或电梯口，再次向客人致谢；③客人离开后，检查座位和台面是否有遗留物品；④按顺序撤台，清点物品，做好卫生，使宴会厅恢复原样

结账的服务标准同中餐结账基本一致，根据具体情况的不同，有的宴会厅会要求在预订时结账，通常情况下都是在餐后，由预订的客人进行结账。

5.2.3 西餐宴会摆台要美观

西餐宴会摆台与普通西餐摆台基本一致，在前面章节已经介绍过了西餐的具体摆台流程及操作，这里就不再进行细致讲解。只要掌握一些西餐摆台要领，对西餐宴会同样适用。

- **摆台顺序：** 先摆餐盘定位，后摆各种刀、叉、匙，再摆面包盘、牛油刀、咖啡杯、各种酒杯等，最后上席巾和调味瓶等。
- **要领：** 餐盘正中，盘前横匙，左叉右刀，先外后里，叉尖向上，刀口朝盘；主食靠左，饮具在右。
- **摆位方法：** 台布中凸线向上，两块台布中凸线对齐；两块台布面重叠 5 厘米，主人位方向台布交叠在副主人位方向台布上，台布四边下垂均等；铺设操作最多 4 次整理成形；摆设操作从座椅正后方进行，从主人位开始按顺时针方向摆设，座椅之间距离基本相等；相对座椅的椅背中心对准；座椅边沿与下垂台布相距 1 厘米。

西餐宴会摆台除了餐具的摆放外，还要包含各种器具的摆放，下面具体介绍宴会摆台中的各种器具用品摆放规则。

首先应当在餐桌的正中央摆放台花；接着从台花向主人席和副主人席方向 20 厘米处分别摆放蜡烛台；蜡烛台的另一侧 10 厘米处分别垂直摆放胡椒瓶和盐瓶，盐瓶和胡椒瓶之间间隔 1 厘米；在间隔两厘米处分别摆放火柴和烟灰缸。整个西餐餐桌的物品摆放都遵循对称原则，服务员在摆放时要注意，如图 5-5 所示为 6 人宴会餐桌的物品摆放示意图。

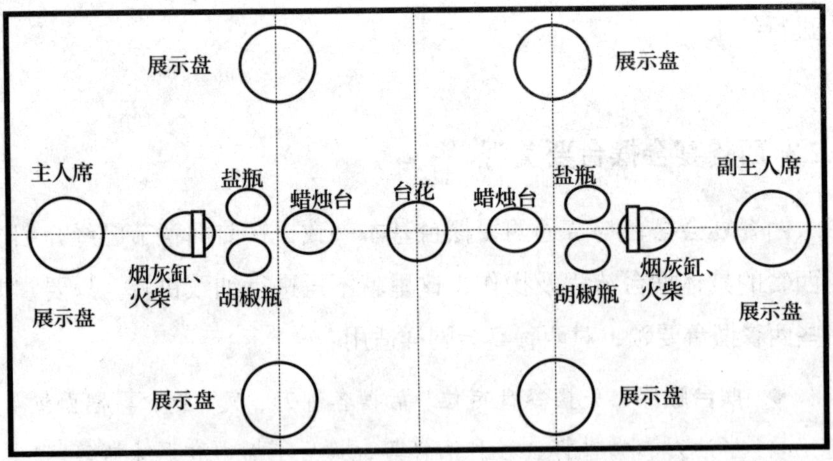

图 5-5

5.2.4 西餐宴会服务程序详解

西餐宴会服务是很讲究气派、排场和规格的，高级宴会的服务需几个人看一台，通力协作，配合默契。西餐宴会的餐桌一般用长台，较少用圆台，每吃一道菜，更换一套餐具。不同的菜式摆上不同的刀叉餐具，不同的菜搭配不同的酒及酒杯。

西餐宴会的整个流程一般分 5 个步骤为客人服务，具体介绍如图 5-6 所示。

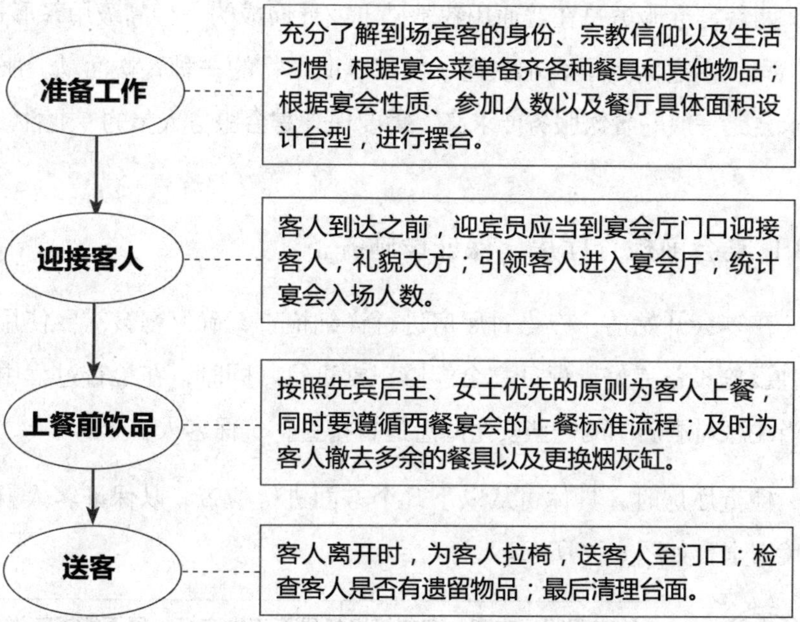

图 5-6

加油站

西餐宴会厅为了营造特殊的氛围，通常会选择柔和、偏暗的灯光，并点蜡烛。但是这样容易出现安全隐患，在宴会的准备阶段，需要对这些可能出现的情况做好充分的准备。在摆台时，蜡烛台与其他可燃物摆放距离要能够保证安全，防患于未然。

5.3 宴会厅服务标准化，提升专业性

西餐宴会服务是在普通用餐基础上发展而成的一种高级用餐形式，是指宾、主之间为了表示欢迎、祝贺等而举行的一种餐饮活动。服务要求会比一般的餐饮服务要求高，需要提升宴会服务人员的专业性。

5.3.1 宴会前检查厅房，保证设施齐备

在宴会开始前，应当对厅房进行详细检查，确保宴会需要使用的各种设施设备完好，保证宴会能够正常进行。同时，在检查过程中还应当注意对酒店中的一些安全隐患进行排查，确保客人安全。

检查厅房时，具体可从以下几个方面进行检查，以保证客人就餐环境安全，如图 5-7 所示。

1 检查照明、空调、音响等设备是否正常完好，是否能够正常使用。

2 宴会餐台、餐椅、备餐柜是否完好且符合宴会的要求，各种设施是否牢固。

3 发现问题通知工程部加紧维修并跟踪检查，确保宴会举办前达到要求。

4 检查就餐场所内是否存在安全隐患，并及时处理；检查消防用具是否齐全。

图 5-7

这是宴会开始前非常重要的一个步骤，只有做好了厅房检查，才能确保客人在宴会途中不会因为各种设施的故障影响用餐，而给酒店带来不必要的影响。

除了要检查各种设施是否齐全外，还要检查宴会需要使用的各种器具、酒水等是否齐备。宴会服务员在准备各种用具时，难免会出现错误，这就需要及时检查并发现，如果将这种问题遗留到宴会开始时采取处理，将会影响客人用餐。

下面具体介绍宴会前设备设施检查需要包含哪些内容，如图 5-8 所示。

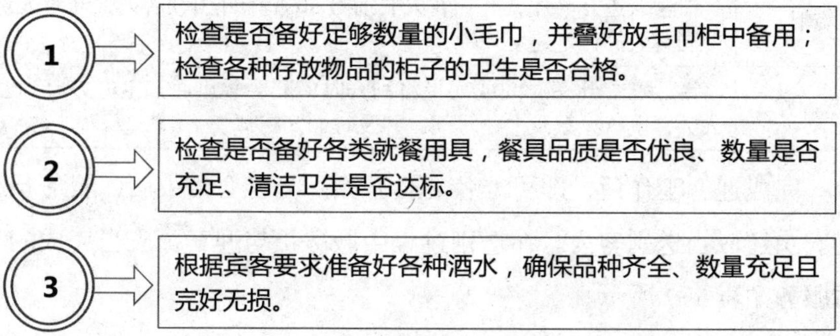

图 5-8

加油站

宴会前除了需要检查各种设施设备的齐全度，服务人员还需要进行自查，检查个人仪表仪容、工牌、工服等是否符合规定，服务人员的仪表及精神面貌十分重要。

5.3.2 宴会如何迎送客人更礼貌

迎客和送客分别是宴会服务的第一个服务和最后一个服务，在整个服务过程中应当彰显宴会厅的档次以及迎宾员和服务员的素质，为酒店赢得良好的口碑。

迎宾引座在宴会服务中主要由迎宾员完成，整个过程要充分照顾到客人，礼貌谦和。宴会前迎接客人主要有4个步骤，如表5-6所示。

表5-6　迎接客人的4个步骤

步骤	具体内容
迎客	客人到达前5～10分钟，迎宾员在宴会厅门口迎候客人，充分表现出对客人的尊敬和期待
问好	客人到达后，应面带微笑，主动向客人问好，并且由专人计算入场的人数
引客	请客人进宴会厅，并在客人右前方50厘米处引领客人，迎宾人员要同客人的行走速度一致
周知	接近宴会开始时间或人员将到齐时，宴会领班通知主办方已到会人数，确认桌数及上菜时间，并及时通知厨师长

完成迎客工作后，即可准备宴会开始。当宴会结束后，服务员和迎宾员还应当送别客人。在送别过程中服务员与迎宾员应当完成的具体服务如表5-7所示。

表5-7　送客的具体服务流程

步骤	具体内容
拉椅让客	客人起身离开时，服务员应拉椅让座，接着为客人递送衣帽、提包，并协助客人穿衣，然后向客人礼貌道别并致谢
检查物品	客人离开后，检查座位和台面是否有遗留物品。若有，要及时送还给客人
送客致谢	由迎宾员送客至门口或电梯口，并再次向客人致谢，微笑道别
撤台整理	服务员按顺序撤台，并清点物品，做好宴会厅的卫生工作，使宴会厅恢复原样

服务员和迎宾员在迎送客人的过程中要时刻保持礼貌、面带微笑，让客人感到舒适和尊重。

5.3.3 宴会中如何巡台

为加强宴会厅服务员的服务意识，提高服务质量，宴会过程中的巡台工作是至关重要的。宴会厅巡台工作通常是由主管级以上的管理人员进行。

首先需要相关管理人员意识到宴会过程中巡台的重要性，并按照一定的规定进行检查、监督和巡视。宴会过程中巡台的意义具体有以下一些。

- ◆ 主动与客人沟通，能够在第一时间提供客人所需的服务。
- ◆ 及时督导服务人员的工作，弥补服务员的不足之处。
- ◆ 掌握上菜速度，避免上菜太慢引起客人不满。
- ◆ 及时清理台面，为上下一道菜做好充分准备。
- ◆ 随时保持地面的清洁卫生，保证就餐环境的舒适、优雅。
- ◆ 现场指挥，纠正偏差，发现问题做好记录。

了解巡台的具体意义后，还需要知道在巡台过程中需要关注的具体问题，避免巡台工作过于空泛。相关人员在巡台时不知道究竟该做什么，如表 5-8 所示为巡台过程中需要注意的具体事项。

表 5-8　巡台工作的具体内容

巡视对象	具体内容
台面	①巡视台面上的茶壶内存储的茶水是否充足；台面是否凌乱；发现剩食、杂物等要及时整理。 ②烟缸是否需要更换，发现烟缸内有两个以上的烟头就必须更换；骨碟是否需要撤换；是否将空餐具及时撤离餐桌。 ③在服务员因繁忙而空岗时，要及时补位，不能让客人等待
服务员	①巡视台面上的开菜单，查看上完菜是否已划单。跟踪上菜速度，对未按规定时间出菜的菜品及时催菜，并记录原因。 ②巡视上桌的菜品质量及分量是否合格，如有不符，及时与厨师长沟通，巡视上菜程序是否正确，应先上凉菜后上热菜，最后上主食。 ③跟踪服务员的服务是否标准、规范，发现问题及时现场指导、示范

续表

巡视对象	具体内容
其他	①巡视中，主动提醒客人保管好随身物品，以免离开时遗忘或就餐过程中溅上水或油渍。 ②巡视中，发现有可疑人物，如小偷等不法人员，要及时上报管理人员或报警。 ③巡视中，发现并妥善处理突发事件

宴会期间巡台不是为了给服务员施加压力，而是为了发现问题，然后及时解决问题，可以在突发事件发生的第一时间处理。管理人员经常巡台，既能让员工自觉，还能发现和解决问题，可谓是有百利而无一害。

5.3.4 中餐宴会过程中的服务规范

中餐宴会过程中的服务是宴会的主体阶段，是需要服务员重点进行服务的阶段，也是客人感受服务质量的阶段．所以服务员的服务是否规范，将给客人留下深刻印象。

中餐宴会过程中的服务主要可以分为 6 个服务部分，每个部分中都有需要注意的内容，下面分别对这几个部分进行具体介绍，如表 5–9 所示。

表 5–9　中餐宴会服务的重要事项

服务事项	具体内容
迎客入座	客人进入宴会厅后，服务员面带微笑，热情迎接，躬身行礼，主动接挂衣物；挂衣时，应握衣领，避免衣袋里物品滑出或碰坏；热情地为客人拉椅让座（将椅子拉开，当客人坐下时，用膝盖顶一下椅背，双手同时送一下，让客人坐在离桌子合适的距离，大约 10 ～ 15 厘米为宜）

续表

服务事项	具体内容
餐前服务	为客人铺餐巾、拆掉筷子套，从主宾右侧开始顺时针转动服务，撤去冷菜的保鲜膜（用服务夹操作）；送香巾，席间送香巾 3 次，客人入座后一次，上完热菜后一次，客人用餐完毕再送一次（上特殊的手剥菜时，应再跟一次），并及时收回；送香巾时，要从客人右侧提供服务；斟茶，斟七八成即可；为宾客斟茶时，不得用手直接触摸杯口
斟酒服务	第一次为客人斟倒时要注意技巧，用托盘斟酒，席间服务时可以徒手为客人斟酒；开餐前若已斟上红酒和白酒，则从主宾开始斟倒饮料，要主动征求客人的意见："请问您喜欢用哪种饮料？"宴会若未提前定好酒水，客人入座后应进行推荐，客人选定后，按规范进行操作；宴会过程中，应注意随时添酒，不得使杯空
上菜服务	依菜单规定的顺序上菜，按上菜、分菜的具体规范要求进行操作；上菜时，每道菜都要报菜名，并做适当介绍，特色菜要重点介绍，当客人对某菜表现出较大兴趣时，可适当介绍此菜的特点；放菜到台面上时要轻，有造型的菜注意面朝主宾；要掌握好上菜的时机，快慢要适当，不紧不慢；菜上齐后，可轻声告诉主人
分菜服务	分菜时，可用转台式分菜，叉勺式分菜和工作台分菜几种方式结合起来服务（宴会服务中，要将 1/3 的菜进行分派）
席间离座	宾客席间离座，服务员应主动帮助客人拉椅，并整理好客人的餐巾；待宾客回座时应重新拉椅，为客人落餐巾；宾客祝酒时，应立即上前将椅子向外稍拉，方便客人起身，坐下时向里稍推，以方便宾客站立和入座；服务中要保持转台、餐台的整洁；宴会服务中，服务员要按规定姿势站立于离客人桌面 1.5 米处，应时刻关注全部客人的情况，以便及时为客人提供服务，出现问题及时处理

中餐宴会席间服务时，同样需要及时更换烟灰缸、骨碟以及餐盘等，并随时保证台面整洁。

5.3.5 西餐宴会规范服务有哪些

西餐宴会对服务的要求较高，参加西餐宴会的客人往往十分注重宴会间的服务细节，所以这也对服务员提出了较高的要求。

西餐宴会中需要注意的服务规范主要有如下的一些，需要相关管理人员和服务员注意，如表 5-10 所示。

表 5-10　西餐宴会服务具体规范

服务事项	具体内容
上菜服务	按照先宾后主、女士优先的原则，从客人右侧上餐；当客人全部放下刀叉后，询问客人是否可以撤盘，得到客人的允许后，从客人的右侧将盘和刀叉一同撤下
酒服务	上葡萄酒时先请主人试酒，然后再为客人服务倒酒；应询问客人是否还用白酒，如不用，将白酒杯撤下
汤服务	将汤碗放在汤碟上面，从客人的右侧送上；待多数客人不再饮用时，询问客人是否可以撤汤，得到客人的允许后，要从客人的右侧将汤碗、汤碟和汤勺一同撤下
甜食服务	先将甜食叉、勺打开，左叉、右勺，然后从客人右侧为客人送上甜食，待客人全部放下刀叉后，询问客人是否可以撤盘，得到客人的允许后，从客人的右侧将盘和甜食叉勺一同撤下
水果服务	先为客人送上水果刀叉、洗手盅，然后为其送上准备好的水果盘
咖啡服务	先在每位客人右手边摆上一套咖啡用具（咖啡杯、垫盘，盘上右侧放一把咖啡勺），然后用托盘送上淡奶壶、糖罐，站在客人右侧一一斟上

除了上述的服务事项需要注意外，席间对客服务规范同样需要引起重视。

5.3.6 会议服务的一般标准

宴会厅不只用来举办宴会，有时应客人的要求也可用来举办会议。比如一些小公司需要举行大型的会议，考虑到场地的问题，便会考虑使用酒店的宴会厅来举办会议。

这种会议通常需要宴会厅的服务员来进行准备，并且在会议过程中提供服务。这样一来，就要求服务员还要知道如何进行会议服务。

会议的服务流程一般包括会前准备、会场服务、会后收尾以及汇报总结 4 个部分，流程部分并不复杂，但却考验服务员的服务能力，下面具体对这 4 个部分进行介绍，如图 5-9 所示。

会前准备

①会前了解会议名称、会议性质、与会人数、会议期限、会议休息时间表、会议活动范围等；②准备会标、音响、主席台、茶具饮品、登记台、签到簿、服务员配备、会场指示牌等；③准备大厅指示牌、引领员、电梯引领员、会场引领员、指示牌等。

会场服务

会场服务主要包括：①主席台香巾、饮品服务、果盘、会场贵宾饮品、香槟服务；②会场秩序维持服务；③清洁服务；④委托代办服务；⑤出会场的引领服务；⑥应急情况处理（火灾疏散、禁坐电梯、失窃、当事人询问笔录、相关人询问笔录等）。

会后收尾

会后收尾服务主要包括：①撤会议物品、桌椅、餐具；清理与会人员遗留物并登记；②清洁会场；③撤出带入会场物品；④查对清理纪念品、礼品；⑤检查清理情况；⑥关闭动力电器设备；⑦服务人员撤出，锁闭会议厅。

汇报总结

会议结束后，要向主办方、主办人员汇报会议情况，对遗留物品和剩余礼品应该如何处理，征求意见，说明情况；会后总结专题会（部门经理、会议服务人员参加），对本次会议的组织和服务工作进行总结。

图 5-9

了解了会议流程的 4 个步骤后，还需要了解会议接待服务的服务标准，下面进行具体介绍。

◆ 服务员上岗前要按规定化妆、修饰，认真整理工装、工牌，仪容仪表端庄、整洁、精神饱满。

◆ 服务员应当在会前 30 分钟准时到达会场。

- ◆ 迎宾站立时保持正确站姿，真诚微笑，欢迎客人。
- ◆ 会场内卫生整洁，会场所需物品摆放整齐、美观。
- ◆ 来宾到达时尽可能热情迎候，依次接待，不能出现客人无人接待的情况。
- ◆ 给来宾提供服务要主动、热情、耐心、周到，回答来宾问题要得体、明确，不能敷衍客人。
- ◆ 给来宾引位要及时，不能怠慢客人，客人入座后 1 分钟内需倒上茶水，递上香巾。
- ◆ 会议进行中，每隔 10 ~ 15 分钟，及时增添茶水；服务员应站在合适的位置，悉心观察会场状况。
- ◆ 会后清理工作要及时、仔细，若发现客人遗留物品，应及时报告。

5.3.7 茶歇服务的重要事项

茶歇就是工作期间片刻的休闲，是在平时工作和会议进程休息中安排提供一些热饮（以咖啡和茶为主）和甜品、水果等，有时也会根据员工或会议组织者的要求和季节的变化，增加一部分软饮料（可乐、果汁、矿泉水等）和一些三明治。

如果宴会厅或酒店有外部会议召开，那么就可能需要安排茶歇服务，并由专门的宴会服务人员提供服务，茶歇服务的具体安排及流程介绍如下。

- ◆ 会议开始前，将桌面及装饰等布局整理完毕。
- ◆ 茶歇开始前 15 分钟，茶歇服务人员将所有物品摆置完毕，注意桌面整洁美观。
- ◆ 茶歇开始后，茶歇服务人员应指引与会人员至茶歇区休憩并享用食物，并积极为客人服务。

◆ 茶歇时间结束前 5 分钟要提示与会人员尽快回到会议室开会。

◆ 茶歇结束后整理茶歇区物品，可回收的物品、食物送至指定地点，清理地面及桌面垃圾，归还客人的遗留物品。

宴会厅在为参加会议的客人提供茶歇服务时其具体操作流程主要有准备工作、用具摆放、茶歇服务和餐具送洗 4 个步骤，具体介绍如图 5-10 所示。

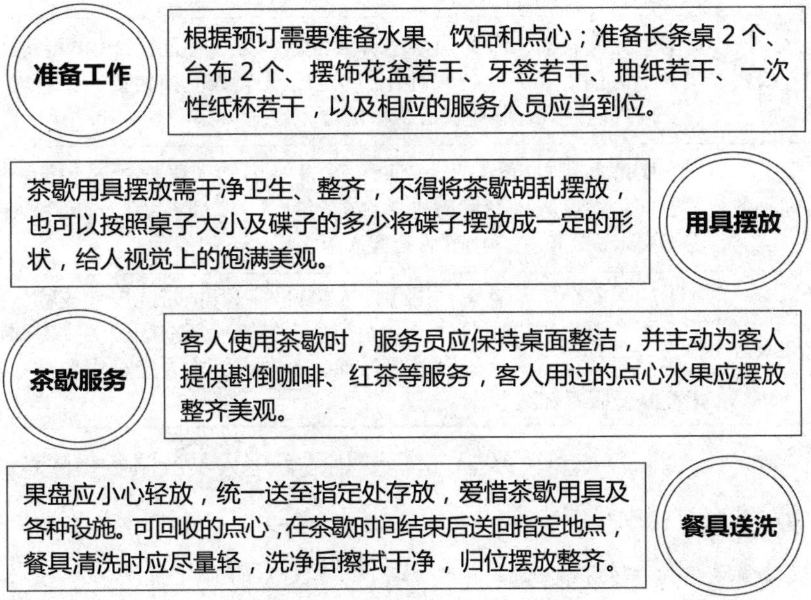

图 5-10

5.3.8 婚宴服务的注意事项有哪些

婚宴服务是酒店宴会厅承接较多的宴会，不仅可以在酒店安排客人入住，还可以在酒店举办婚礼，再由宴会厅来招待到场宾客。而婚宴也是一场婚礼中最重要的流程之一了，为了保证给客人们留下一个美好的印象，酒店的流程服务方面一定要严格把关。

宴会厅举办婚宴的一般流程可大致分为 4 个步骤，各步骤的服务工作及安排如表 5-11 所示。

表 5-11　宴会的一般流程及安排

服务事项	具体内容
准备工作	①按照客人要求布置婚礼场地，服务员检查着装；②准备毛巾、筷子等；③摆放冷菜、餐具；④迎接客人，请客人入座；⑤向客人展示酒水，并给客人斟酒
婚礼仪式	①婚礼仪式前，服务员协助客人发放糖果、香烟；②由两名服务员关上大门，等新人到来时开门欢迎；③新人交换信物；④若客人还安排其他仪式，服务员应积极配合
席间服务	①撤鲜花上热菜并清理桌面；②及时为客人更换骨碟和烟缸；③餐间征得客人同意后撤去多余的餐具；④菜上齐后，询问客人是否需要米饭；⑤主食用过后给客人上水果
收尾服务	①加强安全防范意识，提醒客人保管好随身携带的皮包衣物，关注有无可疑人物进出餐厅；②尤其注意婚宴终场前的服务，需要撤除餐具时须征得客人同意才可撤除，不要因为客人婚宴用餐结束较迟而降低服务标准

婚宴操作流程中有许多细节是需要相关管理人员及服务员注意的，下面对宴会过程中可能出现的问题，进行具体介绍。

- 当值服务经理必须了解每一场婚宴客人的具体负责人。
- 婚庆公司进行婚宴布置时需收取押金，婚宴结束时必须由当班服务经理检查无破坏后退回押金，否则将根据损坏程度进行照价赔偿。
- 客人自带酒水必须当面点清，婚宴结束后，当值服务经理点清剩余酒水并负责帮客人做好搬运工作。
- 婚宴提供打包服务，需事先询问客人。如需要，一般等客人离席时开始为其打包，在提供打包服务时按收台标准进行。
- 在婚宴仪式中注意提醒客人不得燃放烟花。

加油站

以上介绍的是中餐婚宴的一般流程和具体注意事项，宴会厅同样可以承包西餐婚宴，西餐婚宴只是在西餐的准备和席间服务的部分与中餐婚宴有所不同，管理人员可以参考西餐宴会进行准备和服务，其他一些服务与中餐婚宴服务基本一致。

5.3.9 酒会服务要点全知道

酒会，是一种经济简便与轻松活泼的招待形式，指比较简单的宴会，用酒和点心招待客人，不排席次，客人到场、退场都比较自由。

宴会厅也是用来举办酒会的重要场所，所以酒店宴会厅的服务员、管理人员应当了解酒会的具体服务流程，这样才能协助客人完成好酒会的相关服务。酒会服务流程同样可以分为 4 个步骤，具体介绍如表 5-12 所示。

表 5-12　酒会服务基本流程

服务事项	具体内容
餐前准备	①按照客人的要求及人数，准备相应的餐具；②摆放食品台，将各种餐具摆放在食品台上；③摆酒会桌；④摆酒水台，并将酒水摆放整齐；⑤开始前备好各种酒会需要的用具，检查酒水是否充足
迎接客人	①酒会开始时，领位员站在门口迎接客人，并做好酒会人数的统计；②服务员用托盘端好酒水，站在餐厅里迎候客人
酒会服务	①酒会开始后，服务员要随时、主动地为客人服务酒水；随时清理酒会桌上客人用过的餐具；②随时更换烟缸，添加小口纸、牙签；③保持食品台的整洁，随时添加食品、甜食盘和甜食叉；④保证客人有充足的酒水
送客服务	酒会结束时，服务员应当站在各自服务区域，礼貌地目送客人离开，当客人全部离开后，整理场内的卫生

酒会服务较前面介绍的宴会厅服务比较简单，服务员的工作也较为轻松，但是酒会服务过程中同样有许多标准与要求需要注意，下面进行具体介绍。

◆ 管理人员应当督促相关人员在开餐前完成准备工作，餐中服务严格按照标准进行。

◆ 宴会厅内保持地面干净整洁，空气清新，温度适宜，氛围舒适。

◆ 酒会上的食物和酒水摆台大气、实用，体现档次；餐具、备品按标准位置、数量摆放到位，干净、无破损。

◆ 服务人员仪表自然，着装规范、干净，态度热情礼貌，语言亲切；服务程序标准，动作规范并且服务主动。

◆ 食品造型、摆盘美观，口感良好，保持温度，数量充足，体现品质。

◆ 服务员要关注细节，尽可能满足客人提出的合理需求，体现酒店整体的服务水准。

加油站

酒会除了以上的服务内容外，还可能包含其他服务，客人可能会在酒会上玩一些小游戏，例如扑克牌游戏、俄罗斯转盘等，服务人员应当根据客人需要提供相关的游戏用具并在游戏过程中为客人提供服务。

厨房与菜单管理，全面规范菜品

第6章 06

厨房是餐饮行业中必不可少的部分，无论是中餐厅还是西餐厅，加强厨房管理都能够提高客人的满意度。除此之外，菜单的制作也是酒店餐饮管理中的重点内容，一份完美的菜单能够给客人留下好印象。

6.1

厨房规范服务方法全知道

厨房是酒店餐饮部十分重要的一部分，厨房服务操作是否规范，将决定客人所享用的菜品是否合格。所以加强厨房服务规范是相当重要的，需要管理人员引起重视。

6.1.1 菜品质量控制标准与办法

对于酒店餐饮行业而言，菜品质量就等同于餐厅的生命，菜品质量不合格可能引起退菜和客人投诉，这也是管理人员需要关注的问题。要确定菜品质量标准、规范厨房工作人员的操作规范，才能提高菜品水准，受到客人喜爱。

菜品质量控制的重要性不言而喻，在了解如何进行菜品质量控制之前，首先需要知道菜品质量包含哪些具体方面。

- 菜品未按标准要求（包括顾客要求）制作。
- 原料、半成品不符合标准要求，加工、制作的程序与方法未按标准要求。
- 菜品上菜顺序、时间不当。
- 菜品质感、温度不符合要求。
- 菜品的成品、半成品、所有原料不新鲜、腐坏变质。
- 菜的成品、半成品、所用原料中出现杂物、异物。
- 菜品的成品、半成品、所用原料中出现害虫、小飞虫。

厨师长作为厨房菜品质量的主要负责人，应当对厨房菜品起到监督和控制的作用。下面具体来看厨师长在菜品质量把控方面有哪些职责，如表 6–1 所示。

表 6–1 菜品质量把控的具体职责

方面	具体职责
确立制度	贯彻菜品质量的重大意义，执行、落实酒店餐饮部门制订的菜品质量管理制度
重点阶段管理	根据本部门实际情况，对可能影响菜品质量的阶段、重点岗位进行重点管理、检查，确保菜品质量
卫生检查	在每天的上午、下午上班时间中，与副厨师长一起检查员工的仪表仪容及环境卫生
菜品检查	在每天的上午、下午验收时间段中，监督、检查验收的菜品（原料）质量
质量抽查	每天不定时的抽查各岗位的菜品质量，包括摆放、贮存、规范程度及防污染、防害虫措施
负责人督导	收尾打烊阶段是控制菜品质量的重要阶段，应亲自监督指导各岗位，防止菜品污染的措施
打扫清洁及菜品存放管理	每周定期进行卫生大扫除，在大扫除时间内，要检查、指导好各岗位菜品存放情况，防止因为人为存放不当最终导致菜品质量问题

在菜品质量控制方面，厨师长主要起到整体控制的作用，积极发现工作人员的问题，并帮助工作人员进行整改。

厨师长虽然可以整体把控厨房的菜品质量，但是难免有疏漏的地方，而厨房各岗位操作人员是保证菜品质量的主要力量，只要各岗位工作人员都按照要求制作菜品，菜品质量自然会提高。

下面具体介绍厨房工作人员服务规范，如表 6–2 所示。

表 6–2　厨房工作人员服务规范

规范	具体内容
卫生规范	厨房工作人员要养成良好的卫生习惯，讲究个人卫生，注重个人仪表，熟悉卫生“五四制”，逐步增强食品卫生观念
岗位清洁	各岗位保证其工作环境清洁，依照防止飞虫、害虫的办法，杜绝蟑螂、苍蝇出现
菜品处理规范	各岗位摘洗、加工烹制后的菜品杜绝放置于走廊边，并与地面隔离，应尽量放置于货架上
操作规范	操作中避免脱衣摘帽，脱衣摘帽应远离菜品，防止污染菜品；各岗位菜品不要裸露放置，应有防止污染的具体措施、办法
配料规范	各岗位的调料每日至少清理、筛选一次；食用油要经常过滤，配料要酌情加工，减少存放频率；做到专人加工、专人负责
用具管理规范	各岗位罩盖食品的物品要经常搓洗，做到无异味，物见本色，专物专用；各用具、器具定点摆放，定岗定物

菜品质量可以从菜品的制作过程进行控制，也可以从菜品存储的过程进行控制，菜品的存储过程控制如表 6–3 所示。

表 6–3　菜品存储过程控制菜品质量的规范

规范	具体内容
存储温度控制	掌握、熟悉菜品存放的合理温度，抑制微生物的繁殖，防止菜品腐坏变质
存储要求	存入菜品要生、熟隔离；成品与半成品的隔离；菜品与非食品（杂物）隔离；荤、素隔离
存储环境要求	存放菜品的场所、设备要贴上标识，分类分级，防止交叉污染和堆压
菜品存储卫生控制	存放菜品的场所整洁干净，要定期冲刷存放菜品的设备，夏季一天清洁一次，冬季 3 ~ 4 天清洁一次

6.1.2 如何高效进行原料加工

原料加工指的是对厨房原料进行粗加工，也是厨房制作菜品前的准备工作，管理人员要想加强原料管理，首先需要了解原料加工的一般流程，如图 6–1 所示。

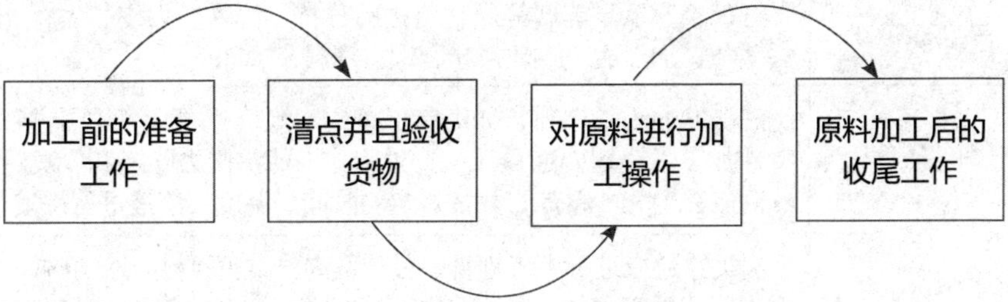

图 6–1

原料加工的流程较为简单，下面介绍原料加工流程中的具体细节及注意事项。

◆ 准备工作

在开始加工前的准备阶段，工作人员应当做好清洁卫生工作，包括环境卫生、地面、刀具、盛器等用具的清洁，搞好个人卫生。准备好各种削洗工具和盛器等用具，为货物加工做准备。

◆ 验收货物

这里的验收货物，不再需要具体验收货物质量（该过程应当在食品原料采购入库时，由验收人员进行验收），只需要在每天食品原料到达后，清点规格和数量，检查是否有遗漏或数量不足，然后进行登记即可。

◆ 货物加工

原料加工人员应当熟悉各种蔬菜和鸡、鸭、鱼、肉的加工技术，及时做好削洗等粗加工工作，做到干净、整齐、不变样。具体的原料加工要求如表 6–4 所示。

表 6-4 原料加工的一般标准

原料	加工标准
蔬菜、瓜果	将蔬菜、瓜果等新鲜原材料进行分拣、洗涤、去皮、去籽、去茎叶、加工成一定的形状，取得净料
干货原料	需涨发的干货原料，如海参、鱼翅、鲍鱼、木耳等均需进行特殊加工。鱼翅要退尽沙粒、去腥味，熊掌应去除毛和臊臭，燕窝应去毛和沙料等，并按规定的时间、温度、溶液进行涨发
肉类、禽类、鱼虾	肉类原料应进行去皮剔骨、分档取肉；禽类原料应取出胸肉、腿肉、翅爪等部位，根据细加工的要求，加工成一定的形状；鱼虾应去鳞、去内脏等，然后洗净
冷冻食品	对冷冻食品进行处理时，首先要将原材料放入水池中，放水进行浸泡，解冻后将原料洗干净再进行粗加工处理

在处理蔬菜时要用食盐融水进行浸泡，确保菜叶无虫。材料加工后存放时要做到鱼肉分开、荤素分开、各种蔬菜分开。厉行节约，做好各种食品原料的综合利用工作。

◆ 收尾工作

在完成当天的食品加工任务后做好原料加工记录，保持清洁池和地面的干净，并及时处理加工过程中的剩余垃圾。

工作人员还应当了解次日厨房要货品种、数量、到货时间和加工要求，以便提前做好相应的准备工作。

6.1.3 规范冷菜制作流程，提高效率

冷菜大多是在烹调后直接切配装盘，若冷菜品质优良，出品及时，可以诱发客人食欲，给客人以美好的第一印象。要提高冷菜的质量及制作效率，就需要从冷菜的具体制作流程进行规范。

冷菜又称冷碟，虽然制作过程与热菜相比较为简单，但还是需要

按照一定的标准进行制作，在不缺斤少两的同时还应当考虑菜品质量，具体介绍如表 6-5 所示。

表 6-5　冷菜制作的一般标准

标准	具体规范
原料标准	①所有凉菜制作必须按冷荤食品安全操作程序进行，确保无残留农药、无交叉污染等食品安全事故的发生；②不得使用腐烂变质、过期以及无检验合格证的食材原料；③菜肴的所有出品无原料不新鲜、腐败变质等现象
制作标准	①生吃类食品要新鲜，确保卫生、无菌、无沙土、无虫蚊；②凉拌的菜品温度要符合该菜品的制作要求但不结冰；③青菜类凉拌菜必须保证既熟亦脆，色要青绿、口感脆爽
质量标准	①菜肴必须按高标准出菜，做到分量不足不出菜、不合标准不出菜；②不得使用违反国家食品安全规定的食品添加剂；③菜肴的成品中不得出现杂物、异物、害虫、飞虫等；④菜品口味要温性、中性，要体现出复合味来

冷菜要求造型美观，盛器正确，分量准确，不能缺斤少两。菜肴色彩悦目，口味符合特点要求。零点冷菜接订单后 3 分钟内出品，宴会冷菜在开餐前 20 分钟备齐。具体介绍如图 6-2 所示。

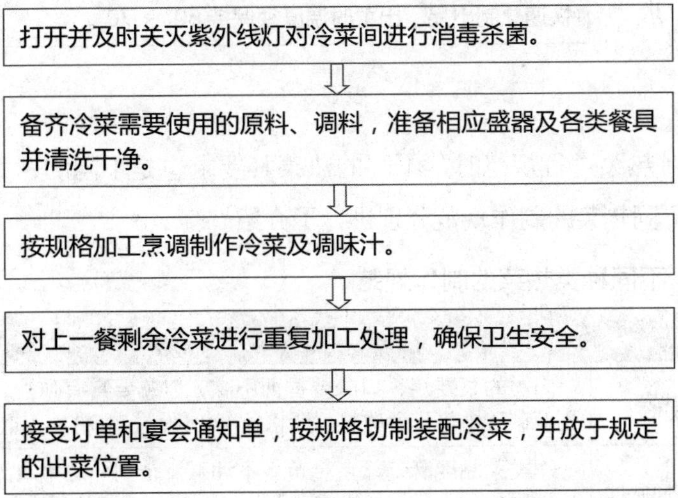

图 6-2

6.1.4 热菜制作规范有哪些

热菜是酒店餐饮中非常重要的部分，大部分的重要菜式都是热菜，要让热菜制作更加规范，需要对热菜烹调标准进行规范，同时还要对不同种类的热菜进行规范，不达标的菜品坚决不能出品。

下面对热菜的基本烹调标准进行介绍，如图 6–3 所示。

1. 菜肴必须按出品标配卡中的要求（包含顾客要求）制作；菜肴必须按要求的标准出菜，不合标准不出。
2. 热菜要熟，要烂、酥、软、滑、嫩、清、鲜、脆，不能出现半生不熟的不合规现象。
3. 菜肴颜色应体现出原料本身颜色，以自然色和接近自然色为主；严禁使用色素及任何违规的食品添加剂等。
4. 菜肴出品时都必须装盘，盘饰点缀要精致、简单、新鲜，突出菜肴的特点，并且装盘要饱满、自然、挺拔。
5. 热菜一定要热、要烫（提醒客人）。炒菜要用旺火、大火，快速烹制出品，出菜时温度须保持 60° ~ 70°。

表 6–3

在对热菜进行规范时，不同的热菜其要求也是不同的，如图 6–6 所示对不同热菜的制作规范分别进行了介绍。

表 6–6　不同种类热菜的制作规范

种类	制作规范
肉类热菜	肉类的菜要烂，口味要香而不腻，口感要富有弹性。严禁使用亚硝酸钠等化学原料，严格控制松肉粉、食粉的用量
炸类菜品	炸类菜品要酥，颜色金黄，不油腻。个别外焦里嫩的菜要保持好原料的水分和鲜嫩度，严格控制油的重复使用次数

续表

种类	制作规范
海鲜类	海鲜类必须新鲜，口味尽量清淡，料味不能太浓，要保持海鲜的原汁原味，不能老、咬不动，绝对不能牙碜、不能腥
汤菜类	根据汤菜的要求不同，汤菜中的原料和汤的比例也不同，但是原料的比例不能超过汤的比例；汤类菜如果勾芡以原料刚好不下沉为度，太稠或太稀都不能呈现完美的汤菜，可在允许加胡椒的汤中加少许胡椒粉来体现鲜香味

6.1.5 面点出品质量如何把控

前面介绍了冷菜、热菜的制作规范，面点的出品质量同样需要把控。面点在中、西餐中都十分重要，中、西餐中都会涉及大量的面点食物。所以，面点出品的质量需要进行严格把控，下面具体介绍面点食品出品质量标准，如表 6-7 所示。

表 6-7　面点出品的质量把控细节

标准	制作规范
原料标准	不能使用腐烂变质、过期以及无检验合格证的食材原料；点心部的所有出品必须无原料不新鲜、腐败变质等现象；不得使用违反国家食品安全规定的食品添加剂
装盘标准	点心出品时（除特殊器皿外）都必须装盘，并且装盘要饱满、自然、挺拔，点缀和围边也不能喧宾夺主，菜肴的盛装也不得占用盘子的边缘
质量标准	点心部产品出品时温度应达到：出品（炸类：60 ~ 70℃；烤类：60 ~ 70℃；蒸类：50 ~ 60℃；煎炸类：60 ~ 70℃）的标准温度；点心部所有出品不得有面生、半生不熟、煎炸过火等现象；点心部的产品必须按出品标准要求（包含顾客要求）制作；点心部所有点心必须按高标准出品，做到分量不足不出、不合标准不出；点心出品的盛装卫生标准，必须做到盛器无污垢、无缺口、无破损

在实际制作点心的过程中，不同种类的点心，其制作标准与规范也是不同的。为了使各类点心的出品质量能够更高，则需要对不同种类的点心制作要求进行规范，具体内容如表 6-8 所示。

表 6-8　不同种类点心的制作规范

种类	制作规范
发面类点心	该类点心制作完成的成品应表面发亮，内心松软
烤制类点心	该类点心制作完成的成品应表面金黄，酥皮类成品应入口酥化、内心软滑
象形类点心	象形类点心制作完成的成品应形象相似、生动
煎炸类点心	煎炸类点心制作完成的成品应表面金黄，内心软滑

除此之外，点心的出品时间也有一定的要求，现做类出品制作时间应不超过 30 分钟；半成品类出品制作时间应不超过 15 分钟；烤制类出品制作时间应不超过 25 分钟。

点心的口味同样需要进行规范，点心的口味要温性、中性，要体现出复合味来，绝不能偏咸或偏淡。这与菜品的口味要求基本相似，管理人员也可根据实际情况单独进行点心口味规范。

6.1.6 厨房出菜管理规范

厨房出菜管理不仅是对出品的菜肴进行管理，还需要对相关的工作人员进行规范管理。厨房的工作人员是否按照规范进行菜品制作将决定菜品的总质量，下面进行具体介绍。

（1）厨房工作人员操作规范

厨房的所有工作人员应当遵守菜品制作规范以及工作规范，对菜品质量严格要求，并做到对具体的工作项目负责，如图 6-4 所示为厨房各工作人员操作规范。

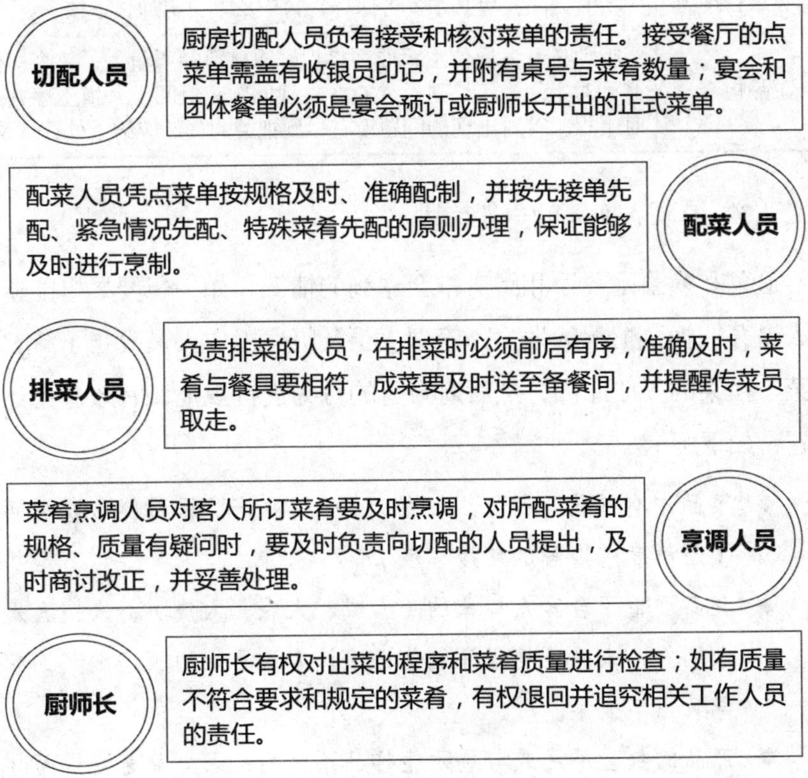

图 6-4

（2）出菜细节要求

对所有工作人员的工作进行规范后，还需要对出菜过程中的一些细节进行规范管理，具体介绍如表 6-9 所示。

表 6-9　出菜过程中的细节要求

要求	制作规范
出菜时间	从接受订单到第一道热菜出品不得超过 10 分钟，冷菜不得超过 5 分钟，因误时拖延出菜引起客人投诉的，当事人应负责

续表

要求	制作规范
菜单管理	所有出品菜单必须妥善保存，餐毕及时交厨师长审核
菜品检查	厨师长及各岗位主管要严格把好原材料的质量关；每个岗位必须对上一道工序进行检查，发现问题应退回上一道工序并及时上报。若对出现的问题没有尽到把关的责任应给予处罚

（3）退菜、换菜的一般原因

退菜和换菜是餐厅和厨房常会遇到的情况，如果想要尽可能避免客人退菜或换菜情况的发生，管理人员及厨房工作人员应当了解客人退菜、换菜的一般原因，然后对自身的行为进行规范，有效避免这些问题，如下所示。

◆ 菜品中有异物（头发、杂物、虫子）；产品原材料有质量问题（新鲜度、海鲜的肥瘦程度）。

◆ 菜品严重不合客人口味的（太咸、太辣、太淡）；未按客人要求制作，未按正规程序制作；未按客人要求的顺序上菜，最终导致退菜换菜。

◆ 产品的数量不足或与展示柜样品不符的；因上菜速度慢而导致客人投诉的。

◆ 20分钟以上无特殊情况未上桌菜品；客人预订的菜品没有了，尤其是预订比较早的菜品。

◆ 由于点菜员操作失误点错菜品；由于传菜员、服务员失误而上错菜品。

菜品是酒店餐饮行业的重中之重，只有餐厅厨房制作的菜肴合格，能够满足客人的要求，餐厅才可能有较好的发展前景。

6.2

物品领用及库存管理，规范物品使用

厨房工作人员在工作的过程中需要使用到的工具较多，如果工具的领用和库存管理不够规范，会在一定程度上对酒店的整体收入造成影响，同时也不方便对工具进行管理。

6.2.1 厨房基础设施管理

厨房工作人员在正常的工作过程中，要注意对厨房基础设施的爱护，保证各项基础设施能够正常使用。同时，管理人员应当加强对各项基础设施的管理，提升厨房基础设施的使用规范，具体介绍如下。

①厨房员工进行操作之前，必须要进行机器设备安全使用知识的培训。

②对厨房设备设施建立档案进行规范管理，专人使用并且定期进行维护。

③各岗位掌握自己所用设备的正确使用方法。

④其他部门员工没有经过厨师长的同意，不得擅自使用厨房内的基础设施、设备和工具。

⑤定期对使用的设备进行维护、保养，确保设备能够正常使用。

⑥因不遵守操作规程和厨房纪律造成设备工具损坏或丢失的，由相应人员按规定进行赔偿。

⑦下班后厨师长要安排专人对厨房所有设备及电源进行检查，确保万无一失，并锁好厨房门窗，方可离开厨房。

⑧发现故障隐患，要及时向厨师长进行汇报，及时通知工程部门进行检修。

前面整体介绍了厨房基础设施的管理方法，那么不同种类的设备的保养方法及使用年限也需要相关管理人员及岗位工作人员了解，下面进行具体介绍，如表 6-10 所示。

表 6-10　不同种类设备的保养方法及使用年限

种类	保养方法	使用年限
调理类设备	包括工作台、货架、切菜机、和面机、压面机、醒发箱等。使用时按照使用说明方法进行，使用前后将杂物清理干净，用干净的湿抹布将设备内外和设备表面的污物擦干净；用电设备需要注意用电安全；如果使用了皮带，要注意皮带是否松动	工作台、货架使用寿命 8 ~ 10 年；切菜机、和面机、压面机、醒发箱 6 ~ 8 年
灶类设备	包含大锅灶、炒灶、烤箱、蒸箱、电饼铛等设备。按照设备使用说明操作；注意燃气使用安全和用电安全；及时除油污，清除杂物，保持器具内外清洁；容易产生水垢的蒸箱需要安装软水机或者定期除水垢。灶台底部地面是否清洁干燥，确保设备底部无腐蚀	灶具（含蒸箱）4 ~ 6 年，烤箱 3 ~ 5 年，电饼铛 6 ~ 8 年
制冷设备	包含雪柜、冷藏展示柜、冷冻库、冷藏库等。及时清理污物，定期检查冷凝器和制冷剂，及时除霜，清理裸露机组表面的灰尘等	雪柜冷藏展示柜使用寿命 8 ~ 10 年，电子元件易损，电压稳定一般可用 5 年
洗涤设备	包含水池、洗碗机、洗杯机、热水器等。保养方法：及时清理污物，使用时按照操作说明进行，洗碗机、洗杯机、热水器容易出现水垢，需要定期用除垢剂除水垢，以防水垢影响热水质量和加热管导热	水池 8 ~ 10 年，洗碗机、洗杯机 7 ~ 10 年

如果厨房设备经常进行保养，使用过程中不容易出现故障，其使

用寿命甚至能超过一般使用寿命的上限。但超过使用年限的设备还是应当及时进行更换，避免出现安全隐患。

6.2.2 工具及出品用具管理

工具及出品用具主要是指工作人员在厨房工作过程中所使用的各种工具，如菜刀、菜墩、菜盘、菜筐等。这些工具虽然没有厨房其他设施那样贵重，需要定期保养，有确定的使用年限。但同样需要对其进行管理，下面进行具体介绍。

①所有工具、用具都要由专人管理，保证所有工具、用具有人负责，每个人都有自己负责管理的物品。

②厨房一切用具、餐具应轻拿轻放，避免人为损坏。

③厨房内一切特殊工具，如雕刻、花嘴等工具，由专人保管存放，借用时做记录，归还时要点清数量和检查质量。

④厨房内用具以旧换新，并需办理相关手续。

⑤厨房中的一切用具、出品用具、餐具（包括零部件），工作人员不准私自带出。

⑥所有人员都要掌握厨房工具及出品用具的正确使用方法，确保用具使用规范。

⑦定期对厨房工具、用具进行盘点检查。

工具及出品用具都需要定期进行检查，对磨损或消耗严重的工具进行更换，对损坏的工具进行维修，保证厨房中的所有工具都能正常使用，不会对厨房正常工作造成影响。

6.2.3 厨房物品领用规范

厨房物品主要是指厨房工作中会使用到的各种易消耗的物品或是一些出品用具等。例如菜刀、菜墩以及汤匙等。这些物品虽不是很起眼，但也是厨房工作中必不可少的，而且容易出现磨损或损坏，所以需要对其领用过程进行规范。

对厨房物品领用进行规范，实则是对领用过程的规范，具体内容如图 6-5 所示。

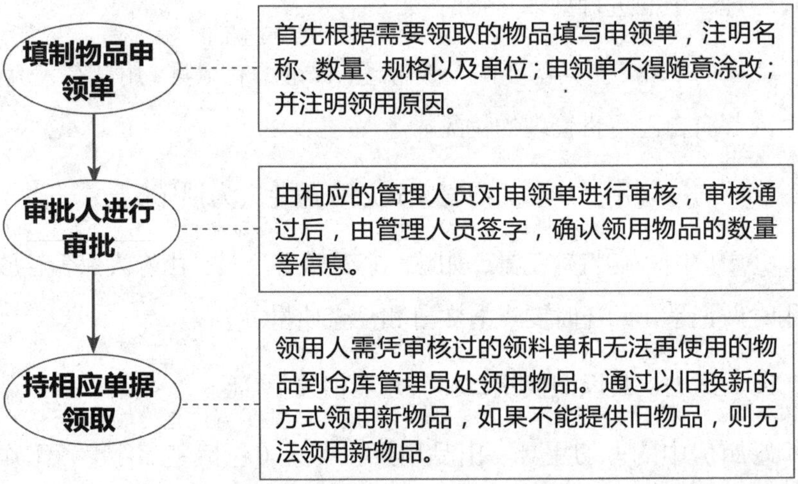

图 6-5

加油站

申领单的填制需要遵循以下原则：字体不得潦草，须清楚写出物料名称、规格、数量及单位；数量以大写填制；将申请单余下的空白项以斜线划去；所有领料单不得随意涂改，若有涂改须由管理人员在涂改处签名确认，否则该单据或该项目无效。“申领单”一式三联，一联部门留存，在领货时注明实领数量，然后将第二联交至财务，第三联仓库留存记账用。

领用人员和仓库管理人员还需要遵守以下原则，并对违规操作的相关人员进行处罚，从而加强员工操作管理。

- 未经许可直接进入货仓的，口头警告。
- 在货仓内吸烟的，书面警告。
- 未经许可白条借货的（除营业部门急用的），书面警告。
- 领用单未具备相关手续而发货的，书面警告。
- 私自领用物品，严格按有关条款处理。

6.2.4 定期进行库存盘点

定期进行库存盘点可以帮助管理人员了解各项用具的库存量，以及哪些用具消耗量较大，需要及时补充。下面具体介绍如何进行库存盘点，以及库存盘点的作用。

- 统计物品领用数据

仓库管理人员应当对各员工的物品领用情况进行详细登记，知道各项用具的领用时间、领用人员以及出库数量，方便后期对库存量和领用量进行核对。

管理员应当在用具领用出库时，对领用数据进行详细记录，并由领用人员签字核实。

- 统计仓库存货

定期对仓库中的各项物品存货进行统计，得出使用量较大的物品，并将先入库的用具进行统计，便于以后提前出库，防止陈旧用具积压，影响用具质量。

- 及时采购

仓库管理员在对仓库用具进行统计后，将统计数据进行汇总并报给采购部进行采购。对使用量较大的用具可以适当多采购一些，对消耗量较小的用具可暂时不采购，防止用具积压，影响质量。

除此之外，盘点方式通常有两种，分别是定期盘点和临时盘点，下面分别进行介绍，如图 6-6 所示。

定期盘点：即全面盘点，通常是指在一定时间内，一般是每个月、每半年或年终财务结算前进行一次全面的盘点。

临时盘点：即当发生重大用具损失事故，或保管员更换，或管理员认为有必要盘点对账时，会组织一次局部性或全面的盘点，对库存状况进行整体了解。

图 6-6

定期或临时对库存商品的实际数量进行清查、清点，可以掌握货物的流动情况（入库、在库、出库的流动状况），对仓库现有物品的实际数量与保管账上记录的数量相核对，以便准确地掌握库存数量。

6.3 菜单的设计与制作的具体方法

酒店餐饮企业经营过程中，菜单设计是必不可少的环节，因为菜单是酒店向市场提供的有关餐饮产品的主题风格、种类项目、烹调技术、品质特点、服务方式、价格水平等的具体信息的总纲。由此可见，菜单在餐饮企业中拥有较高的地位，作用相当大，任何一位经营者都不应当草率应付。

6.3.1 菜单的种类有哪些

市场中不同的餐厅其菜品的特色会有所不同，菜单的形式也是多种多样，但菜单的基本结构还是类似的，如品名、门类、价格等。菜单的划分标准和种类较多，下面仅就最常用的划分标准来分类。

◆ 依据餐饮产品的品种划分

依据餐饮产品的品种划分，可以将菜单划分为菜单、饮料单和酒水单，具体介绍如表 6-11 所示。

表 6-11　根据餐饮产品品种划分的菜单简介

类别	具体介绍
菜单	菜单是餐厅向客人提供的列有菜肴名称、价格等服务内容的，供就餐者挑选菜肴品种的书面清单
饮料单	饮料单是餐饮部中各营业点向宾客提供的列有酒品、饮料及其价格等信息内容的，供客人挑选酒水品种的书面清单。其列有的产品通常分为 3 类：纯饮的各种酒类，如白兰地、威士忌、葡萄酒及啤酒等；软饮料类，如果汁、汽水、矿泉水、纯净水等；混合饮品类，如鸡尾酒、宾治等
酒水单	酒水单主要用于酒店的西餐厅，是酒店西餐厅向就餐的客人提供的列有各类葡萄酒名称、价格等信息内容的，供就餐者挑选合适的佐餐葡萄酒的书面清单。西餐的佐餐饮品比较单一，一般用葡萄酒佐餐，酒水单起的作用就在于此

以上介绍的 3 种菜单是酒店餐饮部最常见的菜单，除此之外，还有点心单、水果单等。

◆ 按餐别划分

按就餐类别不同，可以将菜单划分为中餐菜单、西餐菜单以及其他菜单。不同就餐类别的菜单中呈现的菜品内容自然也有所不同，如表 6-12 所示。

表 6-12　按就餐类别划分的菜单简介

类别	具体介绍
中餐菜单	中餐菜单主要反映的是中华民族在餐食的内容、原料、烹饪方法及服务程式上的风格和习惯
西餐菜单	西餐菜单反映的是西方人在餐食的内容、原料、烹饪方法及服务程式上的风格和习惯
其他菜单	中西餐以外的其他菜单的总称。目前，在国内外餐饮业中常见的其他餐类有日本餐、韩国餐、越南餐、拉美餐等

◆ 按就餐时间进行分类

按就餐时间可以将菜单分为早餐菜单、正餐菜单、夜宵菜单。早餐菜单一般内容较为简单，午、晚餐菜单必须品种齐全、富有特色，具体介绍如表 6-13 所示。

表 6-13　按就餐时间划分的菜单简介

类别	具体介绍
早餐菜单	早餐菜单一般分为零点、桌餐和自助餐三大类
正餐菜单	午餐和晚餐菜单基本相似，由于餐厅档次等不同菜肴具有较大差别，但内容组成基本相似
夜宵菜单	主要针对晚上 22:00 到次日 2:00 需要用餐的客人而设计的菜单

◆ 按服务地点进行分类

根据为客人提供服务的地点不同，可以将菜单分为餐厅菜单、酒吧菜单和楼面菜单（客房菜单），下面分别对其进行介绍，如表 6-14 所示。

表 6-14　按服务地点划分的菜单简介

类别	具体介绍
餐厅菜单	普遍使用于各类中西餐零点餐厅，菜单上所列的经营品种，一般能反映出酒店日常烹饪的制作风格和水平，同时也体现出酒店的餐饮服务档次和特点

续表

类别	具体介绍
酒吧菜单	酒吧菜单的主要表现形式为“饮料单（Drink list）”。在饮料单上除供应酒类等饮品之外，许多酒店还供应各类佐饮小点和简单的餐食，如三明治等
楼面（客房）菜单	楼面菜单是指置于客房之内、供住客在房内用餐所备的一份录有餐食品种、价格、送餐时间等信息内容的清单。餐饮部的经营范围从空间上看则不拘于餐厅而延伸至客房部所属的客房，这样既扩大了餐饮经营空间，又方便了那些不便去餐厅用餐的酒店住店客人

◆ 按服务方式进行划分

按照服务方式进行划分，又可将菜单分为零点菜单和套菜菜单两种。具体介绍如表 6-15 所示。

表 6-15　按服务方式划分的菜单简介

类别	具体介绍
零点菜单	各类零点餐厅使用的菜单均属于此类。使用这类菜单的餐厅，将就餐消费者作为主体，消费者依据自己的消费口味，选取自己中意的餐食品种；而餐厅作为客体，则必须根据消费者的口味提供适销对路的餐饮产品
套菜菜单	套菜菜单是酒店餐饮部作为主体，依据本酒店所在地的市场情况制定出的组合餐菜单。在组合餐中，一般包括 3 ~ 4 道菜肴、1 道汤。收取餐费时，按整体组合餐结账。套菜菜单多用于会议及公务用餐服务

◆ 根据菜单使用时间长短进行划分

根据菜单使用时间的长短，可以将菜单划分为固定性菜单、变动性菜单和周期性菜单。不同的菜单使用的时间范围不同，具体介绍如表 6-16 所示。

表 6-16　根据使用时间长短划分的菜单简介

类别	具体介绍
固定性菜单	常用在顾客流动性较大的饭店，或是将饭店的传统名菜列于菜单中，菜品一般固定不变，容易形成品牌，吸引就餐顾客
变动性菜单	是根据烹饪原料的供应情况、价格变化、初始技术水平以及就餐宾客的多少而调整的菜单。具有时间短、变化快、品种新等特点
周期性菜单	又称循环型菜单，介于固定性菜单和变动性菜单之间。一般用于会议、团体以及宴席等用餐形式。机关、学校和大型公司员工内部用餐可制定周期性菜单

6.3.2 设计菜单的基本原则

菜单是顾客快速了解一家餐厅的一张“名片”，也是影响顾客是否在餐厅进行消费的重要因素。菜单设计是一门学问，要设计一份好的菜单，首先要明白菜单设计和制作的 6 个重要原则。

遵循菜单制作的 6 个基本原则，能够让制作出的菜单更加吸引顾客的眼光，具体介绍如表 6-17 所示。

表 6-17　菜单制作需要遵循的 6 个基本原则

基本原则	具体介绍
充分考虑客人需求	进行菜单设计的最终目的是为了促销，是为了赚钱和盈利。餐厅要以顾客需求为导向，顾客喜欢吃什么菜，吃什么档次的菜必须清楚。因为满足顾客需求是餐厅经营制胜的根本，所以菜单设计也必须体现顾客的需求。例如，是大众化菜还是风味菜，是川菜还是粤菜
充分体现餐厅自身特色	餐厅首先要根据自己的经营方针来决定提供什么样的菜单，是西式还是中式；是大众化菜单还是地方风味菜单。菜单设计要尽量选择反映本店特色的菜肴列于菜单上，进行重点推销。因此，设计菜单一定要突出餐厅的特色，突出餐厅的“拿手好菜”，把它们放在菜单的醒目位置。只有体现了自己的特色，才能给顾客留下深刻的印象

续表

基本原则	具体介绍
不断改变，推陈出新	循规蹈矩往往不足为奇，难以给他人留下印象。菜肴要经常更换，推陈出新，给人一种新的感觉。餐厅应当定期更新菜单（一季度或半年）。菜单长期不换，会影响菜肴的正常供应，因为有些原料受季节的影响，无法做出菜肴，影响餐厅信誉；长期不换菜单也不利于厨师烹调技艺的提高
简洁又充满力量	顾客最怕的是一类菜单密密麻麻或者花里胡哨。简洁要做到排版简单清晰、分类明确，字体看着舒服，整体给人种简单明快的感觉。力量就是指在菜品的编排上要有主次之分、突出重点，标出特色和推荐菜。在菜品的搭配上有合适又恰如其分的建议，让顾客在最短的时间内，做出自己最满意的决定
能创造经济效益	餐厅经营的最终目的是为了赚钱盈利，所以设计菜单时不仅要考虑到菜品的销售情况，更要考虑其赢利能力。如果菜的价格过高，顾客可能接受不了；如果菜的价格过低，又会影响毛利，甚至可能出现亏损。因此，设计菜单时，应适当降低高成本菜的毛利而提高低成本菜的毛利，以保证在总体上达到规定的毛利率
量力而行，实事求是	根据餐厅的实际能力设计菜单，才能确保其发挥最大作用。所以制作菜单时，要对餐厅的生产能力做到心中有数，且各项生产技术过硬，保证菜品达到预期效果

总之，在设计菜单时，要综合考虑上述几项原则和依据，只有如此，才能制定出较为科学合理的菜单。而且对于新制订的菜单，餐厅还必须对其进行测试，经过分析完善后才能正式投入使用。

6.3.3 菜单的定价策略

菜单的定价是菜单设计的重要环节，价格是否适当，往往影响市场的需求变化，影响整个餐厅的竞争地位和能力，对餐厅经营利益影响极大。

一份合格的菜单，能够提高餐厅销售额，其关键因素之一是要有正确的价格策略，一般有 3 种定价策略，如表 6-18 所示。

表 6-18　常见的 3 种定价策略

定价策略	具体介绍
以成本为中心	多数餐厅都是根据成本来确定价格，常使用两种方法进行定价。成本加成定价法：即按成本再加上一定的百分比定价，不同餐厅会采用不同的百分比；目标收益率定价法：即先定一个目标收益率，作为核定价格的标准，根据目标收益率计算出目标利润率，计算出目标利润额，进行定价
以需求为中心	这是根据消费者对商品价值的认识程度和需求程度来决定价格的一种策略，也分为两种方法。理解价值定价策略：餐厅所提供的食品饮料其质量、作用、广告推销等，使客人形成一种观念，根据这种观念制订符合消费者价值观的价格；区分需求定价法：餐厅在定价时，按照不同的客人（目标市场），不同的地点、时间，不同的消费水平、方式区别定价
以竞争为中心	这种定价策略是以竞争者的售价为定价依据,在制订菜单价格时，比竞争对手高（低）一些。以竞争为中心的定价策略由于不以成本为出发点，也不考虑消费者的意见，这种策略往往是临时性的或在特殊场合下使用的。定价人员必须深入研究市场，充分分析竞争对手，否则，很可能定出不合理的菜单价格

遵循定价策略并不是一定能制作出符合餐厅当前状况的菜单，在制订时，还需要进行多方考察分析，并掌握一定的技巧，下面进行具体介绍。

①成本加成定价。这是最基本的定价法，是在产品直接成本基础上加一标准比例来制定价格，大多数餐饮店经营者采用此种定价法。

- **高级餐厅**：食材成本约为菜品定价的 25% ~ 30%。
- **中级餐厅**：食材成本约为菜品定价的 30% ~ 35%。
- **平价餐厅**：食材成本约为菜品定价的 45% ~ 50%。

②需求导向定价。按所细分市场中消费者愿意付出的金额来定价，只有少数餐饮店经营者采用此种定价。例如，早期快餐业刚引进时，

特意采用高价政策吸引崇尚时髦、追求流行的消费者，结果也如预期造成很大轰动。

③按行销目标定价。定价策略需要与公司的行销目标相配合，行销目标可以市场占有率为准，或以争取多少利润数额、百分比为依据等。有时为扩大餐厅影响，做广告宣传而推出不赚钱甚至赔钱的特价菜。

6.3.4 菜单的制作与艺术设计

在了解了菜单制作的基本设计原则和定价策略后，还需要了解制订一份菜单的流程，其基本的制作流程应当是怎样的呢？具体流程介绍如表 6-19 所示。

表 6-19　菜单设计工作流程详解

设计流程	具体介绍
组织进行市场调研	餐饮部经理组织本部相关人员或委托外部专业机构进行市场调研，了解当地消费情况、人群特点和风俗习惯等
预测消费趋势与能力	餐饮部经理根据市场调研报告与结果，预测本酒店的餐饮消费趋势与能力
明确酒店餐饮经营目标	餐饮部经理向厨师长、餐饮部工作人员明确本酒店的餐饮经营目标与经营特色
确定菜系种类和特色	餐饮部经理、厨师长等人根据市场调研报告与本酒店的经营目标，讨论并确定适合本酒店的菜系种类与特色
核算菜品成本	对确定的菜品进行成本核算，确定各式菜品的定价，确定菜系种类、定价策略形成最终的方案，上报相关领导审核
设计菜单	餐饮部组织相关人员或联系外部设计单位设计菜单。确定备选的菜单样式及印制、装帧预算，呈报餐饮部经理及总经理审核批准
菜单印制与装帧	餐饮部经理根据相关负责人及总经理选定的菜单样式及印制方案，联系外部印制单位进行菜单印制、装帧
菜单验收、使用	菜单印制、装帧完成后，餐饮部经理对菜单进行验收后投入使用

要想制作出的菜单更有特色，能够吸引客人的眼光，就需要对菜单进行艺术加工，提升菜单的整体效果。对菜单进行艺术加工主要可以从以下 6 个方面进行考虑，如表 6–20 所示。

表 6–20　从 6 个方面提升菜单艺术性

方面	具体方法
菜单的编制材料的选择	菜单的制作材料应根据餐厅使用菜单的方式而定。一般来说，菜单可分为“一次性”和“长久性”两种。长期重复使用的菜单，要选择经久耐磨又不易沾染油污的重磅覆膜纸；一次性使用的菜单，一般不考虑其耐磨、耐污性能，但并不意味着可以粗制滥造
菜单规格大小的选择	菜单的尺寸大小应根据餐饮内容、菜点品种而定，一般规格在 23 厘米 ×30 厘米。也应与餐厅的面积、餐桌大小和座位空间相协调。菜单的式样最常见的是长方形，但也可根据餐厅的具体情况设计成圆形、正方形、梯形和菱形等
菜单封面和封底设计	菜单的封面与封底是菜单的“门面”，其设计要在整体上提升菜单的效果。菜单封面的颜色应当与餐厅内部环境的颜色相协调；餐厅的名称一定要设计在菜单的封面上，并且要有特色，笔画要简单；菜单的封底应当印有餐厅的地址、电话号码、营业时间及其他的营业信息等
菜单的文字设计	好的菜单文字介绍应该做到描述详尽，起到促销的作用。菜单文字部分的设计主要包括食品名称、描述性介绍、餐厅声誉的宣传；菜单上的菜名一般用楷体书写，以阿拉伯数字排列、编号和标明价格。字体的印刷要端正，使顾客在餐厅的光线下很容易看清楚
菜单的插图和色彩运用	为了增强菜单的艺术性和吸引力，往往会在封面和内页使用一些插图。菜单中常见的插图主要有：菜点的图案、中国名胜古迹、餐厅外貌、本店名菜、重要人物在餐厅就餐的图片。选用赏心悦目的色彩能使菜单显得有吸引力，更好地介绍重点菜肴，同时也能反映出一家餐厅的风格和情调
菜单的照片和图形	为了增加菜单的营销功能，许多餐厅都会把特色菜肴的实物照片印在菜单上，能为菜单增加色彩，增加其美观度，从而加快顾客订菜的速度，一定要注意照片或图片的拍摄和印刷质量

原材料采购与存储管理，从源头控制质量

第7章

07

酒店餐饮的流程是从采购与存储开始的，原料的质量以及储存方式对酒店餐厅厨房的出品质量有较大影响。原料的采购与储存管理往往是管理者需要特别注意的，只有这样才能从源头控制菜品质量。

7.1

原料采购管理，严控物品流入

餐饮企业最重要的是满足客人的需求，而食品原料的采购也必须满足生产的需求。所以采购是餐饮行业中生产的第一个环节，也是其他环节正常运行的前提，要形成协调一体化的格局，才能使餐饮企业进入良性发展。

7.1.1 餐饮部食品原料采购标准

食品采购规格标准是根据餐饮部的特殊需要，对所要采购的各种原料做出具体规定，如原料产地、等级、数量、色泽、包装要求、肥瘦比例、切割情况和冷冻状态等。下面具体介绍食品原料的采购标准的具体内容。

◆ 食品采购规格标准管理

采购规格标准一经制定，应一式多份。除分给货源单位，使其按照餐饮部要求的规格标准供应原料外，还应分送给餐饮部经理、采购部经理以及食品原料验收人员，以作验收原料的对照凭据。

食品采购标准可以在餐厅营业的任何一个阶段制订或修订。因为它不可能固定不变，餐饮部门应该根据内部需要和市场情况的改变，随时检查和修订采购规格标准。

◆ 食品采购时积极索证

采购食品时，索取的证件包括：营业执照、卫生许可证、卫生检验合格证、动物防疫合格证以及供货商健康证等。索取的证件必须在有效期内，并符合管辖规定。具体采购标准如图 7-1 所示。

标准一　要按照国家有关规定向供方索取产品的检验合格证和化验单，同时注意检查核对。合格证中记载的产品名称、生产日期、批号等必须与产品相符，不得涂改、伪造。

标准二　采购乳制品、肉制品、水产制品、食用油、调味品、食品添加剂以及卫生行政部门规定应索取的其他食品等，均应严格索证；生肉、禽类应索取兽医部门的检疫合格证。

标准三　规定必须有 QS 标志的必须有 QS 标志，否则不能采购该食品原料。

图 7-1

◆ 设计采购规格书

餐饮原料质量控制首先应制定食品原料的质量标准。通常是用采购规格书的形式，列出所需采购的食品原料的目录，规定对各种食品原料的质量要求，采购规格书介绍如下。

采购规格书

（1）原料名称：

（2）原料用途：

[详细介绍物品的用途（如橄榄用来装饰饮料 + 猪排用来制作烤酿馅猪排）]

（3）原料概述：

[列出供应原料的一般质量指标（如猪排 + 里脊完整无缺 + 外有脂肪层 + 厚度 2 厘米 + 冰冻状态 + 无不良气味、无解冻、变质现象）]

（4）原料的详细说明：

[列出有助于识别合格产品的因素。这些因素包括产地、规格、比重、品种、份额大小、容器、类型、商标名称、净料率、式样、稠密度、等级、包装物等]

（5）原料检验程序：

[收货时对应该冷藏保管的原料可用温度计测出 / 通过计数或称重检验数量]

前面介绍了采购规格书的制作方式，那么采购规格书的具体作用有哪些呢？具体介绍如表 7-1 所示。

表 7-1　采购规格书的作用

作用	具体介绍
明确质量标准	有助于采购人员和管理人员明确食品原料的质量标准
采购合格原料	有助于为食品生产提供合格的原料
更高效的验收	有助于做好食品原料的验收和发放工作
防止误解	防止采购人员与供货商之间产生误解，明确所需原料
规范原料	采购书发给供货商，让供货商对原料进行规范

7.1.2 采购人员应具备的条件

采购人员的工作是较为重要的，为规范原材料的采购程序、节约采购成本、满足经营的需求和提高经济效益，一般需要采购人员能够具备一定的基本素质，这样才能更好地完成采购工作。

采购人员在实际工作过程中需要具备的基本素质主要有如表 7-2 所示的一些。

表 7-2　采购人员应具备的基本条件

基本条件	具体介绍
基本素质	廉洁自律，严格选择、评价、甄选供应商以保证供货质量，处理好与供应商的关系，不接受供应商礼金、礼品和宴请
遵守采购流程	严格遵守采购规范流程，按流程办事，能及时按质按量地采购到所需物品，在满足公司需求的基础上最大限度降低采购成本
采购前管理	加强采购的事前管理，建立完善的设备价格信息档案，做好采购相关文档的存档、备份工作，有效地控制和降低采购成本并保证采购质量
按需采购	所有采购必须事前获得批准，未经计划报审核、批准的，除急购外不得采购
集中采购	凡具有共同特性的物品，尽最大可能集中办理采购，可以核定物品项目，通知各申购部门提出请购，然后集中办理采购
确定供应商	采购物品在条件相同的前提下应在正在发生业务或已确认的供应商处购买，不得随意变更供应商
注重团结协作	一件物品从申购、审批、采购、验收、入库到付款，它不是单独作业，而是与公司相关岗位人员共同完成的。采购人员必须与同事和谐共处，彼此合作，互相支持，这样才能更好地完成采购任务。在出现问题的时候，不推诿，勇于承担责任
树立创新求进意识	一个没有现代采购意识的人不可能承担采购创新的任务。采购创新既是适应市场需求变化的需要，也是提高企业核心竞争能力的重要途径。能够打破惯性思维模式，实现超越自我

除此之外，谈判人员还应具备一定的谈判技巧，这样才能控制好采购价格，帮助酒店控制成本。

- 谈判是买卖双方为了各自目标，最终达成彼此认同的双方协商过程，所以谈判能力是采购人员应具备的基本素质要求。
- 采购人员应具有观察判断、灵活应变、抗压、能言善辩等各方面的实践能力。同时还应具备坚定不移的毅力，百折不挠的精神以及不达目的决不罢休的自信。
- 关于对方的底价，什么时间签合同以及谈判人员的权限等都是非常重要的信息，谁掌握了对方的底牌，谁就在谈判中赢得了主动权。谈判的任何一方都想事先知道对方的价格、时间以及权限，哪怕只是其中某一内容。

◆ 在谈判中我们要冷静倾听对方的意见，婉转地提出不同的意见。当某个问题成了彼此继续谈判的绊脚石，使谈判无法再顺利进行时，应在双方对立起来之前就及时地公布休会，从而避免更进一步地僵持和争论。

7.1.3 确定供货商和采购价格

前面介绍采购员应具备的基本条件时，介绍到应该在固定的供货商处购买原料。那么该如何确定供货商呢？具体介绍如图 7–2 所示。

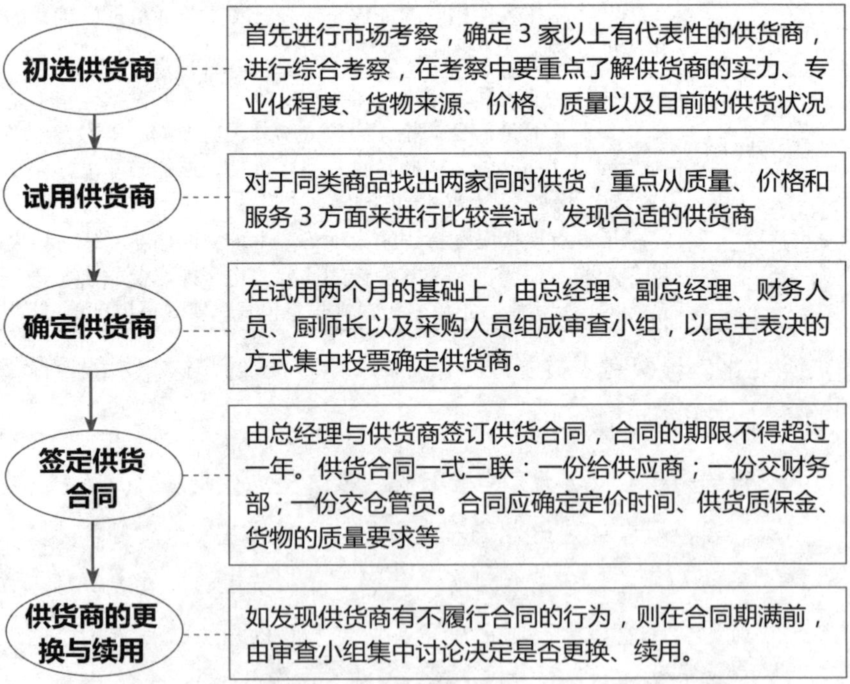

图 7–2

在与供应商进行沟通交流时，价格往往是一个非常重要的问题。相关管理人员应在与供货商进行谈判前确定一个目标价格，这样才能做到胸有成竹。公司管理人员在制定价格时，不能凭空捏造，而是遵循一定的定价原则，具体介绍如表 7-3 所示。

表 7-3　采购定价的基本原则

基本原则	具体介绍
设立询价员	由厨师长、仓管员和质检员组成，每月初、月中旬两个时间进入市场询价。在市场调查的基础上，每半月制订一次目标价格，零星物品的采购价格不定期进行
定价程序	由总经理同采购人员一起，根据市场调查的结果与供货商讨价还价后予以确认，最终由总经理、采购人员签字以书面形式告知库管、财务，进行执行
价格管理原则	对于供货价格实行最高限价制，根据不同的货品进行限制。例如，干杂、调料、粮油等执行价格不得高于市场批发价格的 6%；鱼类、肉类、鲜货价格不得高于市场批发价格的 4%；蔬菜平均在一元以下者，其执行价格不得高于市场批发价格的 15%

加油站

春节、国庆等节假日期间以及灾害性天气持续时间较长的月份，由于供货价格波动太大，其定价原则可适当放宽。这就需要相关人员根据市场的实际行情进行定价，否则将难以进行原料采购。

7.1.4 采购的管理与控制

采购部采购员在工作中，必须严格执行酒店的采购制度，严格按照采购程序办理，确保所采购物品的数量、质量、价格和交货期符合要求，并严格控制采购成本。采购的管理与控制，主要是对采购流程的管理，那么首先应了解在采购流程中存在哪些漏洞。

- 采购部门缺乏计划，盲目采购，最终库存量大，库存损坏高，造成浪费和占用大量流动资金。
- 采购人员缺乏采购相关专业知识，信息不灵，责任心不强，图省事，怕麻烦，不进行比价，对季节差价，时段差价掌握不准。
- 大件商品采购暗箱操作，现金交易，未能实行公开竞标，低值易耗品采购质次价高，损耗增大。
- 吃市场提成，捞供货回扣，直接损害企业利益。
- 采购缺乏市场调查，缺乏价格走势分析，缺乏同行业比较分析，预见性差，无意中造成的损失也不容忽视。

了解了采购过程中可能出现的问题后，就知道从哪几个方面对采购工作进行管理和控制，具体介绍如表 7-4 所示。

表 7-4　采购的管理与控制方法

管控方法	具体介绍
选准用好采购人员	做好餐饮采购工作，首先要选拔思想素质好，作风正派的人员做采购工作。采购人员的思想素质的高低，直接决定着采购工作的质量。采购人员应具备工作责任心、能吃苦耐劳、公私分明、有原则性和有一定社会交际能力
加强经常性的思想教育	采购人员应严格要求自己，因为采购人员既管钱又购物，经常在市场中进行采购工作，与形形色色的人交往，容易被金钱、物质所引诱和腐蚀。因此，对采购人员必须加强经常性的思想教育，使其警钟长鸣，防患于未然
是非分明，奖优罚劣	对于坚持原则、大公无私的人和事要大力表彰，树典型、抓榜样、扶正气。对于不接受教育、贪占便宜、损公肥私者，坚决给予严肃处理，及时调换不适合做采购工作的人员。采购人员可以采取轮换制，三个月或半年轮换一次
严格制度，明确职责	采购工作既要有严格的规章制度，又要有明确的职责范围，做到有章可循，有章必依，违章必究。①要具有较强的市场意识，经常深入市场进行考察、研究；②与厨师长密切联系，了解所需原料实际种类、数量及质量要求；③严格执行采购标准，不采购劣质、变质、过期、污染食品等；④严格遵守财务制度，严格管理好钱和物，及时完善采购报账手续

除此之外，在采购工作中为了预防钱、物不分出现问题，采购工作应采取相互制约和相互监督的双轨采购制。即设立专门的付款员，随同采购员一起深入市场，负责采购付款。采购员只需要专门选购和竞价，购物与付款分开。双轨制的实行，加大了采购工作的制约和监督力度，有效地堵塞了采购工作中的漏洞。

7.2 原料验收管理，为质量把关

如果只对原材料的采购进行控制，而忽视验收这一环节，是不可取的，严重时会使对采购工作的各种控制前功尽弃。事实上，有些供货单位的实际送货量可能超过订购量或短斤缺两；原材料质量可能不符合要求，超过或低于采购标准；原材料的价格也可能与原来的报价大有出入。因此，餐饮管理中的验收环节就非常重要。

7.2.1 原料验收要求

在了解货物验收的具体方法前，首先应当了解货物原料验收的基本要求和原则，这样才能使整个验收过程更加规范。

- 仓库货物的流入都应经过严格的验收程序，即坚持“先验后收，不验不收”的原则。
- 采购人员采购的原料、供应商送的货物或授权其他人员采购的原料都应经过使用部门的验收员及仓库管理员共同验货。
- 使用部门验收员应熟练掌握货物的规格型号、质量要求等货物质量使用标准，货物质量使用标准发生改变时应及时通知采购人员。

◆ 采购人员应该严格按照既定的质量标准及货物使用人员的申购要求进货，从第一关控制产品质量，如因控制不严而造成的损失应由采购人员负责赔偿。供应商送货同样应严格按照公司要求的质量标准送货，货物质量要求达不到标准的应予以退回，并在不影响经营的时间内补充完毕。

◆ 仓库管理员和使用部门验收员如果因控制不严而使不合格货物流进餐厅，造成损失应由采购人员、仓管管理员及使用部门验收员负责赔偿。

验收员在原料入库前的验收工作中起到重要的作用，需要对原料的质量负责，而对验收员的要求具体如图 7-3 所示。

验收员素质要求

验收员做到严格把关、不徇私情、诚实认真，还必须有丰富的原材料知识，了解原材料采购规格，并熟悉饭店的财务制度。有管家意识，对餐饮原材料鲜活原料、食品进行严格验收。在验收过程中坚持原则，不贪小。

验收员岗位要求

在餐饮企业中应设专人负责食品原材料的验收工作，即使是一个小企业也不能由厨师长或餐饮部经理兼任，更不能由采购员兼职。如果要节约人力，不妨由仓库保管员兼任。应该将权力分散，避免出现贪污行为。

验收员具备的权利

如今大多数的酒店，将验收员归属于餐饮部。这样虽然从业务上更密切，但验收员的权威性往往没有得到保障。事实上，管理人员必须给验收员一定的自主权，明确他在与采购人员、厨师、其他管理人员工作交往上的特权。

图 7-3

为了验收流程更加高效和规范，还需要对验收流程中涉及的设备和工具进行规范。具体介绍如表 7-5 所示。

表 7-5　验收流程中涉及的工具和设备介绍

工具和设备	具体介绍
设备管理	验收员办公室和验收处应尽量靠近验收台，并接近食品原材料存放的库房。验收的设计要能让验收员方便地观察到每样货物的进出
工具管理	验收部应有足够数量和多种型号的称量工具，如磅秤、天平秤、电子秤等，并校准，以保证精确度。验收办公室还应备有验收单、验收便签、货方通知单、收货单，整套的验收标准等表单以及尺、温度计、纸板箱切割工具、铁皮条工具、刀、榔头以及足够数量的档案柜。验收办公室和验收场地要灯光明亮、清洁卫生、安全保障

7.2.2 验收的流程控制

科学合理的验收程序是提高验收人员工作效率，保证验收工作质量，减少失误的关键。验收员必须严格按照既定的验收程序开展工作。

下面介绍验收工作的具体流程，以及在验收过程中需要注意的内容，如表 7-6 所示。

表 7-6　验收工作的具体流程

验收流程	具体介绍
根据订货单检查进货	验收员要核实到货的品种、数量是否与订货单相符。凡未办订货手续的原材料不予受理。这样可避免不需用的食品原材料进入仓库
根据发货票检查进货	凡发货票与实物名称、型号规格、数量、质量不相符的不予验收，发货票与实物数量不符，但名称、型号、规格、质量相符的可按实际数量验收，如果实物数量超过订货数量较多时，超额部分做退货处理

续表

验收流程	具体介绍
验收并受理采购的货品	①验收员要检查实物与订货单和发货票上的数量是否一致；②在验收时，参考采购员、餐饮经理、厨师长的意见，如果验收员对食品原材料的质量有怀疑，就应请有关人员帮助检验，避免出错；③认真检查账单上的价格与订货单上的是否一致，有些不诚实的供应商在订购时答应了较低的价格，但在开发票时又偷偷提价
签名或盖章，接受送达货物	在验收无误的送货发票上盖上验收章，并填妥有关项目。对无发票的货物，应填写无购货发票收货单
在货物包装上注明货物信息	在包装上标明收货日期，有助于判断存货流转方法是否有效；标明单价、重量等，以便存货计价时不必再查验收时的报表或发货票
尽快将到货送库储存	通常将鲜活原材料通知各厨房营业点直接领走，故把这类原材料称为“直拨原材料”，送到各类仓库的原材料则称为“入库原材料”。验收员应在发货票上注明各种食品原材料属于哪一类，以便填写验收日报表
填写有关报表	验收日报表是进货的重要控制依据，有的酒店还要求验收员填写验收记录单、验收单、货方通知单、无购货发票收货单等，视具体情况而定

验货员应当按照具体的验货流程进行操作。同时，验货环节中还存在许多的职责和义务，需要相关人员进行了解，从而避免这些情况的发生。

- ◆ 对于长期合作的供应商，采购人员需与供应商签订供货协议，协议中需明确如果货物存在质量等方面问题，供应商需承担赔偿责任，否则造成损失由采购人员承担。
- ◆ 对于初次合作或因公司采购量较小等原因无法与供应商签订供货协议的，采购人员需与供应商达成口头协议，如果无法达成口头协议，采购人员需要控制采购量，先进行少量购买试用，待使用部门经过试用确认无质量等方面问题后，再进行批量购买。否则由此造成的损失，由采购人员进行承担。

- 对于采购人员所购货物，使用部门验收员及仓库管理员需进行验收，并从各自的验收范围及标准进行把控，如果验收完成并入库后，发现货物存在质量问题，若事先明确为试用，并且所购数量在试用量范围内，则损失由公司承担；若未明确为试用并且大批量购买，造成损失由相关责任人负责。

7.2.3 验收过程中的注意事项

前面介绍了原料的验收标准和验收流程，相关管理人员和工作人员能够对原料验收有一个较为清晰的了解。除此之外，在验收过程中还有一些注意事项需要了解，如图 7-4 所示。

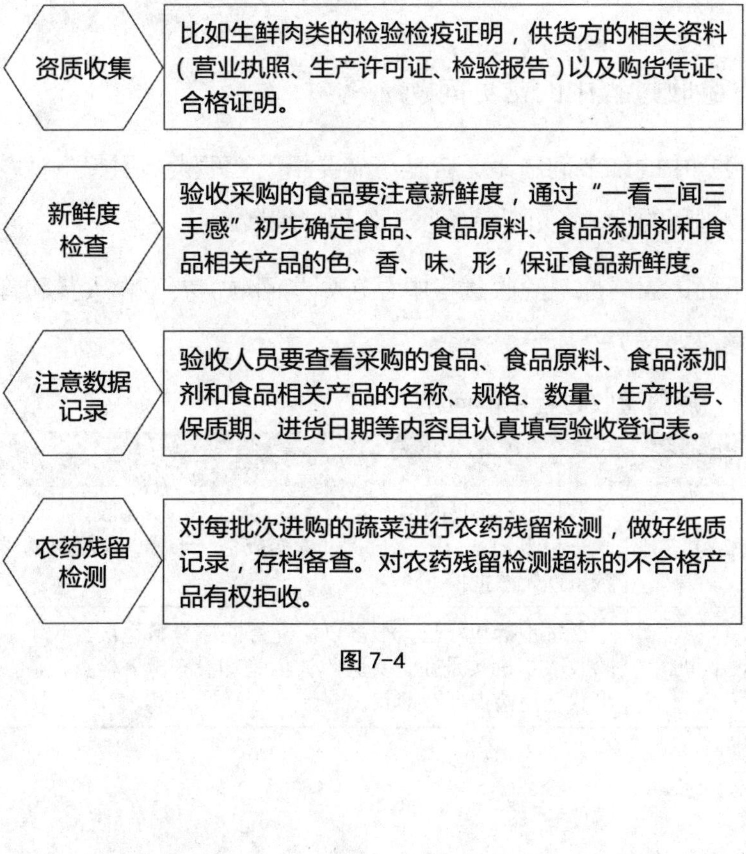

图 7-4

加油站

验收人员根据供应商送货人员提供的证件及报告核对原材料，需要注意：进口原材料必须有中文标签，中文标签上的代理商名称要与所提供的证件上的代理商名称一致。原材料包装上的生产商名称要与《营业执照》上的名称一致。生产许可证范围内的发证原材料其包装上的许可证编号要与所提供的许可证编号一致。原材料包装上只有唯一一个生产日期，有内包装的，内外生产日期要一致，包装上的生产日期要与供应商提供的检验报告上的生产日期一致。

除了前面介绍的注意事项外，如果还对原料进行了质量检测，那么验收人员检查完原材料证件、报告及感官指标、理化指标、微生物指标后，根据检测结果判定原材料是否合格。合格原材料即可安排入库，不合格原材料安排退货处理。

7.2.4 验收过程中的常见问题

验货中的细节问题比比皆是，需要相关管理人员引起重视，加强对验收过程的规范，可以让验收工作更好地展开。

下面来看看原料验收过程中存在哪些问题需要工作人员和管理人员注意，如表 7–7 所示。

表 7–7 原料验收过程中的问题

问题	具体介绍
徇私舞弊	有些居心不良的供应商“公关”验货人员，验收人员吃回扣，睁一只眼闭一只眼，验货过程变成一个形式，原材料的质量和数量都无法把控
验收不彻底	食材不拆包检验，很多以次充好的原材料也被验收了。有的验收人员确实是在认真验收，但是却没有深入检查，往往流于形式，使检查不够彻底

续表

问题	具体介绍
没有严格按照订单验货	验收人员没有严格按照订货表中的数量收货，多送多收，造成库存积压，影响资金流动；少送少收，导致菜品过早沽清，影响营业额
验收不准确	可能存在人为原因，也有可能是验收器材不准确。例如，用于验收的秤不精准，少秤，直接导致成本增加或是因为验收人员操作不当，导致验收结果不准确
入库不规范，货物损坏	原料管理混乱，验收人员在验完货物后，食材直接扔在地上，没有按照规定的流程方法上架和入库存放，最终导致原料变质、浪费

以上这些问题都是在验收过程中可能出现的，那么针对上述问题，应当如何进行解决，就是相关管理人员需要注意的，具体方法建议如图 7–5 所示。

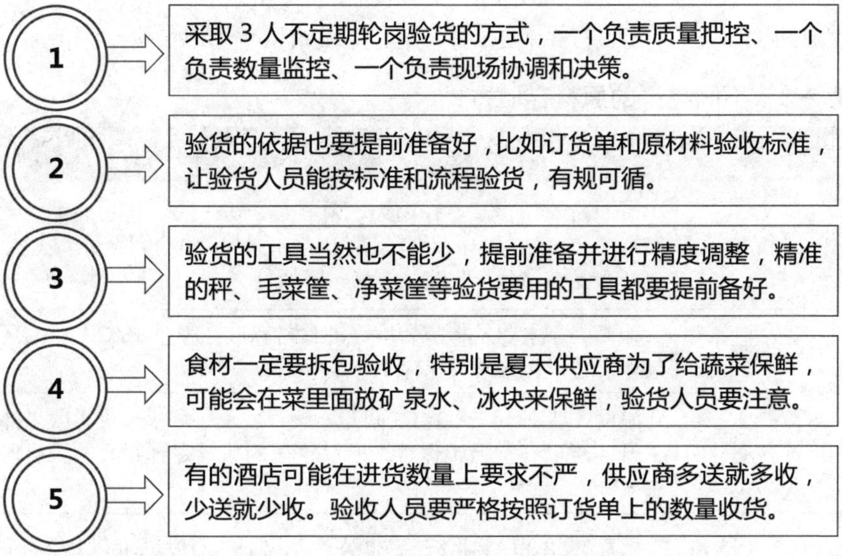

图 7–5

餐饮精细化管理中更注重运营中的每个小细节，成败也往往藏于细节当中。

7.3 原料储存管理，保证原料安全

经过了采购和验收步骤，合格的原料即可进行入库保存，在需要使用时进行领用即可。原料储存管理中涉及许多的存储规范、原料管理规范需要相关工作人员了解。

7.3.1 原料的分类存储

酒店的库存一般涉及的原料分为干货和湿货，湿货又分为冷冻、冷藏两类，其存储方式各不相同，具体介绍如表 7-8 所示。

表 7-8 不同类型的原料存储方式

分类	存储方式
干货类	即面粉、糖、盐、谷物类、干豆类、饼干类、食用油类、罐装和瓶装食品等，保存期较长，正常室温保存 3 个月至 1 年以上。干货食品宜储藏在阴凉、干燥、通风处
冷冻类	即肉类，主要是将需要冷冻的食材存放在零下 18℃左右的环境中。可以把鲜肉类保存 1 ～ 3 个月
冷藏类	温度一般在 1℃ ~ 5℃之间，一般存放蔬菜和果汁类，因果汁未开封可以在室温中保存，所以这里的果汁是开封后的。可保存 5 天

通常情况下，需要将原料进行合理分类，酒店中储存原料的仓库需要有冷藏室、冷冻室和干货室。

除了前面介绍的不同种类原料的分类存储，在原料的存储过程中

还有一些原料存储标准，能够让存储工作更加规范，防止原料变质，具体介绍如表 7–9 所示。

表 7–9　原料存储的标准与规范

标准	具体介绍
区域化	根据不同种类物资、不同的存放时间、存放位置、储存条件进行分类存储，制定相应的物资储存管理办法，避免引起食物的交叉污染、腐败变质、腐烂、微生物超标等，给食物安全工作留下隐患
架子化	食品及原料全部上架管理、隔墙离地存放，食品库房内不得存有非食品、个人物品、药物、杂物及亚硝酸盐、鼠药、灭蝇药等有毒有害物品。对不符合卫生要求的食品及原料，应当拒收入库
标签化	货架上应对每类每批食品严格标明采购日期、产品名称、规格、生产日期、保质期、贮藏条件，供应商资质有无、供应商联系电话。做到账、卡、物相符，并做到先进先出。食品及原料可存放在食品级塑料贮物箱内，大型的袋装产品规范堆放
异常处理	经常检查仓库存放的食品及原料，发现有霉变或包装破损、锈蚀、鼓袋、胖听等感官异常、变质时要及时清除，清除后在专用区域内落地另放并标明“不得食用”等字样，及时销账、处理、登记并保存记录
环境良好	仓库内保持清洁、卫生、空气流通、防潮、防火、防虫蛀，仓库内严禁吸烟。仓库内物品存放要整齐划一，做到无鼠、无蝇、无虫、无灰尘

7.3.2 存储管理要求与方法

因为原料本身种类和特性不同，从而加大了对原料仓库管理的难度。为了加强对仓库原材料的规范管理，需要对其进行具体规定。原料仓库储存管理工作建议由采购部负责监督和指导，仓管员负责仓库具体事务管理。

在进行原料管理的过程中，相关工作人员需要遵循的原则具体有以下所示的一些，如表 7-10 所示。

表 7-10　原料管理具体要求

方面	具体要求
原料入库	在入库时，对进仓物品要严格根据采购单验收，根据型号、规格、单位、数量、单价等填写入库单，严格把好质量关，对不符合质量要求的货物应退回，发现问题及时上报
原料摆放	仓库内物品要分类摆放，分为食品仓和物品仓，要固定位置摆放，做到整齐美观，要经常检查，做好保管和供应工作。根据餐饮部同时期的销售情况，主动向上级主管反应库存情况，以防滞销。原料存放整齐，标签、存卡、账目分明
原料验收	要采取合理的仓库管理方式，要有先进先出、后进后出货品的意识。公平合理，不徇私舞弊，验货责任心强，辨其真伪，发现假冒伪劣货品不予收货，缺斤少两要按实际填写。要认真负责仓库收入货工作，不收人情货，尽职尽责，严格按照仓库管理规定执行，遵纪守法
账实相符	要认真填写收货单及出库单，做到开单准确，要登记仓库进销明细账，每 10 天和财务对账。做到账账相符，账物相符。每 10 天和餐厅各部门核对出入库总额，力求准确无误
环境要求	要保持仓库干燥防潮，要经常通风，检查货物是否过期霉变，对食品添加剂存放要有专柜保管。要保持仓库清洁，无杂物堆放，每天清扫物品架，不能堆有积尘，并对仓库门前清扫。要做到物品摆放整齐，保持库房无异味
定期盘点	月末盘点准确无误，如有差异，写出书面报告，毁损物品要有明细，并请财务部到场查看后方可报损，由行政经理签字，写明原因，查明责任
谨防假冒	做好仓库入库保管工作，加强餐饮业服务安全管理。谨防假冒食品，提高伪劣鉴别能力，对于伪劣产品严格拒绝并退还。如果由于仓管员收取假伪产品，后果自负

仓库管理员应当每天监控库存物资数量情况，当库存数量低于设定“安全库存数量”时，应及时填写采购申请单向采购部申报，并做

好采购及外协进度监控，供货周期长的原材料更要提前申购。避免因为缺少原材料，而影响酒店正常的工作。

加油站

仓库管理员还要提升个人素养，严格自律，爱岗敬业、有责任心、安全及服务意识强；加强安全管理，管好仓库门前禁烟牌、消防设施宣传警示牌，做好仓库防盗、防腐、防霉、消防安全工作，注意装卸搬运安全。严禁外人吸烟入库。

7.3.3 原料出入库原则

在前面的介绍中，已经说明了原料入库的相关规范，本小节中主要从整体方面对原料入库、出库的操作原则和规范进行介绍，让相关人员能够了解到原料入库和出库的具体要求与细节。

◆ 入库原则

原料入库原则主要包括原料的入库要求，以及在保存过程中的注意事项，具体介绍如图 7–6 所示。

原则一：食品入库前要检查生产日期、保质期、储存方法等，有不洁、发霉、变质、腐烂的食品和原料，不准入库，并向主管领导汇报。对购入食品逐项检查，核对无误方可入库。

原则二：原料要做到勤购、勤卖，避免存放时间过长，导致食品变质。食品在仓库存放期间，要经常倒仓检查。发现变质腐败等情况，应及时报告，以便及时处理不合格食品。

原则三：仓库内保持清洁卫生、空气流通、防潮、防火、防虫蛀，仓库内严禁吸烟。加强入库人员管理，非仓库管理人员，未经许可不得进入仓库。

图 7–6

◆ 出库原则

食品原料存放到仓库中后，当需要使用时，相关人员便会来领用，原料的出库也同样要进行规范，做到井然有序，有账可查。出库原则主要有 3 个，如图 7–7 所示。

原则一

坚持检查出库，填好出库单，并及时签字。出库要及时准确，保证物品供应厨房使用，没有被其他人挪用，从而确保生产工作正常进行。

原则二

食品原料需要遵循先进先出的原则，先入库的原料先出库；后入库的原料后出库，确保原料在保质期内，出现因仓库管理人员操作不当导致原料过期的，应负相应责任。

原则三

在出库的过程中应当谨慎小心，相关领用人员不得在仓库内随意走动，不得在仓库区域内吸烟，更不得随意接触仓库内的食品原料。

图 7–7

加油站

先进先出原则是指同一状态不同入库时间的物料及产品，发放时按其入库时间的先后顺序发放；不同状态不同入库时间的物料及产品，其发放的顺序是：试产料——重检料——厂商新来料；不同状态同一入库时间的物料及产品，其发放顺序是：试产料——重检料——特采料——允收料。

餐饮成本与促销管理，创造更高收入

第8章

08

餐饮成本的控制与管理在很大程度上影响着酒店餐饮部门的盈利，不能创造更多销售额的情况下，控制成本也是盈利。与控制成本不同，合理的餐饮促销则可以获得更大的销售额，从而获得更多收益。

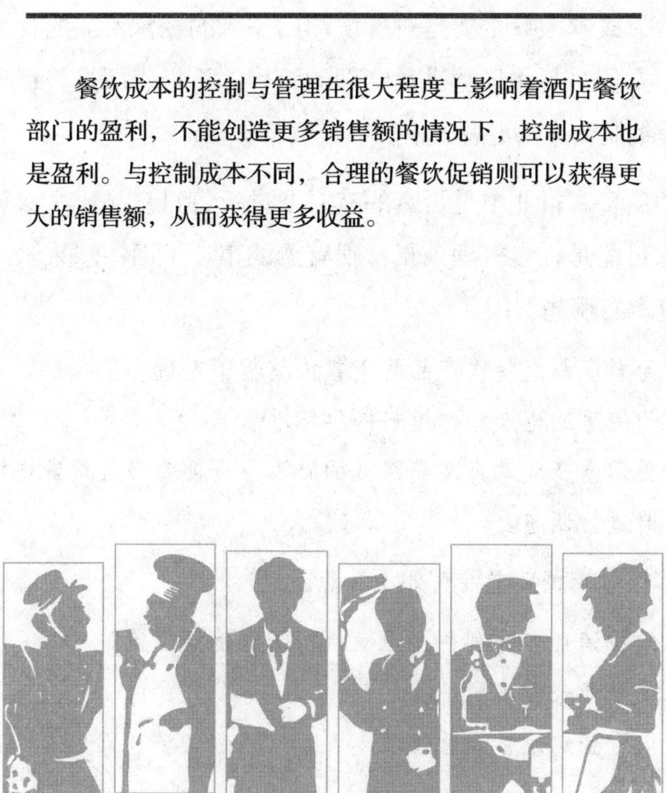

8.1

餐饮成本核算，花费一目了然

餐饮成本是决定菜肴价格的依据，其核算的准确与否直接影响餐饮企业的经济效益。餐饮成本是酒店总成本中较大的一部分，本节将具体介绍餐饮成本核算的相关知识。

8.1.1 日食品成本核算与日报表

日食品成本核算主要是对餐饮部门一天的经营所需的食品成本进行核算，方便对餐厅经营进行合理的管控。日报表即是将每日食品成本核算后编制而成的汇总表格。

在酒店餐饮行业中是否真的有必要进行每日食品成本核算并编制报表，这可能是许多管理人员都很疑惑的事。下面一起来看看进行成本核算究竟有哪些作用。

- ◆ 为合理制定餐饮产品的销售价格打下基础。
- ◆ 为厨房的生产操作投料提供标准。
- ◆ 揭示生产成本升高或降低的原因，方便管理人员发现问题，及时进行调整。

成本核算的意义主要有如下 3 点。

- ◆ 维护消费者的利益，正确执行国家物价政策。
- ◆ 使企业合理赢利。
- ◆ 促进企业改善经营管理。

日食品成本核算主要是对当日所消耗食品的成本进行核算，方便管理者对后几日的食品原料实用策略进行调整，通过这种小幅度的调整往往能将存在的问题快速纠正。

管理人员首先需要了解的是日常成本核算的主要程序，具体介绍如表 8-1 所示。

表 8-1　每日食品成本核算的具体程序

流程	具体介绍
原料采购统计	厨房当天需要直接采购领用的原材料（蔬菜、肉食、家禽、水果、水产品、海鲜）必须在前一天下午 5 点以前，补货的必须在当天下午两点以前，填制《申购单》，经行政主厨审核后，报总经理批准，交采购员按照要求组织进货，一联交收货组按采购单上的数量、质量要求验收。每天营业结束后加记《内部直拨单》，填制《厨房原材料购入汇总表》
库房领用统计	厨房到仓库领用的原材料，由各厨房领班根据当天的需要填制《仓库领用单》，报行政主厨审批后，凭单到仓库领取，仓库保管员审核手续齐全后，按单发货，每天营业结束后加记《仓库领用单》，填报《餐饮原材料领用汇总表》
原料盘点统计	每天营业结束后由各厨房领班盘点原材料、调料、半成品的存货情况，并填制《厨房原材料盘存日报表》，由行政主厨审核后进行汇总。每日餐饮食品成本核算，可采用定额成本法，即按每道菜的定额成本乘以销售数量来汇总出当日的餐饮菜肴消耗成本，编制《餐饮菜肴定额消耗成本日报表》
酒水销售统计	吧台酒水员每天营业结束后根据《仓库领料单》和《酒水销售单》，填制《酒水进销存日报表》
报表审核	财务日审员根据夜审报表，填制《餐饮营业收入日报表》和《餐饮优惠折扣日报表》
汇总报表	成本核算员根据《餐饮营业收入日报表》《餐饮优惠折扣日报表》《餐饮吧台酒水进销存日报表》，及《厨房原材料购入汇总日报表》《厨房原材料领用汇总日报表》《厨房原材料盘存日报表》汇总计算填制《餐饮成本日报表》，于第二天上午 9 点以前上报财务部经理

从上面的成本核算流程可以看出，计算每日菜肴材料消耗成本需要设计不同的计算方法。这里主要介绍两种常用的计算方法，日盘制计算法和定额成本计算法，如图 8-1 所示。

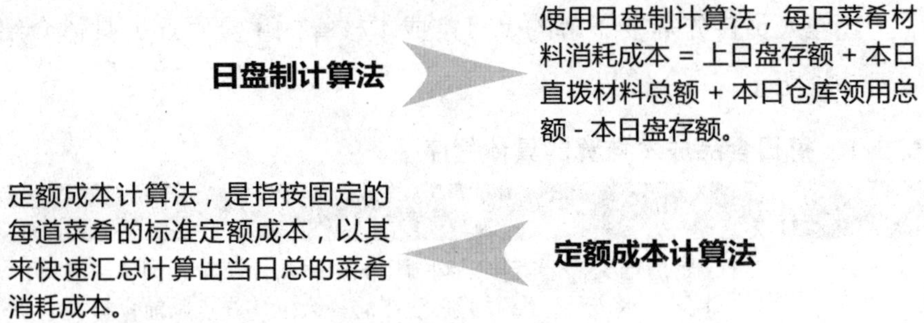

图 8-1

如表 8-2 所示为一个简易的日食品成本核算日报表，可供相关人员参考。

表 8-2　每日食品成本核算日报表

日期	直接进料	调给酒吧食品	营业总收入		食品成本率		食品存货		余额
			今日	本周累计	今日	本周累计	收入	发出	

8.1.2 月食品成本核算与月报表

月度食品成本核算的主要内容与每日成本核算内容相似，月度核算只是将该月所有的成本数据进行汇总、核算，并将最终结果以月报表的形式展示出来。

那么在完成每日食品成本统计的基础上应当如何对月度食品成本进行核算呢？具体的月度核算流程如表 8–3 所示。

表 8-3　月度食品成本核算的具体流程

流程	具体介绍
酒水核算	每月底到各厨房、酒吧进行盘点，如实反映期末资产，保证成本的准确性。如果有日食品成本核算表，则可以从该表格获取数据
员工餐单核算	汇总高级员工用餐单和接待单，将各部门所花费用作转账凭证记入各部门的费用中
原料盘点统计	月底将各餐厅领料单金额和明细账进行核对，无误后将转账凭证送会计部，每月直接入厨房的明细和入库金额与应付款进行核对
饮品核算	餐厅从食品库领用的咖啡、茶叶月底转入饮品成本，再将饮品领用的早餐自助餐饮料在月底转入食品成本，并进行汇总核算，并纳入月度食品成本核算
月度食品成本核算	每月根据直接采购的领料（每日直拨），从库房所领的食品材料的所记（成本）金额减去折扣、减去高级员工用餐和高级员工接待用餐的成本、各厨房的期末正在生产（半成品，假退料），加上饮品转入食品后用料，加上厨房酒水总仓领用酒金额，再减去食品转入饮品（咖啡或茶等）的用料，便得到各餐厅的成本，生成每月成本报告

加油站

除了进行月度食品成本核算外，酒店每半年还应进行一次低值易耗品的盘点，将餐厅的餐具、瓷器、玻璃器皿、银器、棉织品彻底盘点。每日直拨 + 食品、酒水总领用 + 饮品转食品 – 折扣 – 高级员工餐 – 宴请 – 假退料 – 食品转饮品 – 免费赠送 = 餐饮成本。

8.1.3 饮品成本核算

饮料（酒水）是酒店餐饮行业中利润的重要来源，有时候饮品的利润是非常可观的，往往能够带来巨大利润。这就需要相关管理人员对饮品的成本进行定期核算，了解饮品的销售情况，并及时对销售计划做出调整。

饮品成本核算同样可以进行日成本核算和月成本核算，下面分别对两者进行介绍。

◆ 饮料的日成本核算

每日饮料成本的核算是根据每日的饮品发料额来计算的。为了便于控制和检查，许多餐饮企业要求餐厅和酒吧对每一种酒水和饮料的贮存规定数量，即建立标准储存量制度。标准储存量制度能有效地防止饮料短缺。每日向各餐厅发放饮料后要使其储存量达到标准量。

在每日饮料成本核算的过程中会涉及计算公式，下面分别进行介绍，如表 8-4 所示。

表 8-4　饮料日成本核算公式

指标	计算公式
领料量计算	由各餐厅和酒吧通过清点库存量来算出领料量。计算公式为：领料量 = 各种饮料标准储存量 − 库存量
饮料消耗额计算	如果采取标准储存量制度，则每日的领料额实际就是上日的饮料消耗额。计算公式为：上日饮料消耗额 = Σ本日各种饮料发料瓶数 × 每瓶成本单价
计算饮料成本净额	若不采取标准储存量制度，则当日的发料额即为当日饮料的消耗总额。不管是否采取标准储存量制度，在饮料消耗总额上还要计算成本调整额和各项扣除额，才能最终计算出日饮料成本净额。计算公式为：饮料成本净额 = 本日饮料发料额 + 转饮料的食品成本 − 转食品的饮料成本 − 赠客饮料成本 − 招待用饮料成本 − 其他扣除成本额

由于每日的饮料成本核算没有将酒吧和餐厅库存未售完的半瓶酒考虑进去，因而不是十分精确。在日饮料成本表中，列出逐日累积的成本额，精确度会更大。

◆ 月饮料成本的核算

对月饮料成本的核算，需要进行库存盘点。一般来说，需要对库房的饮料以及餐厅和酒吧结存的饮料都进行盘点。在库房盘点时，要清点各种酒水和饮料的瓶及罐的数量，再乘以各种饮料的单价，由此汇总出库存饮料金额。在餐厅和酒吧清点时，除了要清点整瓶数外，还要对各类酒水中不满整瓶的量做出估计，或称量算出估计量，再核算出金额。

然后通过对期存额初库、本月采购额和期末库存额的汇总，算出本月的消耗总额，再通过与调整额和各项扣除额进行计算，得出饮料本月净成本额，具体计算公式如表 8–5 所示。

表 8–5　月饮料成本核算的相关公式

指标	具体介绍
本月饮料消耗总额	本月饮料消耗总额 = 月初库房库存额（取自上月末库存数据）+ 月初餐厅、酒吧库存额（取自上月末库存额数据）+ 本月采购额（汇总验收单数据）– 月末库房库存额（本月末库房实际盘存额）– 月末餐厅、酒吧库存额（本月末餐厅、酒吧盘存额）
本月饮料成本净额	本月饮料成本净额 = 本月饮料消耗总额 + 转饮料的食品成本 – 转食品的饮料成本 – 其他扣除额

月饮料成本报表要反映每个月饮料的消耗情况和饮料的营业收入，由此算出饮料的月成本率。月成本率与标准成本率进行比较，可以清楚地反映出月饮料成本控制的效果。

8.2 餐饮成本控制，省下更多资金

成本控制是餐饮行业不得不说的问题，很多餐厅经营管理人员虽然都知道要控制成本，才能够使收益最大化，但是却不知道如何进行成本控制。本节将具体介绍餐饮成本的控制，帮助餐厅省下更多资金。

8.2.1 餐饮成本的分类

随着市场竞争越来越激烈，要想生存和发展，就必须创新，降成本，提高企业经济效益，增强企业的竞争能力。为此，加强餐饮企业的成本控制，成为各餐饮企业经营者和管理人员的核心目标与任务。

在此之前，首先需要了解的是餐饮成本的分类。成本分类是为做好成本核算和成本管理服务的。成本核算和成本管理的方法和目的不同，成本分类也不同，餐饮产品的成本，从不同角度可分成不同的种类。

◆ 按成本可控程度分类

按照成本可控程度，可以将成本分为可控成本和不可控成本，如表 8–6 所示。

表 8–6　按照成本可控程度分类

类别	具体介绍
可控成本	可控成本是指餐饮管理中，通过部门职工的主观努力可以控制的各种消耗。有些成本如食品原材料、水电燃料、餐茶用品等消耗，通过部门人为的努力是可以控制的

续表

类别	具体介绍
不可控成本	不可控成本是指通过部门职工的主观努力很难加以控制的成本开支。如还本付息分摊、折旧费用、劳动工资等，通过部门人为的努力，在一定经营时期是很难控制的

◆ 按成本性质划分

按成本性质划分，可分为固定成本、变动成本和半变动成本。主要是根据成本对产销量的依据关系来分类的，它反映了餐饮产品的成本性质，如表 8–7 所示。

表 8-7　按成本性质分类

类别	具体介绍
固定成本	固定成本是指一定时期和一定经营条件下，不随餐饮产品生产的销量变化而变化的那部分成本。如：房租、采暖、折旧等在一定时期和经营条件下是相对稳定的，所以称为固定成本
变动成本	变动成本指随销售额同比例、同方向变动的成本，如：原材料成本、饮料成本、低值易耗等
半变动成本	半变动成本是指随销售额同方向，但不同比例变动的成本，如：员工总工资、水电费、燃料费、宣传广告、管理费用等

◆ 按成本与产品形成关系划分

按成本与产品形成关系划分可分为直接成本和间接成本两种。具体介绍如表 8–8 所示。

表 8-8　按成本与产品形成关系分类

类别	具体介绍
直接成本	直接成本是指产品生产中直接耗用的，不需分摊即可加入到产品成本中去的那部分成本，如：直接材料、直接人工、直接耗费等
间接成本	间接成本是指需要通过分摊才能加入到产品成本中去的各种耗费，如：销售费用、维修费用、管理费用消耗等

8.2.2 工作流程中的成本控制

餐饮成本的控制，可以从餐饮行业的一般工作流程展开，在各个流程中都存在可以降低成本的环节，需要相关管理人员了解，具体介绍如表 8–9 所示。

表 8-9 在餐饮工作的流程中进行成本控制

工作流程	成本控制方法
采购	采购时，要做到货比三家，以最合理的价格购进品质优良的原料，同时要尽量就地采购，以减少运输等采购费用。制定采购审批程序。需要原料的部门必须填写申购单（一般情况下由厨师长审批后交采购部，如超过采购金额的最高限额，应报餐厅经理审批）
验收	验收人员必须检查购进的菜品原料是否符合预先规定的要求。对所有的菜品原料数量和重量进行核查，核对交货数量、请购数量、发票数量是否一致。购进原料的价格是否和所报价格一致。与上述标准不符的，应拒绝接受全部或部分原料，财务部门也应拒绝付款，并及时通知原料供应单位。如验收全部合格则填写验收单及进货日报表
库存管理	经常检查冷藏、冷冻设备的运转情况及各仓库的温度，搞好仓库的清洁卫生及防虫、鼠对库存菜品原料的危害和破坏。定期盘点仓库，对发生的盈亏情况必须经餐厅经理严格审核，原料的盈亏额与本月的发生金额之比不能超过 1%
原料发放	未经相关负责人批准，不得随意从仓库领料。只准领取所需的菜品原料。餐厅必须健全领料制度，领料单一式四份，一份留厨房，一份交仓库保管员，一份交成本核算员，一份送交财务部。厨房应提前将领料要求通知仓库，以便仓库保管员早作准备
粗加工	严格按照要求加工，保持净料率。高成本原料由有经验的厨师进行试验，找出最佳加工方法。对加工的变价料进行回收，提高利用率
切配	实行菜品原料耗用配量定额制度，并根据菜单上菜品的规格、质量要求配菜，不能缺斤少两。一旦确定了原料耗用定量，就必须制定菜品原料耗用配量定额计算表。严禁出现用量不足、过量或以次充好等情况。主料要过秤，不能凭经验随手抓

续表

工作流程	成本控制方法
烹饪	在烹饪过程中，要严格执行调味品的成本规格，这不仅会使菜品质量稳定，也可以使成本精确。按照操作规程进行操作，掌握好烹饪时间及温度。合理投料，力求不出或少出废品，有效地控制烹饪过程中的菜品成本
服务	服务不当也会引起菜品成本的增加，主要表现为：服务人员偷吃菜品而造成数量不足；服务人员在传菜或上菜时打翻菜盘、汤盆；传菜出现差错，如传菜员将 1 号桌宾客所点菜品错上至 2 号桌，而 2 号桌宾客又没说明
收款	抓好收款控制，才能保证盈利。收款过程中的任何差错、漏洞都会引起菜品成本的上升。防止漏记或少记菜品价格和数量；防止漏账或逃账
审核	根据账单和点菜单等编制餐厅营业日报表。营业日报表一式三份，一份自存，一份连同宾客签付的账单一起交总服务台，一份连同全部账单、点菜单、宴会预订单等及当天营业收入的现金一起递交财务部门审核。财务部门应认真审计以确保餐厅的利益

8.2.3 餐饮成本控制的具体方法

餐饮成本控制是餐饮经营管理的重要内容，由于餐饮的成本结构制约着餐饮产品的价格，而餐饮产品的价格又影响着餐厅的经营和上座率，因此餐饮成本控制是餐饮经营的关键。

在餐饮经营中，保持或降低餐饮成本中的原材料成本和经营费用，尽量提高食品原材料成本的比例，使餐饮产品的价格和质量更符合市场要求、更有竞争力，是保证餐饮经营效益的具体措施。

在实际经营过程中，要降低成本，主要可以从以下 6 点着手，如表 8-10 所示。

表 8-10　降低餐饮经营成本的 6 个关键点

关键点	具体介绍
抓原料采购降成本	餐饮行业内，采购成本最大，因此应把采购成本控制放在首要位置。首先要明确各餐厅厨师长是餐饮成本控制的责任人，要参与采购原料品种、数量、质量和价格的确定工作；其次采购部门要尽可能多地提供不同档次的可供选择的品种；最后，从采购数量和稳定供货等方面，尽量压低采购价格
抓菜品创新降成本	成本降低到一定程度后，餐饮企业只有通过创新的方式来降低成本。从技术创新着手来降低原料用量或寻找新的、价格便宜的菜品原料替代原有老的、价格较高的原料；从工艺创新上来提高原料利用率、降低原料的损耗量和提高成品率或一级品率；从工作流程和管理方式创新上来提高劳动生产率、设备利用率以降低单位产品的人工成本与固定成本含量
抓关键点降成本	餐饮成本控制应从关键点着手，抓住成本关键点，寻找新的菜品原料难度较大，一般原料价格相对公开透明。这时，创新烹饪技法、变换原料组合则成为提高利润和降低成本的关键点
抓可控费用降成本	可控成本是指生产经营过程中可以控制的成本，在生产经营过程中可以人为进行调控的，如原料用量、餐具消耗量、原价进价、办公费、差旅费、运输费、资金占用费等都属于可控费用
抓制度降成本	企业成本控制应当建立成本控制制度，建立适当的激励与约束机制，用制度、激励与约束的方式来调动员工控制成本的主观能动性，将节约成本与控制者的切身利益联系起来，利用奖惩的办法将企业被动成本控制转换为全员的主动成本控制
抓隐性成本降成本	过度成本控制往往是以降低菜品质量、弱化服务质量来得到的，造成这种现象的原因在于这些企业只看到了经营中发生的各类“显性成本”，却对企业中“隐性成本”视而不见，对于这些“隐性成本”的控制，应从企业战略层面来考虑成本消减，将成本控制和提升企业竞争优势联系在一起

相关管理人员在进行餐饮成本控制时，主要可以从以下 4 个内容进行，如表 8-11 所示。

表 8-11　成本管理的主要内容

关键点	具体介绍
减少目标不明确项目	企业每项支出都应有明确目的，每笔费用都要有明确去向
明确各部门成本任务	先测算出各项费用的最高限额，将其横向分解落实到各个部门，纵向分解落实到小组与个人，并与奖惩挂钩，使责、权、利统一，在整个企业内形成纵横交错的目标成本管理体系
精细化管理	没有数字进行标准量化，就无从谈及节俭和控制。成本控制计划出台的是一份数字清单，包括可控费用（原料采购、水电、包装、销售费用和耗材等）和不可控费用（固定资产折旧、人事和利息等）。每月、每季度都由财务汇总后发到管理者的手中，超支和异常的数据就用红色特别标识。在月底的总结会议中，相关部门需要对超支的部分做出解释
提前进行成本管理	提前成本控制就是加大菜品创新，从而起到引领市场、扩大市场占有率来降低成本，控制采购成本的作用

除了上述内容外，酒水成本的控制也是餐饮成本控制的重要部分。控制酒水储存降成本，从采购、贮存等多方面保证酒水的低成本、高效益。下面分别介绍控制酒水成本的 3 种方法。

◆ 正确盘存降低损耗

盘存是指盘点库存剩余量，酒吧要对当日所消耗的各种酒水进行盘存并填写酒水盘存表。一方面是控制成本，另一方面也能根据盘存情况为第二天的营业做好准备。盘存应审核当日营业收入是否与点酒单及实际消耗相符。

◆ 减少酒水成本失控

在了解如何避免酒水成本失控之前，首先需要知道酒水成本失控的现象是怎样的，主要有以下 5 点，管理人员应当注意规避。

①服务人员在调制酒水时没有按标准酒谱进行，导致浪费。

②餐饮服务人员的贪污、舞弊行为；餐厅工作人员偷饮酒水。

③服务人员在营业时间利用餐厅的餐饮设施销售自己的酒水，盗用餐厅的各种辅料或配料。

④在团体饱餐等酒水费用固定的情况下，服务人员乱开乱倒酒水而引起酒水的大量浪费。

⑤库存条件不达标，从而引起的酒水变质，也使得餐厅酒水成本大量增加。

要避免上述情况发生，就需要健全各项管理制度，并经常性地对员工进行职业道德与和业务培训，树立一切为餐厅，一切为宾客的服务意识，按服务标准、程序来进行工作。

◆ 精确调制既保质量又降成本

酒水调制过程中要制定标准酒谱，严格按照该标准酒谱使用酒水的量度标准来调制酒水，用量正确并精确。保证酒水质量的同时，也能很好地控制成本。

8.3

内部促销，增加更多收入

在餐厅的经营过程中，不要总是等着客人到餐厅用餐，管理者应当根据餐厅的实际情况进行合理的促销，从而吸引更多的客人。内部促销在餐厅促销中占较大比重。

8.3.1 餐厅形象促销

一个餐厅的形象是在多种因素的作用下形成的，例如音响、餐厅摆台、餐厅风格、座位布置、餐桌和椅子数目、餐厅形状和面积以及服务人员（年龄、性别、外表、服饰）等，餐厅拥有良好的形象，会起到宣传和促销作用。下面具体来看看餐厅的形象应当如何设计，具体如表 8-12 所示。

表 8-12　餐厅形象设计的具体方向

设计方向	具体介绍
餐厅形象设计	餐厅形象设计就是要展示餐厅的特色，与其他餐厅不同的地方。要规定餐厅统一的店徽，印刷在自己的菜单、节目单、广告和其他宣传品上，用来突出餐厅自身的形象，起到良好的品牌效果，从而起到促销的作用
异国情调的设计	为了更好地吸引客人，可以选用某一国的特色来设计布置，还可以收集该国的民俗工艺品在店内展示装饰，或是用该国的国旗、民族特色等渲染气氛，餐厅的家具、设备也有一定的异国特色，并且可以主推该国的菜肴或酒水，从而提高餐厅的特色，增加客人的满意度
宠物餐厅的设计	有许多供应野味的餐厅和吸引儿童为主的餐厅常布置成动物园似的餐厅，客人一进餐厅就能听到动物的叫声，如鸟、狗、青蛙等，还可以用鹦鹉招呼客人。餐厅内可以张贴各种宠物的照片，如各类狗、猫、昆虫的图片等，对相应的动物附上简介，从而起到吸引客人的作用
运动餐厅的设计	有些餐厅在一侧设小型室内高尔夫练习场，依照顾客打入洞内次数，提供相应折扣。也有的餐厅备有握力计、背肌力测定器、飞标、扩胸器等，来吸引爱好运动的客人前来就餐。这些都是运动主题餐厅可以参考的项目
未来世界情调餐厅	以新型太空材料装潢，让前来就餐的客人有一种置身时光隧道般的气氛中。以未来世界的知识性、超现代感来作为吸引人的推销手段

续表

设计方向	具体介绍
明星餐厅的设计	在餐厅内张贴各种明星们的照片（也许是当代大红大紫明星的照片，也许是几十年前著名的明星照片），陈列明星们用过的东西（服饰、拍摄影片时用的道具等）、放些资料片或歌曲，并附有简介，以此来吸引客人，尤其追星族人
一厅多风格设计	可以将大餐厅分隔成一个一个的小间，每一小间用不同的装饰风格，体现不同的主题。例如有些餐馆每晚都变换一个主题，不同的主题配上相应的装饰以及菜单，同时服务员也穿着相应的服饰。不光改变菜单，整个视觉环境也可随之改变从而让客人每次前来就餐都能感受到不同的环境

鲜明的主题是餐厅文化环境向目标顾客群体所表达的中心思想和经营理念，也是餐厅企业市场定位和服务定位的一种体现，鲜明的主题是企业表达其理念与使命的载体。在设计的过程中根据实际需要还可以进行餐厅文化内涵的调和，突出地域及民族特色。

◆ **强调文化内涵：**把独特的饮食文化融入餐厅的环境，已成为现今餐厅设计的一种时尚方式。对于消费者来说，新的饮食空间环境，新的文化内涵以成为他们体验的一方面。让就餐环境在原有的基础上得到更理想的升华，对进餐的消费者来说也是一个潜移默化、接受文化熏陶的过程。

◆ **突出地域及民族特色：**民俗习惯、地区特色是主题餐厅设计的源泉。不同的民族有着不同的宗教形态和思维观念。特有的风土人情或风光景象、建筑特色作为餐厅设计元素，可强化餐厅空间的独特氛围。同时对餐厅市场来说，多元化地方特色的设计才能体现行业的丰富多彩与欣欣向荣。

除了以上介绍的方法外，餐厅设计空间还可以结合时代风貌、历史文脉、环境因素等各种要素理念进行创意设计，对于提升餐厅设计空间的多元化特质有很重要的作用。

8.3.2 点菜时的促销策略

协助客人点菜，其实是较好的促销时间。服务人员应当对餐厅所经营的菜点和服务内容了如指掌，如食物用料、烹饪方法、口味特点、营养成分、菜肴历史典故以及餐厅所能提供的服务项目等，以便向客人介绍，或当客人询问时能够做出满意的答复。

如果能事先了解市场和顾客的心理需求以及风俗习惯、生活忌讳和口味喜好等，便可针对性地推荐一些适合客人心理需求的产品和服务。下面具体介绍在点菜时的促销技巧，如表 8-13 所示。

表 8-13　点菜时的促销策略

策略	具体介绍
形象描述法	服务员在客人点菜时，把优质菜肴的形象、特点等用描述性语言加以具体化，使客人产生好感，从而引起食欲达到促销的目的
解释分辨法	通过与消费者的友好辩论、解释，消除其对菜肴的疑义
适当优惠法	对一些价格上有争议的菜点，服务员在介绍时可逐步提出这道菜肴的特点，给客人以适当的优惠
特色强调法	把菜肴的特色和优点不断地加深和强调，让消费者形成深刻的印象，从而产生购买的欲望，例如“本菜有原汁原味的羌族特色”
顾虑排除法	对于一些价格较高的菜品，有些客人会产生疑虑，服务员应耐心解释，这样会使客人觉得物有所值，从而产生购买欲望
给客人选择权	针对有些客人求名贵或价廉的心理，为他们提供两种不同价格的菜点，供客人挑选，由此满足不同的需求
利用其他客人的意见	即借助社会上有地位的知名人士对某菜品的评价，来证明其高质量、价格合理，值得购买，“×× 曾在这里用餐，高度评价 ×× 菜”
代客人下决心	当客人想点菜，但或多或少还有点犹豫，下不了决心时，服务员可说：“先生，这道菜我会关照师傅做得更好一点，包您满意”
利用客人之间矛盾法	就餐的两位客人，其中一位想点这道菜，另一位却不想点，服务员就应利用想点的那位客人的意见，赞同他的观点，使另一位客人改变观点，达到使客人购买的目的

除了了解点菜的技巧，服务人员还需要仔细留意客人的心理状况。一个观察力较强的服务员，在日常接待中能够提供对顾客的眼神、表情、言谈、举止的观察，发现顾客某些不明显却很特殊的心理动机，从而运用各种服务心理策略和灵活的接待方式来满足顾客的消费需求。

◆ 注意观察顾客的外貌特征

从体貌、衣着可以对顾客特征做出初步的判断。

①对衣着考究的先生和穿着美艳的女性而言，他们需要就座于别人容易观察到的地方。

②而穿着情侣装的恋人，也希望受到别人的欣赏和羡慕，他们的座位也同样需要安排在比较引人注目的位置上。

③档次高的客人要求也高，因为花了足够多的钱，他们要求等值的服务，还可能会对去过的酒店进行对比。

正确辨别客人的身份，注意顾客所处的场合。顾客的职业、身份不同，对服务工作就有不同的需求。另外，顾客在不同的场合，对服务的需求心理也是不一样的，这就要求服务员根据顾客的不同性别、年龄、职业和爱好为其提供有针对性的服务。

◆ 注意倾听顾客语言

通过对话、交谈、自言自语等这种直接表达形式，有助于服务员了解到顾客的籍贯、身份、需要等。分析语言并仔细揣摩顾客语言的含义，有助于理解顾客语言所表达的意思，避免误解。下面一起来看一个小例子。

某餐厅来了几位客人，从他们的谈话中，服务员了解到一位宾客宴请朋友，既要品尝某道名菜，又想品尝到其他菜品。服务员主动向其介绍了餐厅的各种风味小吃，从烹制方法到口味特点、营养价值，说的客人垂涎欲滴，食欲大增，一连点了好几个菜，吃得津津有味，高兴异常。

◆ 读懂客人的身体语言

身体语言即无声语言，但又比有声语言更复杂，可以分为动态和静态两种。动态语言即手语、表情语，静态语言为花卉语和服饰语，通过这些间接的表达形式可以反映出顾客是否接受、满意等。

◆ 换位思考，对顾客的处境做出正确的判断

服务人员只有设身处地从客人的角度出发，才能了解到客人需要的究竟是什么。下面一起来看一个小例子。

某餐厅来了一位客人，点好菜后独自一人开始用餐。

“服务员，有开水吗？”这位先生看着张某问到。

“有，请稍等，马上给您送过来。”张某立刻给客人送上了开水，这时客人的手机响了，客人接完电话后，立刻加快了吃饭的节奏，显然他需要赶时间。

张某看到后想，开水刚送过去，温度还很高，于是趁客人没来得及喝时，赶紧给客人送上了一杯冰块，他微笑着对客人说：“先生，这里有冰块，如果您觉得有些烫，就加上一些。”客人有些意外地看了张某一眼，然后对他说“谢谢了。”

后来，张某留意到客人往杯子里加了冰块，试了一小口，然后一饮而尽。他冲张某微笑了一下，就急急忙忙结账离开了。

案例中的张某正是因为仔细观察，设身处地为客人考虑，最终得到了客人的认可。因此，服务人员在实际工作中要懂得事事为客人考虑，了解客人到底需要什么，从而有针对性地进行服务，这样不仅能够减少与客人的冲突，还能赢得客人的肯定。

8.3.3 用菜单进行促销

在前面的章节介绍了餐厅菜单的制作方案，菜单不仅可以方便顾客点菜，还能起到促销的作用，不过很多人都对菜单的促销作用持质疑态度。

菜单的促销作用是毋庸置疑的，餐厅除了平时的固定菜单外，还可以有其他类的促销菜单，如特选菜单、儿童菜单等，具体介绍如图8-2所示。

1. 特选菜单。特别推销一些时令菜、每周特选和新创等，可以丰富固定菜单，也使常客有新的感觉。
2. 儿童菜单。增加对儿童的推销，供应符合儿童的餐品，吸引更多的小朋友。
3. 情侣菜单。供应双份套餐，菜名较浪漫，菜肴也比较符合年轻人的口味。
4. 中年人菜单。根据中年人体力消耗的特点，提供满足他们需求热量的食品，吸引讲究美容的这部分客人。

图8-2

除此之外，餐厅还应当根据具体情况变换菜单进行推销，从而起到更好地促销效果。变换菜单时需要遵守以下原则。

- ◆ 根据不同地区的菜系变换。
- ◆ 根据特殊的装饰和装潢变换。
- ◆ 根据餐厅中特殊娱乐活动变换。
- ◆ 根据食品摆布及陈列的特殊方法变换。

要是用菜单进行促销，就需要服务人员有较强的观察能力和随机应变能力，当客人到来时能够快速确定应该给客人奉上怎样的菜单，迎合客人的需求。

加油站

除了前面介绍的菜单外，还可以准备另一些菜单，以传单的形式向客人发放。这种菜单往往被客人带走，应印上餐厅的地址、订座电话号码等，以便进行推销。

8.3.4 用价格来进行促销

用价格进行促销也是餐饮经营过程中常用的经营手段，主要可分为两个方面，分别是菜品定价和折扣优惠，下面分别进行介绍。

（1）菜品定价

菜品定价是非常重要的，在前面介绍菜单制作时已经进行了说明。这里主要讲解的是针对客人的不同心理进行产品的定价，并以此进行促销，同样会刺激顾客消费。

根据心理学分析和市场调查的统计数据显示：在消费者的心目中，4.9 元与 5 元，9.9 元与 10 元，38 元与 40 元的对比定价，在理性认识时是一回事。

但在实际中，消费者对这些价格的心理反应还是不一样，他们认为 4.9 比 5 元，9.9 元比 10 元，38 元比 40 元便宜。因此，针对消费者不同的心理反应，餐饮产品的定价应遵循一定的要求，通常有奇数和偶数两种尾数定价法。

在考虑消费者的心理进行定价时，心理定价最常用的是奇数定价法，即锁定价格的尾数都是奇数，这样更容易吸引消费者。

有人对美国240家餐厅作过一次调查，结果发现，58%的餐厅的菜单价格以阿拉伯数字9结尾，35%的价格以5结尾，6%的价格以0结尾。

餐厅价格的末位数上一般不出现1、2、3、4、6、7这几个数字。在经济等级餐厅内菜肴价格的尾数常是9；而在一些档次较高的餐厅，数字5常在价格的尾数上出现，如图8-3所示。

图 8-3

（2）折扣优惠

折扣优惠的目的一般是鼓励客人多次光顾或是在营业的淡季时间里购买、消费。因此，在消费达到一定的数额或次数后，将给予一定的折扣优惠。

另外，餐厅也可以在淡季和非营业高峰时间进行推广促销活动，实行半价优惠和买一送一等推销方法。对大量积压的产品，也可采用此法进行推销。

但是，并不是所有的降价手段都能为餐厅产品带来更多的销售量。相反，它有时甚至能引起餐饮产品在市场中的地位或形象的降低。所以，进行折扣优惠之前，需要考虑以下因素。

- ◆ 价格折扣能否促进销售数量和增加销售额。如果进行折扣优惠并不能增加销售量和销售额，那么这样的促销是没有吸引力的，没有实际的意义。
- ◆ 是否处于经营的低谷时间。只有对当前餐厅的经营状况有所了解才能确定是否需要进行促销。例如，餐厅的销售业绩稳步提升，回头客较多，那么是可以不进行促销的。
- ◆ 是否非价格折扣不可，能否采取其他措施提高销售额。价格折扣往往会在一定程度上影响餐厅的销售业绩。管理人员可以先尝试使用其他方法提高销售业绩，行不通时，再进行价格促销也行。
- ◆ 价格折扣后能否保本，能否盈利。促销并不等于放弃利润，促销需要在一定的限度内进行，在正常情况下，应当确保折扣后的价格仍然有利可图。

8.3.5 内部宣传品促销

在店内餐饮促销中，使用各种宣传品、印刷品和小礼品进行推销是必不可少的。通过宣传品推销的方式，往往能让客人更加了解餐厅，也能给客人留下较深的印象。

常见的宣传品促销方式主要有活动节目单促销、小礼品促销等，具体介绍如表 8-14 所示。

表 8-14　宣传品促销方式

促销方式	具体介绍
活动节目单促销	餐厅将本周、本月的各种餐饮活动、文娱活动印刷后放在餐厅门口或电梯口、总台发送、传递信息。这种节目单要注意：①印刷质量要与餐厅的等级相一致，不能太差；②一旦确定了的活动，不能更改和变动。在节目单上一定要写清时间、地点、餐厅的电话号码，印上餐厅的标记，以强化促销效果
小礼品促销	餐厅常常在一些特别的节日和活动时间，甚至在日常经营中送一些小礼品给用餐的客人，这些小礼品要设计精美，有吸引力，根据不同的对象分别赠送，其效果会更为理想。常见的小礼品有：生肖卡、印有餐厅广告和菜单的折扇、小盒茶叶、卡通片、巧克力、鲜花、口布套环、精制的筷子等。值得注意的是，小礼品要和餐厅的形象、档次相统一，要能起到好的、积极的推销、宣传效果

另外，内部宣传促销还可借助餐饮企业自办录像的便利，穿插播放特别推广销售的精英食品及餐厅录像片，给客人以直接形象的宣传，从而起到促销的作用。如图 8-4 所示为某酒店的活动节目促销宣传单。

图 8-4

图 8-4 所示的是一份简洁的酒店活动宣传单，其中简洁地交代了

活动的时间和主要内容，让客人能够快速了解活动内容，从而起到促销作用。

8.3.6 菜品展示促销

促销的目的就是为了激起消费者的购买欲望。因此，不妨利用菜品展示进行促销，这样既不会使成本增加，又可吸引客人注意力，达到扩大销售的目的。

一般来说，利用菜品展示促销主要有以下几种方法，具体介绍如表 8–15 所示。

表 8–15　菜品展示促销方法

促销方法	具体介绍
菜品陈列促销	有一些消费者在点菜时，总对菜单文字介绍和图片展示持怀疑态度，此时，餐厅不妨将烹调得十分美观的菜品展示在陈列柜里，消费者通过对产品直接观察，很快就能点完菜。当然，这种方法的局限性也很明显：不是所有的菜品都适合陈列促销。许多菜品烹调后经过放置会失去新鲜的颜色，这样的陈列反而会起到反作用。一般来说，这种促销方法比较适合凉菜、甜点、沙拉菜等
原材料展示促销	一些经营海产类菜品的餐厅，可以通过原材料展示进行促销，因为这种菜品讲究“鲜”“活”。原材料展示可以让消费者知道本餐厅使用的原材料都是新鲜的。具体来说，餐厅可以在门口用透明玻璃鱼缸养一些鲜鱼活虾，任凭消费者挑选。厨房按消费者的要求加工烹调，这样消费者就能目睹原材料的鲜活，容易对质量满意
服务员巡回推销	这种方法的关键就在于，部分菜品放在推车上的器具里，由服务员巡回于座位之间向消费者推销。有时消费者点的菜不够充足，但又怕再点菜等待时间过久，在这种情况下，推车服务既方便了消费者，又增加了餐厅收入。巡回推销的好处还在于，车上的许多菜不一定是消费者非买不可的菜品，它属于冲动性决定购买的菜品。消费者如果看不见这些菜品，不一定会有购买动机，但看见后便可能产生冲动性购买动机和购买行为

续表

促销方法	具体介绍
现场烹饪促销	带有表演性质的现场烹饪，都会使客人产生兴趣，引起食欲和强烈的品尝心理。因此，餐厅不妨也采取现场烹饪的方法促销。这种方法的优势是，使消费者现场目睹菜品的烹饪过程，当场品尝该菜品的味道，会感觉味道更加鲜美；现场烹调还能利用食品烹调过程中散发出的香味和声音来刺激消费者的食欲。需要特别注意的是，进行现场烹调促销时，厨师一定要选择外观新鲜漂亮的菜品，烹调时无难闻气味、速度快而且简单，如烧烤类的菜品容易现场烹调

以上这几种方法，都是既可节省成本，又能达到良好效果的菜品展示促销方法，餐厅管理者可以灵活运用。甚至，这些促销方法还可以同时推出，从而形成餐厅的一种特有风格。

8.4 外部促销，发现更多潜在客人

前面介绍的餐厅内部促销的相关方法，主要是针对来餐厅就餐的客人，那么如何拓展更多新客人，就是外部促销人员需要重点了解的，这样才能使客源不断。

8.4.1 广告促销，提升餐厅知名度

广告促销是外部促销中十分重要的一种促销方式，将餐饮产品方面的有关信息通过媒介传播出去，以扩大影响和知名度，树立餐饮产品和企业的形象，达到促销目的。

广告促销的方式多种多样，下面主要介绍常见的餐饮促销方式，

如图 8–5 所示。

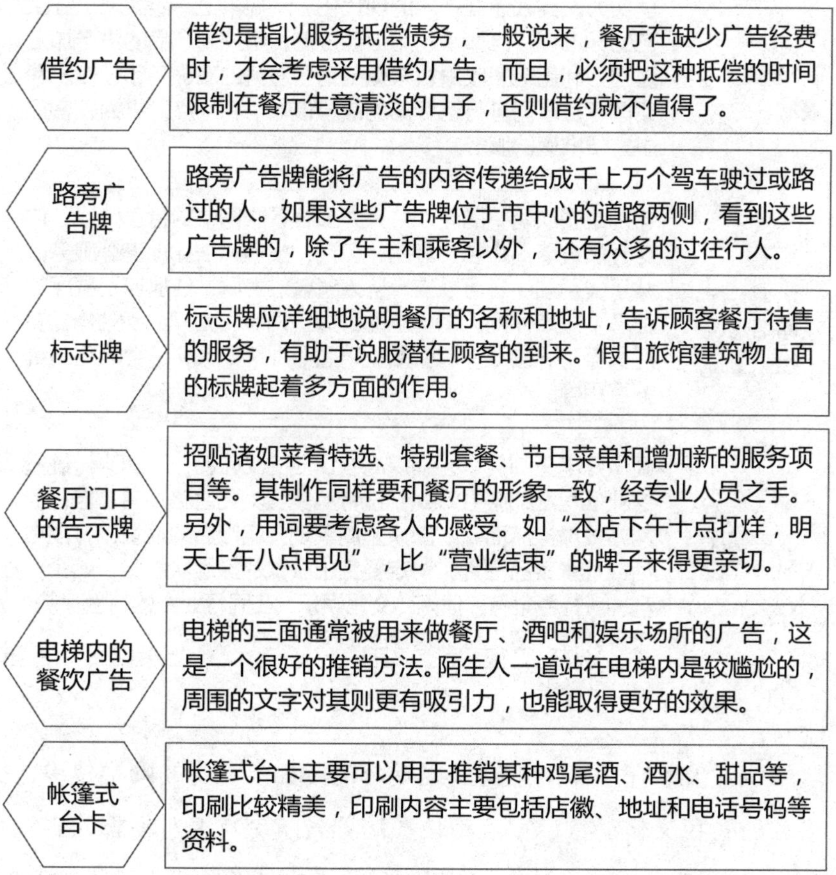

图 8–5

除了上面介绍的较为传统的广告宣传方式外，在互联网发展迅速的今天，还可以通过互联网营销的方式实现促销。现在，越来越多的人，习惯上网查询哪里有什么好吃的，所以网络餐饮营销就显得尤为重要。

下面具体介绍餐饮行业如何进行网络营销，主要可以分为3个重点，如图 8–6 所示。

将科技引进餐厅

科技产品的应用水平将在很大程度上决定一个餐饮企业的竞争实力。实现烹饪技术的现代化，从根本上讲是实现烹饪工艺的标准化。比如，利用自动控制设备控制产品的生产加工过程，利用电子收银机来提高销售服务的准确率和速度，利用国际互联网进行远距离的信息传输，利用点菜机为顾客提供方便准确的服务。

加强餐厅网络建设

特别是餐饮网站的建设，大力加强餐饮网站的特色建设，广泛开展宣传、广告、订购、咨询、投诉和法律救济等服务。除了建网站，还可以去一些人气较好的网站注册自己餐厅的信息，如点评网、中国吃网、饭统网等。去其他网站建立餐厅页面进行宣传，可以减少建网站的费用及日常的网站维护费用等。

注重餐厅品牌建设

要做好电子商务，必须提高餐饮业的文化品位，摒弃传统餐饮业低层次的服务方式，走特色美食文化之路。有了自己的网站或虚拟店面，不能只是简单地介绍饭店的地址、订座电话或几张菜品图片。一定要突出餐饮的深层次服务，如企业精神、特色菜肴、休闲、文化娱乐、在同行业中的特色优势、投诉处理、意见反馈甚至互动交流。

图 8-6

餐饮业要想在互联网上得到发展，需要加强自身的网站建设，提升餐厅的特色文化品位，重点定位在培养各阶层顾客对品牌的忠诚度上。同时，也要兼顾网络文化的特点，让消费者能在网络上产生闻其香、进其餐的感觉。

8.4.2 旅行团促销

在餐厅条件允许的情况下，为大型的团队提供服务从而获取的收益也是十分可观的。尤其是在经营淡季，餐厅有足够的场地、厨房和足够的人力招徕各种团体活动和旅行团。

要做好旅行团促销和接待工作，餐厅需要有相关业务人员能够与规模合适的旅行团进行对接，了解详细的信息。以下的一些要点需要管理人员和接待人员注意，如图 8-7 所示。

1. 了解旅行团的构成和特点，包括其客源国、旅行团成员的年龄、消费水平和饮食偏好等。只有弄清了客人的需求，才能合理地组织自己的产品和服务去迎合他们，使他们满意。
2. 加强与接待单位的沟通和联系，特别是有较多客源的当地接待旅行社。餐厅要与旅行社密切配合，主动征求意见，提高菜点质量，保证客人用餐满意。这样才能取得旅行社的支持。
3. 了解旅行社的整个活动路线和各站的接待情况，做好充分的计划准备工作。只有当厨房产品和餐厅服务与众不同时，才能给客人留下深刻的印象。因此，每个团队的菜单都应经过精心设计，要能够反映地方特色。
4. 一般旅游团都以观光为主，希望多了解当地的风土人情、民族文化和自然景色。在吸引旅行团用餐时，可安排一些民族艺术表演和其他文娱活动，让他们边享用餐饮，边欣赏演出，会起到更佳的效果。
5. 旅行盒饭是旅行团常带的旅途食品，也是餐厅的一笔可观的收入，盒饭推销还可服务社会，成为餐饮企业的一项正常生产和经营项目。

图 8-7

餐厅在服务接待上还要体现旅行团的特点，从桌次安排到时间控制，从饭菜的数量和质量到礼仪，都要反映对旅行团的重视程度，这直接会影响当地旅行团业务的促销。

除此之外，还可以在客人用餐后增加一些特别的娱乐活动，能够创造综合销售的机会，使旅行团客人花了钱又觉得开心。

加油站

酒店餐厅不仅可以给旅游团提供用餐服务，而且能为旅行团提供住宿服务，但这同样只能在酒店的淡季才能实现，如果旅行团人数较多，在酒店经营旺季，可能难以容纳太多人。

8.4.3 其他方法促销

除了前面介绍的两种外部促销方法外，还有其他的一些促销方法也是餐饮企业中常用的，例如外卖促销、优待促销等，下面分别进行介绍。

（1）外卖促销

外卖促销活动主要是指在餐饮企业消费场所之外进行的餐饮销售、服务活动，它是餐饮销售在外延上的扩大。在不占用企业自身场地的情况下，可以提高销售量，扩大餐饮营业收入。在旺季可以解决就餐场地不足的问题，在淡季也可增加销售机会，使餐厅经营相对平稳。

下面具体来看看外卖促销活动主要针对哪些顾客人群，如表 8-16 所示。

表 8-16　外卖促销针对的顾客

客人类别	具体介绍
外国驻本国的商社、办事处	他们频繁的商业来往会给饭店带来许多生意，在他们的住所举办宴会比较随意、隐蔽
大中型企业	大中型企业的年庆、年终联欢新产品研制成功，单项工作落成等都会举行一些活动来庆祝。这些企业往往有一定规模，场地条件好，是外卖的好买主

续表

客人类别	具体介绍
金融机构	金融机构举办的活动也较多，尤其是银行的年会等，对中、外金融机构，都有销售的机会
政府机构	政府抓廉政建设，机构、大企业等到饭店大吃大喝是一种浪费现象，但如果在本单位举办适当规模的餐会，既花钱少又可起到联欢的作用，也不违背廉政政策
大专院校	适合举办一些自助餐等，通常在开学、毕业、结业等时候举行
有条件的家庭	随着人民生活水平的提高、住宅条件的改善，家庭外卖宴席在大城市和口岸地区、沿海部分富裕地区也同样有一定的市场

这里介绍的外卖服务并非是我们日常说的外卖，这里主要针对较多客人的外卖，而不是单人享用的外卖。

外卖服务过程中有需要注意的事项，需要相关人员进行了解，具体介绍如下。

- ◆ 首先要制订周密详细的计划，包括餐具的准备、人员组织、外卖场地的布置，以及卫生、安全、消防等措施的落实。
- ◆ 其次，要有针对性制定好外卖宴会、自助餐等菜单，尽可能安排选用能在饭店厨房加工生产成半成品或成品，然后再到食用单位烹制或组装，而不至于影响产品质量。
- ◆ 要有专用货车、司机及装卸人员，可雇用钟点工，但必须招之即来；货车应有低温冷藏设备，以保证食品质量。
- ◆ 外卖促销同样依赖于广告宣传和餐饮企业在店外的口碑作用。因此，外卖既是广告宣传作用的结果，同时又是广告宣传的载体和机会，应注意外卖货车及开餐的宣传。

（2）优待促销

通过各种优待的方式吸引客人前来餐厅就餐，在一定程度上对广大消费者均有吸引力。那么餐饮行业的优待促销方法其主要方式有哪些呢？具体介绍如表 8–17 所示。

表 8–17　优待促销的具体方法

优待方式	具体介绍
打折优待	为加速客人流动，提高餐厅翻台率，利用打卡钟在账单上做时间记录，凡用餐时间不超过一定时限的客人，折扣优待，极具吸引力。例如，自助餐方式，降低价格；带伴宾客 9 折优待；团体优待制度；满 ×× 岁客人 8 折优待等
举办优待日活动	为了吸引和稳定客源，可借各种名义酬谢老顾客，定期举办优待日活动，例如每月举行一次免费招待，以及针对不同节日、不同对象开展优待活动
优待时间	为调节客人就餐节奏，减少旺、淡季忙闲不均现象，可选择一定的时间进行优待促销。如播放某首特别歌曲的时候，凡在场的客人均可被奉送某道菜点；预订优待时段，凡此段时间光临的客人，可获得免费赠送的调味小菜或饮料等
奖品优待	奖品优待的形式多种多样，例如为餐厅第一位或一万位客人送上礼物；或是定期举行抽奖活动，趁机收集客人信息等

8.5 主题餐饮促销策划，抓住热点

要想餐厅发展得更好，主题餐饮促销更是不容错过的，各类中外受欢迎的节日都是值得把握的促销机会。

8.5.1 节假日促销，实现节假日增收

产品的推广促销要抓住各种机会甚至创造机会吸引客人购买，以增加销量。各种节日是难得的促销时机，餐饮部门一般每年都要做自

己的促销计划，尤其是节日促销计划，使节日的促销活动生机勃勃，富有创意，以取得较好的促销效果。

节日促销不仅有中国节日，还可以包含一些流行的国外节日，如圣诞节、复活节和情人节等。下面具体介绍一些中外受欢迎的节日，以及如何进行餐饮促销，如表 8-18 所示。

表 8-18　节日促销的要点

中外节日	促销要点
春节	这是中国的民族传统节日，也是让在中国过年的外宾领略中国民族文化的节日。可以在这个节日推出中国传统的饺子宴、汤圆宴、团圆守岁宴等，特别推广年糕、饺子等。同时举办守岁、撞钟、喝春酒、谢神、戏曲表演等活动，丰富春节期间人们的生活，用生肖象征动物拜年来渲染气氛
元宵节	农历正月十五日，可在店内组织客人看花灯、猜灯谜、舞狮子、踩高跷、划旱船、扭秧歌等，参加民族传统庆祝活动，可开展以各式元宵、汤圆为主的餐饮促销活动
七夕节	农历七月初七鹊桥相会，这是一个流传已久的民间故事。将“七夕”进行包装渲染，印制“七夕”外文故事和鹊桥相会的图片送给客人，再在餐厅搭座鹊桥，让男女宾客分别从两门进入餐厅，在鹊桥上相会、摄影，再到餐厅享用情侣套餐，选用彩凤新巢、鸳鸯对虾等特选菜式，无疑别有一番情趣
中秋节	中秋晚会，可在庭院或室内组织人们焚香拜月、临轩赏月，增添古筝、吹箫和民乐，推出精美月饼自助餐，品尝鲜菱、藕饼等时令佳肴，共享亲人团聚之乐
圣诞节	12 月 25 日，是西方第一大节日。人们着盛装，尽情享受节日美餐。可以在饭店里布置圣诞树和小鹿，有圣诞老人赠送礼品。这个节日是餐饮部门进行促销的大好时机。一般都以圣诞自助餐、套餐的形式招徕客人，推出圣诞特选菜肴，如火鸡、圣诞蛋糕、圣诞布丁和碎肉饼等，举办化装舞会、抽奖等各种庆祝活动。圣诞活动可持续几天，餐饮部门还可以外卖的形式推销圣诞餐，扩大销售
复活节	每年春分月圆后的第一个星期日为复活节。可绘制彩蛋出售或赠送，推销复活节巧克力蛋、蛋糕，推行复活节套餐，举行木偶戏表演和工艺展销等活动

续表

中外节日	促销要点
情人节	2月14日，这是一个浪漫的节日，餐饮企业可设计推出情人节套餐。推销“心”形高级巧克力，展销各式情人节糕饼。特别设计布置“心”形自助餐台，推销特别情人自选食品，会有良好的促销效果

中外传统节日还有很多，如清明节、端午节、重阳节、感恩节、万圣节、开斋节等，只要精心设计，认真加以挖掘，就能设计推出一系列富有诗情画意的餐饮促销活动，以借机扩大销售。

下面一起来看一个节日促销的案例。

一年一度的七夕节到了，某餐厅也准备了相应的活动。

在餐厅外围布置方面，七夕鹊桥造型的布置，可以增添餐厅文化特色氛围，吸引路过的客人。

在餐厅门口设计七夕鹊桥，布置牛郎、织女特色造型人物模型，不仅从外围环境上直观增加餐厅的格调与文化，也为消费者照相留念提供契机，借用照片相传作为该餐饮酒店口碑宣传的有效途径。

古色古香宣传立柱，点明活动主题。根据七夕营销主题创意设计古香古色的宣传立柱，并贴上“穿越七夕夜，遇见更美的你”活动主题口号，起到活动宣传及氛围营造的作用。

活动方面，以七夕当天主题活动为主线，前期返券让利促销为辅助，举行为期3天的“忽然遇见更美的你”主题营销活动，针对七夕当天，举办“忽然遇见你”单身交友派对，及“浪漫回味年”情侣交友派对。凡活动当天交友成功者均可享受餐饮 × 折优惠（具体折扣由餐厅视情况而定）。在七夕当天受到了客人的一致好评。

从上例可以看出，该餐厅为七夕节做了充分准备，为了吸引客人，对餐厅进行了布置。迎合七夕节，用七夕文化吸引客人光顾，能够吸引许多的情侣和对主题感兴趣的客人。

餐厅布置得当能够给路过的行人留下一个好印象，起到一定的活动和酒店宣传作用。

不仅如此，餐厅内还举行了各种活动、交友派对等，让客人不仅能够用餐，还能够参加活动赢取折扣、奖品等，提升客人的参与感。并对参加活动的客人提供一定的就餐折扣，让客人享受到实在优惠，让客人更满意。

节日营销虽然需要花费大量的精力和时间进行布置，但收到的效果也十分突出。通过场景的布置，能够吸引潜在客人以及营造餐厅氛围，给客人留下好印象，从而留住更多老顾客。

加油站

节假日促销有以下要点需要注意。节日促销不只是一天两天，可以将其看作一个活动，进行多日促销；要正确理解节日的特点，制定符合要求的促销计划；善于利用连续节假日，拉长促销周期。

8.5.2 美食节促销，吸引更多消费者

举办美食节，是一项有特色的营销举措。它可以为餐饮活动注入新的活力，并且能够有效扩大客源。美食节立意要新，形式要新，内容也要新。

这就要求筹办餐厅和负责人要刻意挖掘适应市场的新产品，只有推出的菜品活动等有足够的吸引力，才能具备较强的竞争能力；只有立足点准确，才能拿出顾客满意的产品。美食节要兼顾市场效益、客人消费水平、消费心理以及承受能力等因素。

首先需要了解的是美食节促销活动的基本流程，这样才能让美食节活动更加规范，如图 8-8 所示。

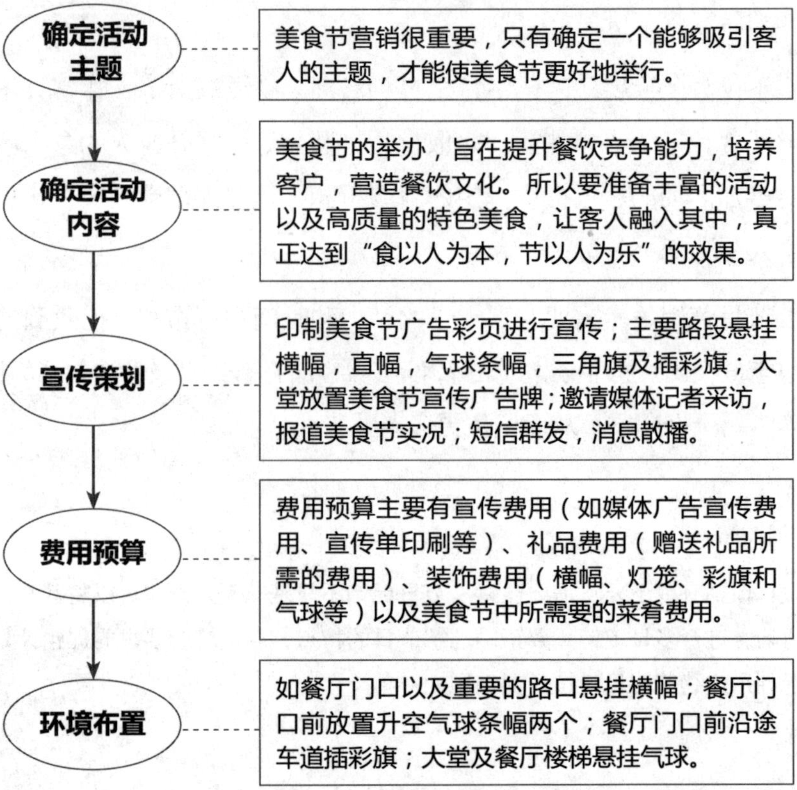

图 8-8

完成上述工作就算完成了美食节的准备工作，在美食节促销活动开展的过程中还有许多注意事项需要了解，如表 8-19 所示。

表 8-19　美食节促销注意事项

注意事项	具体介绍
筹备工作	确定原料的供给商，保证美食节期间的原料充足；确定美食节的菜肴品种、价格以及优惠措施；加强对外联络，协调合作关系，解决食品原料来源，保证质量

续表

注意事项	具体介绍
现场展示	通过品牌菜肴展示餐厅形象；设立固定展区，对制作成品进行展示；通过现场问答，赢取神秘礼物
活动要求	活动要求轻松体验，更欢乐。可以借节日开展促销，免费赠送酒水，现场活动派发神秘礼品，制造惊喜，让客人满意

下面来看具体的美食节促销方案。

一、活动主题：感受鲜香，人性服务，亲情接待，营造完美的“××美食节”

二、活动内容：××年×月××美食节拟在本项目举办。举办美食节，旨在于提升本项目的餐饮竞争能力培养客户，营造餐饮文化。届时，将通过美食节的舞台，展示制作精细，高档味美并以中韩料理为主的特色菜肴。让消费者融入其中，真正达到“食以人为本，节以人为乐”的效果！

三、活动时间：××年×月×日到×月×日。

四、活动形式：就餐分桌菜，零点两种方式。

五、活动操作程序

（一）筹备

1. 由各餐饮商户提供菜肴原料，确定美食节的菜肴品种、价格以及优惠措施；2.××负责通过报纸媒体、传单、横幅等传递××美食节的信息，唤起消费者的关注；3. 加强对外联络，协调合作关系，解决食品原料来源，确保原汁原味。

（二）举办

1. 品牌珍贵菜肴形象展示主题：有滋有味，色、香、味、意、形。方式：设固定的展区，制作成品展示。形式：通过××美食节体验，展示品牌及其文化形象。互动：通过回答问题，赢取精美神秘礼品。2. 内容：①××美食节菜肴的实物艺术形态；②××美食节菜肴的文化展示；③服务人员的仪表姿态；④消费者在一种良好的文化氛围和气氛下就餐，心情和食欲自然不同。现代人对于吃是非常讲究的尤其吃文化，基于这一点，在就餐环境的气氛营造上，需要富有创意和文化内涵的业内人士来策划本次美食节整体环境的布置。3. 促销活动主题：轻松体验，更欢乐。形式：价格优惠，借节日开展促销，免费赠送酒水，现场活动派发神秘礼品，多重惊喜，意外收获。内容：在××美食节期间，免费赠送啤酒2支/桌。

以上案例是关于“××美食节”活动的策划方案的一部分，可以看到该方案是按照一定流程制作，主要包含活动主题、活动内容、活动时间以及活动形式等，内容详细。

该方案首先明确了活动主题，这是最关键的，对活动的开展效果有较大影响；活动内容则主要明确美食节活动要怎么开展，要达到什么效果，案例中介绍的是为了提升餐饮竞争力；然后就是对活动的具体内容进行介绍，明确要求。

食品卫生与安全管理，让顾客更放心

第9章

09

对于餐饮行业而言，食品卫生是客人最为看重也是最基础的要求，各项卫生指标合格才能让客人放心就餐。加强酒店餐饮部门的安全管理，既是对客人负责，也是对各岗位的工作人员负责。

9.1

厨房卫生严把控，提升菜品质量

在前面章节的讲解中都或多或少对厨房卫生要求进行了介绍，本节将在此基础上，重点对厨房的各项卫生要求进行介绍，有助于提升菜品质量。

9.1.1 厨房工作人员卫生管理

一个厨房一定要对工作人员的个人卫生进行规范管理，厨房工作人员的卫生状况不达标会影响菜品的质量，最终影响餐厅形象。

要管理好厨房工作人员的卫生，需要管理人员和工作人员共同努力，规范要求不能少，工作人员自身的基本素质也需要提高，如表 9-1 所示为厨房工作人员的卫生管理规范的介绍。

表 9-1　厨房工作人员卫生管理规范

方面	具体规范
工作资格	相关工作人员入职时需进行餐饮业健康检查，需持有卫生防疫部门的健康证书；每半年进行一次健康检查，无健康合格证者，不可上岗工作
个人卫生	个人卫生做到四勤：勤洗手，勤剪指甲，勤洗澡，勤换洗工作服。不得留长指甲、染指甲，工作时不得佩戴戒指、手镯和耳环等饰物。从业人员不得留长指甲或涂指甲油、戴戒指。操作前及接触不洁物品后必须洗手，接触直接入口食品之前要彻底洗手、消毒并戴一次性手套

续表

方面	具体规范
工作规范	工作人员进入厨房，必须戴好工作帽、穿好工作服，佩戴工号牌，保持衣冠的整洁；工作人员上厕所前应在厨房内脱去工作服；如厕后要用肥皂和清水洗手；在上班时间内禁止抽烟，任何时间都不许在厨房内抽烟
饮食操作规范	注意饮食操作卫生，砧板、灶台应时刻保持卫生清洁，冷拼在原料切配时应戴口罩，一次性手套，抹布应经常搓洗，不能一布多用，以免交叉污染。明档人员必须戴好口罩，工作人员应定期检查身体，以免传染病的感染
其他规范	在处理食物过程中，避免对着食物咳嗽和打喷嚏。如果手有创伤，应贴上防水膏药布贴于患处，并且在处理食物时，戴上一次性手套。若员工患上腹泻、发烧或其他容易传染食品的病症，应立即停工治疗，待查明病因、排除有碍食品卫生的病症或治愈后，方可重新上岗

下面通过具体的案例来看看厨房工作人员卫生管理的重要性。

在位于 ×× 市的一家中餐厅出现了多起食客在该餐厅就餐后有腹泻、发烧的现象，目前已被责令停业整顿，餐厅相关负责人被要求接受调查。

经调查发现，该餐厅厨房的卫生条件不达标，存在“餐厨垃圾”回收、从业人员健康证不齐全以及工作人员卫生状况不达标等情况。工作人员穿着随意，有的穿着工作服，但已经布满了污渍，而且工作人员的个人卫生不合格，都是用手直接接触食物。目前该餐厅已经被取消了营业资格。

从以上案例可以看到厨房工作人员卫生的重要性，该餐厅厨房的工作人员健康证不齐全、个人卫生不达标等情况，最终导致就餐的客人出现健康问题。

9.1.2 食品仓库卫生管理，防止食品变质

前面章节介绍了仓库的管理方法和规范，对食品原料的出入库进行了规范，这里主要介绍储存食品原料的仓库如何做好卫生管理，确保原料能够较好的保存，从而防止食品变质。

下面具体介绍食品仓库卫生管理的重点内容，如图 9–1 所示。

储存场所：餐厅食品贮存的场所中的设备应当保持清洁，无霉斑、鼠迹、苍蝇、蟑螂，不得存放有毒、有害物品（如：杀鼠剂、杀虫剂、洗涤剂、消毒剂等）及个人生活用品。库房不漏雨、不渗水、通风良好，避免阳光直射。

食品分类：各类食品要分库或分类、分架分开存放，并有明显标记。冷藏、冷冻食品要做到生、熟分开存放，并有明显标记。严格遵循先进先出的原则，变质和过期食品应及时清除。

管理人员：保管员应持有有效健康证明才能上岗工作，熟悉有关食品的卫生标准要求，具备相关卫生知识，了解各种食品可能存在的问题，掌握必要的食品感官检查方法。

存放要求：必须建立食品入库、出库登记制度，入库时要对入库食品进行检查验收，做好登记，禁止不合格食品进入库房。各类食品要隔墙、离地存放。一般要求离地 40 ~ 50 厘米，隔墙 30 厘米，货架间应有一定距离。

仓库管理：库房要定期清扫，经常通风，保持整洁、干燥。库房中要设不安全食品暂存区域及专柜，对库存食品要定期检查，及时处理变质或超过保质期限的食品。

图 9–1

仓库中除了存放各种各样的食品原料外，还可能会存放客人就餐所需的酒水，那么仓库酒水该如何存放才能保证酒水质量呢？具体介

绍如图 9-2 所示。

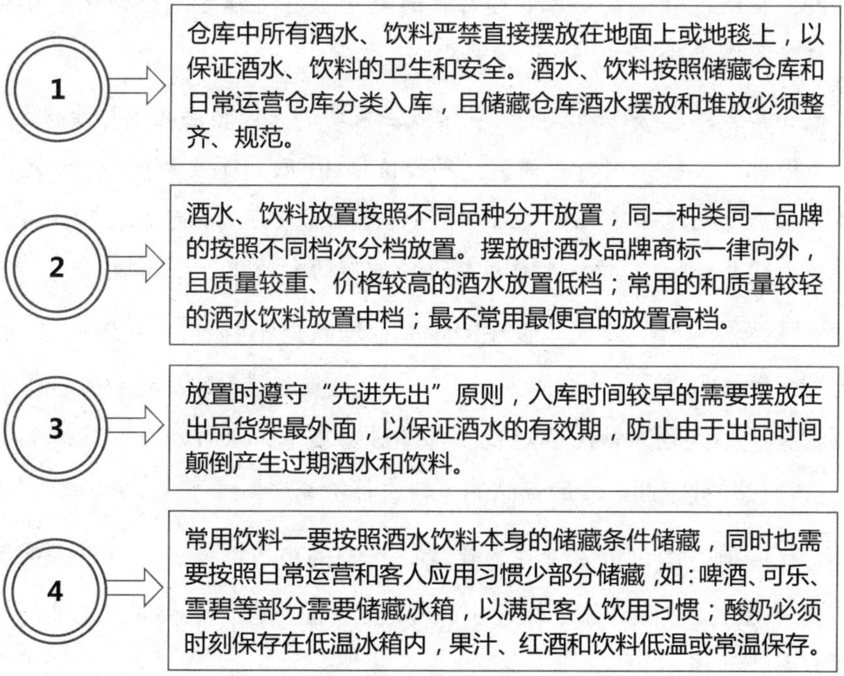

图 9-2

下面通过两个具体案例来看看该如何进行仓库卫生管理。

【案例一】2019 年 6 月 10 日，某县食品药品监管局执法人员在对辖区内某酒店进行检查时，发现该仓库食品原料摆放零乱，卫生状况较差。在该酒店食品库房货架上发现有 5 袋过期预包装食品保鲜银杏仁（2018 年 12 月 1 日生产、保质期为 6 个月）。

经调查，这些保鲜银杏仁是 2019 年 3 月 9 日从合法渠道购入的，为合法食品生产企业生产，共购进 100 袋，因为采购较多，货物积压，至检查时已经使用 70 袋，已使用的 70 袋无法查清是过期后使用的还是在保质期内使用的。

【案例二】2018 年 12 月底，某县级食品药品监管局执法人员对一家持有《餐饮服务许可证》的餐馆使用的预包装食品菜籽油进行监督抽检，抽检过程中在仓库靠近窗户的架子上有几桶食用油由于长期阳光照射已经变质。

在其食品库房内抽取了该餐馆依法采购的来源合法的菜籽油样品 3 桶（同批号 8 桶，剩余 5 桶），每桶价格 40 元，货值金额共 320 元；现场检查还发现库房的货架上放有 5 瓶超过保质期的预包装食品豆瓣，货值金额共 50 元，执法人员对超过保质期的食品进行了扣押。

从案例一可以发现该餐厅的仓库管理做得不够好，主要存在的问题有：食品摆放零乱、仓库卫生不达标以及食品过期没有进行处理等。要解决这些问题，就需要对仓库管理进行规范，加强对仓库管理人员的教育，并且定期对仓库存储的原料进行检查。

从案例二中可以发现该餐厅的仓库管理也存在问题，仓库管理人员没有将存放食品的架子放在阴凉的地方，而且存在原料变质的情况，需要引起重视。

以上情况都是餐厅原料存储需要注意的地方，需要管理人员和仓库管理人员避免。

9.1.3 食品制作过程卫生管理

食品制作是厨房主要的工作内容，当然也是卫生问题最容易出现的一个环节。

要想保证食品卫生、安全，加强食品制作过程的卫生管理是必不可少的，下面具体来看如何对食品制作过程的卫生情况进行管理，如表 9-2 所示为厨房烹调过程中需要注意的事项。

表 9-2　食品制作过程中的注意事项

方面	具体规范
烹调前检查原料	烹调前应认真检查待加工食品。发现有腐败变质或者其他感官性状异常的，不得进行烹调加工。不得将回收后的食品（包括辅料）经烹调加工后再次供应
食品加工管理	炒、烧食品要勤翻动。块状食品必须充分加热，烧熟煮透，防止外熟内生；食物中心温度必须高于 70℃；制作凉拌菜、烧卤熟肉、点心用原料要以销定量；隔夜、隔餐及外购熟食要回锅彻底加热后才能供应
成品或半成品存放	加工后的成品应与半成品、原料分开存放。需要冷藏的熟制品，应尽快冷却后再冷藏；待用烧卤熟肉、点心必须存放在凉冻间（柜），凉冻间（柜）内不能存放非直接入口的食品和需重新加工的食品及其他物品、私人用品
厨房用具管理	加工用具、容器、设备必须经常清洗，保持清洁，刀、砧板、盆、抹布用后须清洗消毒；直接接触食品的加工用具、容器必须彻底消毒；食品需要造型时必须使用经消毒的用具，食品容器应放入专用保洁柜内，不落地存放；工作结束后，调料要加盖，做好工具、容器、灶上灶下、地面墙面的清洁卫生工作
备餐与成品运输	备餐间及出菜通道要洁净，不能堆放任何杂物。备餐间（台）只能存放直接入口食品及必需的食具、工用具。分碟小菜、调味品应存放在专用柜内；运输成品要有专用带盖的运输车（箱），运输车（箱）要进行清洗、消毒，禁止露空运输
排污与废弃油脂的处理	加工场所“三防”、更衣和排污设施以及废弃物处理等应符合相关要求，废弃油脂管理符合有关规定；烹调废弃油脂应由专业的公司回收，餐厅经营者应了解回收公司的资质及废油回收后的用途，并应与该回收公司签订写有“废弃油脂不能用于食品加工”的合同，做好每次清理工作的记录和签收

在厨房进行烹调之前，对到达厨房的原料往往还需要进行一次粗加工，粗加工的具体操作流程在前面的章节已经有过详细的介绍，这里主要介绍在粗加工的过程中需要注意的卫生防护，具体介绍如表 9-3 所示。

表 9-3　粗加工过程中的卫生规范

原料	加工要求与规范
冷冻食品原料	解冻对于禽肉、海鲜的品质影响是很大的，一般应将解冻温度控制在 10℃左右，紧急情况下可以采用流水解冻带包装的食物，或者采用微波解冻
果蔬类	对于不需要热加工而直接入口的果蔬类，必须要专人、专室、专消毒、专工具和专冷藏，果蔬类须用卫生部门批准的消毒剂进行浸泡消毒，然后流水彻底清洗干净
分类加工	动物性食品和植物性食品要分别设立加工车间和加工用具，特别是加工用具，禁止混用
废弃物的处理	粗加工的废弃物要及时处理，做到地面、地沟无油渍、无积水、无异味等

9.1.4 食品添加剂卫生管理

食品添加剂主要是为改善食品色、香、味等品质，以及为防腐和加工工艺的需要而在食品中添加的人工合成或者天然物质。

食品添加剂并不是一定有害的，只有少量的食品添加剂会危害人体健康，如转化脂肪、精制谷物制品、高果糖浆等，一些无害的食品添加剂过量使用，也会影响人体健康。那么，酒店餐饮部门应当如何对食品添加剂卫生进行管理呢？具体介绍如表 9-4 所示。

表 9-4　食品添加剂使用卫生管理

方面	具体介绍
食品添加剂的采购	采购食品添加剂时必须向供货商索取生产厂商的卫生许可证复印件和同批产品检验报告单及购货凭证；进口食品添加剂必须有中文标识；采购的食品添加剂必须有包装标识和产品说明书（中文标识），标识内容包括品名、产地、厂名、卫生许可证号、规格、配方（主要成分）、生产日期、批号、保质期限、使用范围与使用量及使用方法等，并在标识上明确标示“食品添加剂”字样。食品添加剂有适用禁忌与安全注意事项的，应当在标识上给予警示性标示

续表

方面	具体介绍
食品添加剂管理	食品添加剂要专人负责保管，单独存放，并单独建立台账记录，严格出入库管理，保证消耗和库存与采购量相符；要严格管理亚硝酸盐等易引发食物中毒的食品添加剂，防止因管理不善造成食物中毒；不得使用标签模糊不清的或来源不明的食品添加剂
添加剂的使用	使用添加剂应配备专用的器具进行量取，用量要精确，并严格按标准添加。使用食品添加剂必须严格遵守《食品添加剂使用卫生标准》，在规定的使用范围和使用量内使用；严禁将非食品原料作为食品添加剂使用；餐饮单位使用食品添加剂应向卫生监督部门进行申报备案，新增加使用的食品添加剂品种要提前申报

下面来看看具体的案例。

某县级食品药品监管局的执法人员在城区一家中型餐馆检查时，发现其厨房操作间内摆放有一瓶规格为 500 克 / 瓶的食品添加剂“复配着色剂果绿”，货值金额 30 元，已开封使用后剩余 200 克，其外包装标签上无生产日期和保质期，执法人员当场依法扣押了该瓶“复配着色剂果绿”，并进行立案调查。

从上面案例可以看出，该餐厅厨房涉嫌使用非法渠道的食品添加剂“复配着色剂果绿”。该食品添加剂的外包装没有标注生产日期和保质期，不符合相关规定，使用该食品添加剂可能给客人身体健康造成影响。

外包装标签上无生产日期和保质期的食品添加剂“复配着色剂果绿”，已经开封，应认定其使用了该“复配着色剂果绿”制作成食品提供给客人食用，实质上属于经营了标签不符合《食品安全法》规定的食品添加剂的违法行为。《食品安全法》规定：食品添加剂应当有标签、说明书和包装。标签、说明书应当载明本法第六十七条第一款第一项至第六项、第八项、第九项规定的事项，以及食品添加剂的使用范围、用量和使用方法，并在标签上载明“食品添加剂”字样。

9.1.5 建立健全食品卫生检查制度

酒店餐饮部门应当建立健全本单位的食品卫生检查制度，配备专职或者兼职食品质量管理人员，做好对所经营食品的检验工作，依法从事食品生产经营活动。

下面具体介绍应当如何建立食品卫生检查制度，具体包含的内容如图 9-3 所示。

1. 建立食品管理机构，严格执行各项卫生制度，认真履行各岗位职责，配备卫生管理人员。
2. 厨房清洁卫生消毒做到：定人、定位、定质量，每天清洁消毒并作记载。
3. 管理人员及医务人员应当定期或不定期对卫生情况进行检查并做好记载。
4. 环境卫生要求：厨房清洁卫生，无垃圾、积水、污迹，墙角、天花板无污垢、蜘蛛网，玻璃明亮，洗碗池无沉渣，下水道通畅无阻。
5. 餐具卫生要求：餐具、炊具做到一清二洗、三消毒、四保洁，保洁布每天消毒，餐具消毒后立即放入保洁柜，防止二次污染。菜墩清洁、生熟分开，并有明显标识。灶台案板清洁无污垢，无油腻，擦布分开专用，冰箱、橱柜定期清洁消毒。

图 9-3

在实际的卫生检查过程中，还需要了解卫生检查的标准，需要相应的管理人员制定，由检查人员实施，具体内容如表 9-5 所示。

表 9-5　餐饮部卫生检查标准

标准	具体介绍
环境卫生标准	①地面清洁无杂物，桌椅保持洁净，门窗玻璃经常擦洗，四壁无尘，洁净舒适；②餐厅周围的垃圾污水经常清除，对残肴骨渣及时清理，餐厅内无杂物、清洁用品放进保管室；③洗手间勤冲洗、勤打扫，做到空气清新、无异味、清洁明亮；④餐厅、通道、工作区域采取有效措施，消灭苍蝇、老鼠和蟑螂等四害
个人卫生标准	①工作人员和服务人员勤洗手、修指甲；勤理发、洗澡；勤洗衣服；勤换工作服；②工作前后要洗手，定期进行体检；③厨房工作人员上岗着工作服、戴卫生帽；④女员工不浓妆艳抹，不涂指甲油
操作卫生标准	①每天清洗，用开水浸烫使用过的抹布、垫布，以减少、杀灭细菌，托盘等工具要保持清洁；②工作时，不能对着食品咳嗽、讲话、打喷嚏，不准随地吐痰；③坚决不出售腐烂变质的食品；④服务过程中要小心留意就餐者，患病者使用过的餐具要单独存放、消毒
餐具卫生标准	①无油腻、无水渍、无细菌；②餐具洗涤前先刮去盘、碗中的剩菜、剩汤，进行大、小餐具分类，分别清洗；③较油腻的盘碗需用热水清洗，放碱或洗洁精去油腻；④洗涤后用清水冲洗过清；⑤凡盛装直接进口食物、饮料的杯盘碗碟及所有小件餐具均实行消毒

9.1.6 定期进行健康检查，预防传染疾病

酒店餐饮部门需要对前来就餐客人的健康负责，俗话说“祸从口出，病从口入”，这在餐饮行业也是适用的。餐饮部门的工作人员、服务人员的健康会影响到客人的健康。

特别是一些流行的传染病以及影响食品安全的疾病都需要重点防护，所以要定期组织餐饮部员工进行体检，特别是对新入职的员工。下面具体介绍餐饮部员工健康检查制度。

◆ 餐饮工作（从业）人员每年必须定期进行健康检查。新参加工

作和临时参加工作的食品工作（从业）人员必须进行健康检查，取得健康证明后方可参加工作。

◆ 餐饮工作（从业）人员持有效健康合格证明才能从事食品生产经营活动，否则禁止参加餐饮工作。

◆ 餐饮工作人员凡患有痢疾、伤寒、病毒性肝炎等消化道传染病（包括病原携带者）、活动性肺结核、化脓性或者渗出性皮肤病及其他有碍食品卫生的疾病，不得从事接触直接入口食品的工作。

◆ 凡检出患有以上5类病的工作人员，要立即将其调离原工作岗位，待治疗康复后，开具相应的健康证，才能继续参加食品相关工作。

◆ 凡餐饮工作人员手部有开放性、感染性伤口，必须调离工作岗位，待恢复后才能再回原岗位工作。

餐饮人员要是以手工操作来加工烹调饭菜，向顾客提供服务的。其个人卫生至关重要，个人卫生的好坏，是饭菜食品卫生质量好坏的重要前提保障。因此还需要对从业人员进行卫生知识培训，具体介绍如下。

◆ 食品从业人员每年都要接受《食品卫生法》和食品卫生知识培训以及职业道德教育，取得当地主管卫生行政部门签发的卫生培训合格证明后方可上岗。

◆ 对新进人员及临时工应做到先培训后上岗。通过培训，懂得讲卫生的重要性，能自觉遵守各项操作卫生制度，防止食品污染，保障食品安全卫生。

下面通过具体的案例来看看。

××市市场监督管理局执法人员在日常监督检查中发现××餐厅从业人员刘某、王某未取得健康证明从事直接入口食品的工作，且该餐厅的厨房和就餐环境卫生状况不达标，存在较大的卫生隐患。

执法人员对 ×× 餐厅给予警告的当场处罚，并下达了责令改正通知书，责令食品从业人员立即停止从事接触直接入口食品的工作，整顿餐厅卫生并在取得健康证明后方可从事接触直接入口食品工作。

过了一段时间，执法人员再次对该餐馆进行监督检查，发现该单位从业人员刘某、王某仍未取得健康证明，且在从事直接入口食品的工作，执法人员当即吊销其营业执照并处以罚款。

通过上诉案例可以发现，该餐厅在经营过程中未遵守《食品卫生法》相关规定，违规经营，存在的问题有如下一些。

- 没有定期组织餐饮从业人员进行健康检查，未取得相应的健康证明。
- 餐厅厨房和就餐环境卫生不达标，有可能对消费者的身体健康产生不良影响。
- 相关执法人员责令整改后，该餐厅不思悔改、不进行违规事项整改只顾营业。

从上述案例可以知道，餐厅从业人员应当遵守相关规定，定期进行健康检查，确保食品卫生。

9.2 餐厅卫生管理，让顾客放心

除了厨房和餐饮工作人员的卫生需要相关管理人员引起重视外，作为客人就餐的重要场所，餐厅的卫生也需要进行重点管理，好的就餐环境才能给客人留下好印象。

9.2.1 量化考核制度确保就餐环境合格

前面章节在介绍餐饮卫生管理时对餐厅就餐环境的卫生管理已经有所介绍，其规范标准都基本相同，就不再重复介绍。本小节主要介绍如何通过制度确保餐厅就餐环境的卫生始终达标。

通过量化考核项目的方式，把每位员工的积极性充分调动起来，帮助员工养成良好的工作习惯，量化考核的流程如图 9–4 所示。

第一阶段	为了便于应用量化考核，首先要划分工作区域，量化工作项目，为所有员工做出相应的操作标准和规范。项目的多少可视酒店的情况进行增减。每项的分值为 1 分。
第二阶段	分值评定依据积分项目表中所列出的项目，为这些项目进行分值评定，级别分优、中、差三级。采取优得分、差扣分，中级不扣分不得分的原则，每项的分值为 1 分。
第三阶段	每个单项在卫生所检查范围内如果全部合格为优良，合格率达到 90% 为中，合格率低于 90% 为差。所检查的不合格项目必须在 10 分钟之内进行改正（可视具体情况安排），但最终必须达到 100% 合格。

图 9–4

下面是以具体案例量化考核的操作方法。

一名员工负责餐台项的卫生，就要以该项中所有内容作为评估对象，包括所辖范围的桌椅、酒具、餐具和桌布等，全部合格就是 100%，就要在该项中为其打“优”，记 1 分。如果这名员工还有其他项目的工作，也要分别为其做出相关的分值评定。卫生统计结果实行日计月结全员唱票制，即以每日每餐检查记录表为依据，月初开始记录，月终对记录结果进行汇总统计，统计方法如下：个人累计得分 = 个人累计“优”分－个人累计“差”分，得数为“正”的员工可以获得奖金奖励，得数为“负”的员工则接受处罚。个人所得奖金 =（差分总和 / 优分总和）× 个人累计得分，接收处罚时，每分的分值为 1 元，可视具体情况而定。

酒店这个月所有员工累计差分是 800 分，优分 500 分，那表示这个月的扣款总额是 800 元。员工王芳这个月得了 200 个“优”，无“差”，代入上面的公式，（800 ÷ 500）× 200=320 元。可得出，王芳这个月获得的奖金就是 320 元。

量化考核制度的建立不仅加深了员工对卫生工作中“量”的认识，还在潜移默化中培养了员工良好的工作习惯。需要注意的是，该制度要想顺利执行，卫生检查人员必须具备良好的职业素质，具有公平、公正的精神，这是保障这套制度能够顺利执行的前提条件。

9.2.2 6 步进行餐具消毒

餐具消毒也是餐厅卫生中较重要的部分，餐具的卫生不达标会直接影响客人的用餐，如何对餐具进行清洗消毒也是需要餐饮管理人员进行了解的。

在了解餐具消毒的方法前，首先需要知道餐具消毒有哪些方法，如表 9–6 所示。

表 9–6　餐具消毒的方法

方法	具体介绍
物理消毒	包括蒸汽、煮沸、红外线等热力消毒方法。 ①煮沸、蒸汽消毒保持 100℃，持续 10 分钟以上。可用于饮具、盆、毛巾、床上用棉织品的消毒。 ②红外线消毒一般控制温度 120℃保持 10 分钟以上。可用于饮具、盆、毛巾、床上用棉织品的消毒

续表

方法	具体介绍
化学消毒	1. 含氯消毒药物。①使用浓度应含有效氯250mg/L（又称250ppm）以上，公共用品用具全部浸泡入液体中，作用5分钟以上。可用于拖鞋、盆、饮具的消毒或用于物品表面喷洒、涂擦消毒。②化学消毒后的公共用品用具应用净水冲去表面的消毒剂残留。 2.75%乙醇 O 使用浓度75%的乙醇可用于盆、拖鞋等物体表面的涂擦消毒。消毒后的公共用品用具要自然滤干或烘干，不应使用手巾擦干，以避免受到再次污染。消毒后的饮具应及时放入餐具保洁柜内

常见的消毒方法主要有以上两种，除此之外，在对餐具进行清洁消毒的过程中有许多注意事项需要了解。

- ◆ 餐饮用具的清洗消毒必须在洁净区内划定专门区域进行处理，其清洗消毒设施必须做到专用，严禁在餐饮具清洗消毒设施内洗涤或放置其他任何物品。
- ◆ 采用物理法消毒（如煮沸、蒸汽消毒、红外线消毒等），应按照“一洗、二清、三消毒”的程序进行处理，消毒时应严格控制其温度、压力和时间。
- ◆ 采用化学消毒法消毒（如含氯制剂等化学药品消毒）的，应按照“一洗、二清、三消毒、四冲洗”的程序进行处理，严格掌握消毒药液配制的浓度、浸泡的方法和时间。

加油站

在完成餐具的消毒后，还需要注意的是餐具的合格标准。餐饮用具的清洗消毒应做到表面光洁、无油渍、无异味、无药液残留，符合卫生要求。餐饮用具使用后应及时洗净，定位存放，保持清洁。消毒后的餐饮用具应贮存在专用保洁柜内备用，保洁柜应有明显标记。

在了解了消毒的方式和注意事项后，就需要知道餐具消毒的具体步骤，主要可以分为 6 个步骤，如图 9-5 所示。

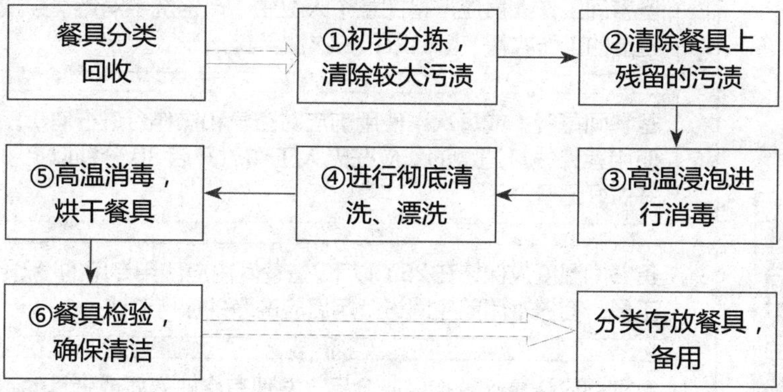

图 9-5

除此之外，洗碗机也是进行餐具清洗和消毒的常用工具之一，若是要使用洗碗机，相关工作人员应当了解其具体的使用方法，同时还应注意以下一些问题。

- ◆ 餐具在洗涤架上的摆放应符合设备的具体要求，要有规律的摆放，不可乱堆乱放，以免影响洗涤消毒的效果。
- ◆ 洗碗机工作水温控制在 80℃左右。
- ◆ 洗涤用品、消毒液应临时配制，随时更换。
- ◆ 洗消完毕后，应按照规定的洗涤消毒要求检查餐具洗涤、消毒的效果，达不到卫生要求的，应重新进行洗涤、消毒。
- ◆ 洗碗机应经常检修，保持其正常的工作状态。

9.2.3 备餐间卫生管理细节

备餐间即预备开餐所需要物品的场所。一般备餐间是餐馆厨房产品与餐厅前厅服务中联系较为广泛和接触最为密切的一种必需的设计，备餐间的清洁卫生也是需要管理者和经营者引起重视的。

备餐间的卫生管理的具体细节要求如图 9-6 所示。

备餐间卫生管理

- 备餐间内应当由专人加工制作，非操作人员不得擅自入专间。备餐间工作人员应严格注意个人卫生，严格洗手消毒，穿戴整洁的工作衣帽，戴口罩和一次性手套。
- 备餐间每餐（或每次）使用前应对空气和操作台进行消毒。使用紫外线灯消毒的，应在无人工作时开启30分钟以上，并做好记录。
- 备餐间温度应保持在25℃以下。备餐间内应使用专用的设备、工具、容器，用前应消毒，用后应洗净并保持清洁。
- 售菜前应认真检查待供应食品，发现有腐败变质或者其他感官性异常的，不得供应。操作时应避免食品受到污染。
- 烹饪后至食用前需要较长时间（超过两小时）存放的食品应当在高于60℃或低于10℃的条件下存放。
- 工作结束后，清理备餐间卫生，备餐台无油渍、污渍、残渍，地面卫生清洁。

图9-6

除了规范备餐间进行卫生管理外，管理人员还可以定期安排相应的人员进行备餐间卫生情况检查，确保备餐间卫生状况始终达标。如表9-7所示为某餐厅的备餐间卫生检查表，其中详细介绍了备餐间卫生检查内容等。

表9-7　备餐间卫生检查表

一、日常卫生 1. 检查清理垃圾桶、地面防滑毯、下水道、墙面、顶棚、不锈钢橱面、拖把架、挤水车。 2. 检查清理开餐所用物品的卫生。 3. 整理备餐橱。 二、计划卫生 周一：第一宴会厅备餐间清理。周二：第二宴会厅备餐间清理。周三：中心宴会厅备餐间清理。周四：多功能厅备餐间清理。周五：海鲜厅及走廊清理。周六：备餐间清理。周日：海鲜城备餐间清理。

续表

日期	检查人	检查情况

通过定期对备餐间进行检查，了解备餐间的卫生状况，根据检查结果对相应的工作人员进行考核，从而起到约束作用。

9.3 安全管理，将隐患降到最低

酒店餐饮部门需要加强全体员工的安全教育，规范员工操作，避免出现安全隐患。如果面对已经出现的安全问题，要及时解决，并找出事故缘由，加强教育，避免再次发生。

9.3.1 厨房火灾安全防护

火灾是餐厅厨房容易发生的灾害，厨房引起火灾的主要因素有大量堆积易燃油脂、煤气炉未及时关闭、煤气漏气、油温过高、电气设备未及时切断电源或超负荷用电等。

下面首先来看一个案例。

8 月 11 日 5 时 45 分，×× 派出所接到报警称，位于 ×× 区一餐厅厨房突发火灾，情况十分危急。

派出所巡逻、消防民警立即赶赴现场进行扑救，而正在附近晨练的 ×× 公司保安也参与了救火。在全体救火人员的努力下，不到 10 分钟就将明火扑灭。

火灾造成厨房的整条排烟管被烧坏，屋顶被浓烟熏黑，所幸没有人员伤亡。随后，×× 派出所消防民警迅速展开火灾调查、证据采集等相关工作。

据现场勘查，综合相关调查，发现是该餐厅厨师王某在炸麻团时疏于看护，竟在未关炉火的情况下离开厨房长达20分钟。导致油锅着火，并沿油烟管道蔓延，引起火灾。

根据《中华人民共和国消防法》规定，厨师王某因过失引发火灾的违法行为。被 ×× 警方依法处以行政拘留 10 日的处罚。

由以上案例可知，厨房工作看似简单，其中却隐藏着较多的安全问题，需要相关管理人员和工作人员共同引起注意。该例中的厨师王某，玩忽职守，没有基本的职业素养，最终导致严重的后果。

下面具体介绍厨房工作环境中存在的火灾隐患有哪些，以及应该如何实施灭火，如表 9-8 所示。

表 9-8　常见的火灾隐患及处理办法

起火原因	具体介绍	处理办法
燃料多	厨房是使用明火进行作业的场所，所用的燃料一般有液化石油气、煤气、天然气、碳和酒精等，若操作不当，很容易引起泄漏、燃烧	一旦出现火灾险情，应使用消防沙和专用灭火器进行灭火
油烟重	厨房常年环境比较潮湿，燃料燃烧过程中产生的不均匀燃烧物及油烟很容易积累下来，形成一定厚度的可燃物油层和粉层附着在墙壁和抽油烟机上，就有引起油烟火灾的可能	

续表

起火原因	具体介绍	处理办法
电气线路隐患	厨房设备种类繁多，用火用电设备集中，且厨房较潮湿，使用不当，电气线路容易造成短路	第一时间拉下总闸，如只发现电器打火冒烟，断电后，火即自行熄灭；如果是导线绝缘和电器外壳等可燃材料着火时，用干粉灭火器扑救。如无灭火器也可用湿棉被等覆盖物封闭窒息灭火。未拉下总电闸前，万万不可用水扑救电器火灾
用油不当起火	食用油因油温过高起火或操作不当使热油溅出油锅碰到火源引起油锅起火是常见的现象，如扑救不当就会引起火灾	用锅盖盖住起火的油锅；用手边的大块湿抹布覆盖住起火的油锅，要注意到覆盖时不能留下空隙；如果厨房里有切好的蔬菜或其他食物，可沿着锅的边缘倒入锅内，利用蔬菜、食物与着火油温度差，使锅里燃烧着的油温迅速下降

虽然出现险情的处理办法需要了解，但是防患于未然，有效避免险情的发生，却是更为重要的。下面具体介绍厨房防火的要点。

- ◆ 厨房必须保持清洁，染有油污的抹布、纸屑等杂物应随时清除，炉灶垢常清洗，以免火屑飞散引起火灾。
- ◆ 炒菜时切勿随便离开，或分神处理其他厨务，或与人聊天。
- ◆ 油锅起火时，关闭炉火，立即用锅盖紧闭，使之缺氧而熄；锅盖不密时，就近用酵粉或食盐倾入，使之熄灭。
- ◆ 烟囱顶端，应装不锈钢的防护罩，以防火星飞散。
- ◆ 各种电器设备在不用时间或用完后切断电源，不能超负荷使用电气设备，发现电气设备接头不牢或发生故障时，应立即报修，修复后才能使用。
- ◆ 每天倒空锅中的残油脂，煮锅或炸锅不能超容量及超温度使用。
- ◆ 易燃、易爆危险物品，不可靠近火源，例如：酒精、汽油、煤气罐等，不可放置于炉具或电源插座附近。

◆ 发动机使用过久常会生热起火，应切实注意检修与保养。

◆ 用电烹煮食物，须防水分烧干起火，用电切勿利用分叉或多口插座同时使用多项电器。

◆ 电线除旧：外部绝缘体破裂或插座损坏，立即更换修理；发现电线起火时迅速切断电源，切勿用水泼覆其上，以防导电。

◆ 使用煤气钢瓶不可横放以及开关不可有漏气现象，万一煤气泄溢室内，容易引起火灾及中毒之危险。

◆ 万一起火，要立即求援消防中心，在消防队未到之前，自己要先抢救，油类起火最好是用消防沙或灭火器来灭火。

◆ 平时注意员工消防培训，灌输员工救火常识，实施救火编组，训练消防器材的正确使用方法。灭火器及消防火栓袋经常检验，以免失效。

9.3.2 厨房燃气使用安全管理

厨房各种燃气的使用需要进行重点规范，燃气使用不合理容易出现安全事故，造成较大危害。

下面首先来看一个具体案例。

8 月 14 日 12 时 05 分，在罗湖区某餐厅厨房内发生一起燃气泄漏火灾。

经消防民警现场调查，发生火灾的原因是厨房工作人员林某在拆除了厨房中的燃气灶后，仅简单用塑料胶袋套住连接燃气灶的液化石油气胶管气口并用铁丝捆扎处理。

导致其他工作人员姚某在不知情的情况下，扭开煤气瓶阀门点火煮食时，因捆扎铁丝塑胶袋的液化石油气胶管泄漏造成火灾。

事发后，林某对过失引起火灾的行为供认不讳，警方已对其做出行政拘留 10 日的处罚。

由以上案例可知，厨房工作人员林某违规操作，拆卸燃气灶后没有按照规定进行固定，最后导致其他工作人员在不知情的情况下使用，出现安全事故，自己最终也受到相应的处罚。

为进一步强化厨房安全管理，确保天然气（液化气）使用及燃气设备运行安全，防止发生爆炸和火灾事故。下面具体介绍厨房燃气安全管理的相关措施，如图 9-7 所示。

1. 厨房必须建立防火安全责任制，由专人具体负责燃气设备的日常安全检查，确保设备安全可靠运行。
2. 厨房管理人员、使用人员必须懂得天然气性质、火灾危险性、防火措施及使用操作方法，掌握防火、灭火知识，并经过专业培训合格。
3. 使用天然气要严格遵守操作规程，点气时要按火等气的原则，先点火后开气。使用燃气灶具要按说明书要求正确操作。
4. 使用燃气灶具时，不得离开现场，防止火被溢出的汤水或风扑灭，造成漏气。
5. 对燃气灶具等设施，半年进行一次全面检查，及时消除安全隐患。灶具发生故障时，不要强行使用，需请专业人员修复。
6. 厨房工作结束时，最后离开厨房的人员，要认真检查确认厨房区域安全后关闭门窗；关闭一切不必继续工作的设备电源，确认燃气总开关处于关闭状态，确认可燃气体报警系统能够正常运行后方可离开，以免带来安全隐患。

图 9-7

加油站

燃气是否泄漏的检查方法：用肥皂水刷在管道接口处，如果有气泡冒出，证明该处漏气，需要进行修理；定期对灶具连接胶管进行检查，发现老化、磨损立即进行更换。

发现漏气时（或可燃气体报警装置出现报警信号时），立即关闭气源，清除火种，切勿启动和关闭电气（及照明）设备，打开门窗通风（直至可燃气体报警信号自行停止），再进行检修。

9.3.3 厨房生产安全管理

餐厅厨房生产安全管理主要是为了确保厨房的生产安全与厨房人员的安全，避免或及时解决各类不安全问题的发生。下面具体介绍厨房生产过程中需要加强管理的具体事项，如表 9–9 所示。

表 9–9 厨房生产管理具体事项

管理	具体介绍
刀具管理	对厨师使用的各种刀具要严格进行管理，严格按要求使用和放置刀具，不用时应将刀具放在固定位置，不准随意拿刀具吓唬他人，或用刀具指对他人。收档后应将刀具放在固定位置存放，厨师不准随意把刀带出厨房
设备管理	厨房的各种设备均由专人负责管理，他人不得随意乱动，定期检查厨房的各种设施设备，及时消除安全隐患；对于厨房的抽油烟机及管罩，要定期进行清理，在清洗厨房时，不要将水喷洒到电开关处，防止电器短路引起火灾
基本操作管理	厨房工作人员要熟练掌握各种机械设备的使用方法与操作标准，对各种机械设备使用时应严格按操作规程进行操作，不得随意更改操作规程，严禁违章操作。设备一旦开始作业运转，操作人员不准随便离开现场，对电器设备高温作业的岗位，作业中随时注意机器运转和油温的变化情况，发现意外及时停止作业，及时上报厨师长或经理。遇到故障不准随意拆卸设备，应及时报修，由专业人员进行维修

续表

管理	具体介绍
经常进行安全检查	每天下班前要逐一检查油路、阀门、气路、燃气开关和电源开关的安全情况，如果发现问题应及时报修，严禁私自进行处理；禁止使用湿抹布擦拭电源开关，严禁私自接电源，不准带故障使用设备。下班后要做好电源和门窗的关闭检查工作；掌握厨房和餐厅内消防设施和灭火器材的安置与使用方法，经常对电源线路进行仔细检查，发现超负荷用电及电线老化现象要及时报修，并向上级汇报
问题处理	一旦发生火灾，应迅速拨打火警电话并简要说明起火位置、部门，尽量设法进行灭火，并根据火情组织引导客人安全撤离现场；厨房如果发现被盗现象，值班人员或发现人员应做好现场的保护，并及时报上级进行处理，并协助领导了解情况

相关管理人员在进行厨房生产安全管理时可以采用责任制，加强检查。各部门主管负责每天餐后收尾的安全检查工作并由厨师长监督复查，如出现问题及时处理并上报。如出现重大责任事故，追究厨师长、经理以及总经理的责任。

现实中酒店厨房设备安全事故时有发生，安全管理措施、办法及规章制度的制定就尤为重要。如何制定有效的安全防范措施，将安全隐患消灭在萌芽中显得尤为重要。下面对防范措施进行具体介绍。

◆ 厨房内的电器设备设施应严格按国家技术规范铺设，严禁出现“以铝代铜”的现象。厨房铺设电器线路应采用绝缘导线穿硬 PVC 塑料管或钢管进行明、暗铺设。管口及管与管之间、管与其他附件相连时，应采取相应的防火措施，或采用瓷瓶明线铺设以及铅皮线、塑料护套线明设。

◆ 操作人员应及时关闭所有的燃气燃油阀门，切断气源、火源后方可离开。制定合理的厨房设备安全奖罚制度。

◆ 严格遵守酒店消防安全管理规程，厨房员工要按照操作程序操作灶具等器材。如部门内发生火灾、伤残等安全事故，根据情节轻重分别处以口头警告、书面警告、最后警告和开除处理，在出现恶性事故时，事故当事人及相关负责人重处，酒店保留追究刑事责任的权利。

◆ 厨师长为本部门的防火安全责任人，本部门出现责任事故，由本部的防火责任人负责。

◆ 厨房内应配备灭火毯，用来扑灭各类油锅火灾。另外，厨房内还应该配置一定量的干粉灭火器设施，并应放置在明显部位，以备紧急时所需。

厨房生产安全是酒店餐饮经营中需要特别注意的，也是厨房工作中最容易出现问题的，需要管理人员注意。

9.3.4 加强对员工的安全教育培训

在酒店的经营过程中要做好经常性的安全教育培训，只有通过安全生产教育培训才能实现从“要我安全”到“我要安全”的转变，安全教育培训要从“四不伤害”原则入手。

“四不伤害”原则主要指的是不伤害自己、不伤害他人、不被他人伤害以及保护他人不受伤害，具体介绍如表 9-10 所示。

表 9-10 “四不伤害”的具体介绍

原则	具体介绍
不伤害自己	提高自我保护意识，不能由于自己的疏忽、失误而使自己受到伤害。它取决于员工自己在餐饮工作中的安全意识、安全知识、对工作任务的熟悉程度、岗位技能、工作态度、工作方法、精神状态以及作业行为等多方面因素
不伤害他人	他人生命同样宝贵，不应该被忽视，保护同事是每一个餐饮工作人员应尽的义务。不能在工作中因操作不当对同事或其他人员造成伤害

续表

原则	具体介绍
不被他人伤害	人的生命是脆弱的，变化的环境蕴含多种可能失控的风险，他人不应该对你的安全造成伤害
保护他人不受伤害	餐饮工作中的每个成员都是团队中的一分子，要担负起关心爱护他人的责任和义务，不仅自己要注意安全，也要保护团队的其他人员不受伤害，这是每个成员对集体中其他成员的承诺

这其中的内涵就是首先要保护好自己，但要在教育的内容和形式上多样化，才能让员工接受。

安全教育开展之前首先要明确安全教育培训的具体内容，只有确定了培训内容，才能更好实施，如表 9-11 所示。

表 9-11　安全教育培训的具体内容

培训内容	具体介绍
安全生产法律法规	安全生产已经提升到法律的高度，违反安全生产的法律法规、规章制度和操作规程就是违法行为。要通过法律法规的学习使员工了解法律赋予自己的权利和履行的义务，充分认识国家对安全的重视程度，使员工在安全意识的情感上得到强化认知
安全生产的管理制度和相关的安全知识	让全体员工明白这些管理制度和安全知识是用无数的生命和鲜血，用巨额的财产损失换来的，在工作中我们要遵章守纪、严格执行操作规程才能杜绝安全事故的发生，通过这方面的学习教育，使员工的安全意识从理性上逐步形成
危险源告知及控制措施学习	因为我们的员工对自己从事的工作工序总是有着理性的认识的，学习起来容易被员工接受。通过学习，员工对自己从事的各项工作存在的各种风险和如何控制这些风险能够有一个更清晰的认识和了解，安全意识进一步得到加深和巩固
结合生产事故进行案例分析	分析事故发生的原因和过程， 结合酒店实际情况做到举一反三，从中汲取教训。杜绝同类事故在自己的岗位上发生，从而得到强化安全意识的目的

除此之外，开展多样化的安全教育培训，能避免员工出现抵触情

绪，下面进行具体介绍，如图 9-8 所示。

集中教育：新员工上岗、员工转岗以及节后复工等，都必须集中培训，并且在考试合格后方可上岗。上岗前保证员工都能够对安全问题引起重视。

宣传教育：通过警示标语、安全手册、亲人安全寄语、现场会议以及有奖知识问答等，来营造浓厚的安全生产氛围，让员工时刻注意安全。

情感教育：要求全体员工牢记亲人和朋友的嘱托，知道父母之心难违，失去亲人的悲痛难忍，使员工明确自己的安全、健康及家庭幸福之间的关系，以此来激发员工重视安全的热情，从而自觉遵章守纪。

班前会教育：班前会讲安全是一项必须坚持的教育制度，通过班前会讲安全使员工知道如何控制当天工作中存在的不安全因素，从而规范员工的作业行为。

图 9-8

要提高员工的安全意识必须要求全体员工时时想安全，处处注意安全，常常不忘安全，只有这样才能使员工真正在意识上明白，安全在我心中、在我手中的真正含义，员工的安全意识就自觉形成了。

加强思想政治工作，不能单靠说服教育，也不能只靠行政手段罚款来解决。既要宣传教育来引导，也要有行政手段处罚相辅佐，两者缺一不可。

提高员工的安全意识，必须有一个循序渐进的过程，这是一项长期而艰巨的工作，必须持之以恒，做到安全生产“年年讲、月月讲、天天讲、时时讲”，形成良好安全生产环境。员工生活在这样良好的大环境里，安全意识就会自觉逐步深化和提高，形成安全生产、坚不可摧的防线。

9.3.5 食品留样，防止食物中毒

为切实保障宾客饮食安全，为有效查处食物中毒等突发公共卫生事件提供可靠依据，根据《食品卫生法》《餐饮卫生管理规定》等法规要求，必须食品留样。下面首先了解哪些情况下需要进行食品留样。

- ◆ 党和国家领导人的视察活动。
- ◆ 外国政府代表团的访问活动。
- ◆ 市级以上政府部门组织的大型会议。
- ◆ 配送的集体用餐。
- ◆ 经贸洽谈会、糖酒会、博览会、运动会等大型活动。
- ◆ 婚丧嫁娶及各类集体聚餐等宴会，超过 100 人者。

酒店餐饮部门食品留样具体需要注意哪些事项呢？下面进行具体介绍，如表 9-12 所示。

表 9-12　食品留样操作的注意事项

注意事项	具体介绍
如何采样	采集操作过程中或加工终止时的样品。对于餐饮单位，不同食品品种分别用不同容器盛装留样。防止样品之间污染；留样容器应专用并经消毒确保清洁，样品应密闭保存在留样容器里。对于配餐企业，可以直接在配送好的集体用餐盘中采集，每个品种留样量不少于 100 g，最好达到 250 g
样品保存	样品必须由专人负责保管，使用经消毒的专用取样用具和样品存放的专用冷藏箱。留样样品采集完成后应及时存放在 5℃ 左右的冷藏条件下，保存 48 小时以上，不得冷冻保存
标记样品	原则上留样食品应包括所有加工制作的食品成品，并做好留样记录和样品标记，每份样品必须标注品名、加工时间、加工人员以及留样时间（×× 月 ×× 日 ×× 时）。其他情况则可根据需要由卫生监督机构或餐饮单位自行决定留样品种

续表

注意事项	具体介绍
样品处理	留样食品不得回收再食用。一旦发生食物中毒或疑似食物中毒事故，应及时提供留样样品，配合卫生监督机构进行调查处理工作。不得有留样样品而不提供或提供不真实的留样样品，影响或干扰事故的调查处理工作

为了使留样工作规范化，确保样品鉴定客观真实，相关管理人员还需要了解规范的留样操作流程是怎样的，如图 9-9 所示。

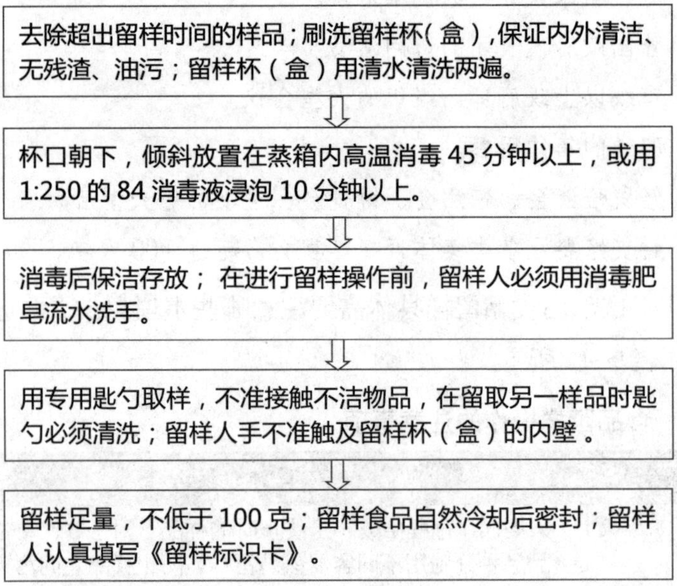

图 9-9

加油站

留样工作的操作规范：样品的留样时限通常为 48 小时，特殊情况下，未经批准不得处置；一种食品用一个留样杯（盒）；留样冰箱要专箱专用，温度控制在 4℃以下，冰箱要清洁无异味。

9.3.6 做好消防安全防护，防患于未然

为了加强和规范酒店的消防安全管理，预防火灾和减少火灾危害，充分保障酒店内旅客、员工的人身和财产安全，就需要做好消防安全防护。下面具体介绍消防安全防护的具体措施，如表 9-13 所示。

表 9-13 消防安全防护的具体措施

防护措施	具体介绍
制度化管理	实行各部门岗位防火责任制，做到所有部门的消防工作，明确有人负责管理，各部门均要签订《安全生产责任书》；设立和健全各项消防安全制度，包括门卫、值班负责人逐级防火检查，用火、用电、易燃、易爆物品安全管理，消防器材维护保养，统计好值班经理安全消防巡查记录；酒店内所有仓库的消防必须符合要求，包括照明、喷淋系统、消防器材的设施、通风、通道等设置
设施器材管理	酒店内消防器材、消防栓必须放置在消防管理部门指定的位置；酒店内部门开关必须有专人管理，每日的照明开关、冰箱开关等统一由专人开关，其他电力系统的控制由工程部负责。如因工作需要而改由部门负责，则部门的管理人员和实际操作人员必须对开关的正确使用接受培训
操作规范管理	各种电器设备、专用设备的运行和操作，必须按规定进行操作；禁止私接电源插座、乱拉临时电线、私自拆修开关和更换灯管、灯泡、保险丝等；部门下班及工作结束后，要进行电源关闭检查，保证各种电器不带电过夜，各种该关闭的开关处于关闭状态
消防知识培训管理	酒店需要定期组织消防培训、消防演习，各种消防宣传教育的资料需要进行备案，全面负责酒店的消防预防、培训工作。各部门须具备完整的消防报告和电器设备使用报告等资料；对新老员工进行消防知识的普及，对消防器材使用进行培训，特别是消防的重点部门，要进行专门的消防训练和考核，做到经常化、制度化
易燃易爆品的管理	易燃品，如高度白酒、果酒，只能适量存放，便于通风，发现泄漏、挥发或溢出的现象要立即采取措施

了解了消防安全的具体防护措施后，为了更高效地执行相关管理措施，还需要定期进行消防安全检查。

- ◆ 值班经理每天进行防火检查，同时酒店经常组织小组不定时的检查线路及电源。检查中不留死角，确保不留下发生火情的隐患，发现问题及时记录整改。
- ◆ 部门经理、主管每周要进行一次消防自查，发现问题及时汇报领导（口头或书面材料）。
- ◆ 对火险隐患，做到及时发现，登记立案，抓紧整改；限期未整改者，进行相应处罚；对因客观原因不能及时整改的，应采取应急措施确保安全。
- ◆ 检查酒店员工对于相关操作程序是否了解，是否熟知在紧急情况下应当采取怎样切合实际的措施。

加油站

仓库消防安全防护的具体措施：仓库的主通道宽度不少于 2 米，通道保持畅通；库房中不能安装电器设备，所有线路安装在库房通道的上方，与商品保持一定距离；消防喷淋头距离商品必须大于 50 厘米；仓库必须配备消防器材，消防器材的位置附近不能存放商品与杂物。

酒店餐饮管理模板与表单，助力管理工作

第10章

10

酒店餐饮管理离不开各种各样的规范表单及模板，管理人员在进行管理的过程中可以借助规范的表单让各个工作流程井然有序，让工作中的问题有相应的规范可以参考，从而降低管理工作的难度。

10.1

员工管理的常用表单与模板

餐饮部门的日常工作较为烦琐，对员工的要求较高，因此，需要加强对员工的管理。下面具体介绍在进行员工管理的过程中将会涉及的表单及模板。

表单 培训申请表

培训申请表

申请部门		申请人		申请日期	
培训方式		期限			
培训对象 共　　人					
申请原因：					
培训内容：					
申请部门负责人意见： 签名：　日期：					
管理者代表意见： 签名：　日期：					

编号：　　　　序号：

表单 培训满意度的调查表

培训满意度调查表

课程名称		培训讲师	
培训日期		培训地点	

说明：1.本表请受训学员如实填写；
2.请在你认可的选项上打"√"；
3.请你给予真实的反映评价，以帮助我们对将来的培训计划进行改进。

序号	评估项目	差　　中　　优
1	课程设计是否合理？	□1 □3 □ 4 □ 5 □ 7 □ 8 □10
2	培训目标是否已达到？	□1 □3 □ 4 □ 5 □ 7 □ 8 □10
3	教材讲义编写质量如何？	□1 □3 □ 4 □ 5 □ 7 □ 8 □10
4	讲课内容是否丰富，吸引人？	□1 □3 □ 4 □ 5 □ 7 □ 8 □10
5	对所讲内容掌握得深、内容是否切题？	□1 □3 □ 4 □ 5 □ 7 □ 8 □10
6	讲师讲解技巧如何？	□1 □3 □ 4 □ 5 □ 7 □ 8 □10
7	培训时间安排是否妥当？	□1 □3 □ 4 □ 5 □ 7 □ 8 □10
8	是否与学员有较好互动？	□1 □3 □ 4 □ 5 □ 7 □ 8 □10
9	培训内容是否紧密结合实际？	□1 □3 □ 4 □ 5 □ 7 □ 8 □10
10	培训内容能否应用到岗位工作上？	□1 □3 □ 4 □ 5 □ 7 □ 8 □10
	总评分	
你的其他意见：		

非常感谢你的参与，谢谢合作！

表单 考勤表

考勤表

部门：　　　年　　月　　填表人：　　负责人：

序号	姓名	1	2	3	4	5	6	7	8	9	10	11	12	13	14	15	16	17	18	19	20	21	22	23	24	25	26	27	28	29	30	31	合计

请按符号记录：　到√　迟到△　公假G　事假+　病假□　产假○　旷工×　早退#　考勤员：

表单 员工晋升表

员工晋升表

时间：

类型：试用期提前转正□　　岗位调整□

姓名		籍贯		年龄		入职时间	
原部门				原职位			
晋升部门				晋升职位			
部门经理评语与意见							
人事部意见							
总经办意见							
备注	1.此表适用于公司所有员工； 2.职位与工资级别参考公司正式员工工资标准表执行； 3.晋升职位在审核通过后，即时办理交接转岗；晋级工资按晋升审核通过日的下个月起计算发放； 4.此表审批程序按总经理办公室授权执行； 5.此表由人事部统一核准、归档与管理。						

本人签名：

模板 员工工装及工号牌管理规定

员工工装及工号牌管理规定

一、目的

为了树立公司员工的良好形象，进一步规范员工的着装及工号牌佩戴管理，建立完善管理制度，特制定本管理规定。

二、适用范围

适用于公司各部门。

三、职责

1. 综合部负责员工工装、工号牌的制作、配置、收发及管理；

2. 各部门负责人或其指定人员负责对本部门所有工装的着装及工号牌佩戴的管理。

四、工作程序

1. 工装的发放及退回规定

（1）员工入职时，由公司物资管理员根据员工《入职申请表》，按该岗位的工装配置标准发放，并做好《个人领用登记表》记录；

（2）员工离职时，需将配置的工装退还公司综合部物资管理员处，退还前应检查工装是否完好、整洁；

（3）员工工装配置分为冬装和夏装；

（4）公司全体员工配发工作服及工号牌。

2. 着装标准

（1）冬装标准：管理层、协管类员工统一着公司配发的深色西服，衬衣，男员工系领带；工程类、保洁类、酒店管理部、洗衣房人员统一着公司配发的长袖工作服；

（2）夏装标准：管理层、协管类人员，男性员工统一着公司配发的短袖上衣，深色长裤，系领带；女性员工统一着配发的短袖上衣，深色齐膝短裙；工程、保洁类人员统一着公司配发短袖上衣，长裤。

3. 着装要求

（1）工装为工作时间使用，员工在岗期间必须按规定着工装，就餐时间可以不着工装，下班休息时间原则上不得穿着工作服外出（因工作需要除外）；

（2）员工着装时应保持服装的平展、整洁、配套，领、袖口扣好，不得挽起袖子或卷起裤脚（特殊岗位需经公司书面同意后可酌情处理）；

（3）男员工着衬衣时应打好领带；女员工着裙装时，裙长不得短于膝盖以上 15 公分，应着肉色透明丝袜，丝袜袜口不得裸露在裙子外面，且无破损；

（4）员工着装时的鞋、袜要无异味，鞋面保持洁净；除有特殊要求外，公司内不得穿拖鞋及拖鞋式凉鞋；

（5）工作以外时间，凡是代表公司出席的重要场合，如会议、对外接待、商务谈判以及招商等工作，参与活动的员工均需着职业装，并佩戴胸牌；

（6）行政人员周五可着便装（有特殊接待任务除外）；

（7）冬季因天气原因，特殊情况下由综合部统一安排着装

模板 餐饮员工激励制度

餐饮员工激励制度

第一条 目的

本公司所制定的奖金除评核从业人员之间的尽职程度、服务及贡献程度等给予其评定外，对于员工福利及内容创业制度，亦详加规定。

第二条 适用范围

凡任职满 14 日以上的正式任用员工皆适用；但部分奖金的支付办法，亦可适用于兼职人员。

第三条 奖金结构

本规则所制定的奖金，包括下列项：

（一）模范员工奖。

（二）礼貌奖。

（三）最受欢迎奖。

（四）工作绩效奖金。

（五）考勤奖金。

（六）激励奖金。

（七）介绍奖金。

（八）全勤奖金。

（九）奖学金。

（十）礼金及慰问金。

（十一）瓶盖费。

（十二）年节奖金。

（十三）年终奖。

……

第四条 模范员工奖

每月由各部门主管人员依工作敬业态度及考核成绩，挑选一名工作表现优异的从业人员（含兼职人员） 呈综合部人事组评核后（模范员工名额掌握在员工总数的 1%～3%的范围内），于每月一日在启动大会中表扬；评选出的月度模范员工在店内通报嘉奖以激励员工士气。

认定途径：店内员工考核表；

奖励周期：每月；

奖励标准：每人奖励 50 元。

第五条 礼貌微笑天使奖

为加强顾客对本公司有良好的印象并培养同仁间的默契，增加各部门的配合度，原则上每月由一线部门（营业部）主管人员挑选最具礼貌微笑的服务人员一名，在每月一日启动大会中书面表扬以兹鼓励。

认定途径：顾客的表扬信或考核表或企管认定；

奖励周期：每月；

奖励标准：现金奖励 50 元。

第六条 最受欢迎奖

为使同事间能够相处融洽并让顾客感受到本公司服务亲切的态度，每月在各部门全体同仁间推选一名最受欢迎人

制度 餐饮员工培训管理制度

餐饮业员工培训管理制度

一、餐厅员工培训制度

第一条 餐厅员工培训可分为两个方面，一是对新招员工进行岗位前的培训；二是对老员工进行在职培训。

岗前培训主要内容是学习本餐厅规章制度，基本的岗位知识，实际的操作技能。基本的专业知识，以便较快地适应工作。

员工在职培训主要是根据岗位的实际要求，学习相应业务，从实际出发，更新业务知识，学习新的业务技术。

第二条 员工培训按计划，分批分阶段，按不同工种及岗位需要进行培训；结合实际，注重实用性，逐步提高员工队伍素质。

第三条 培训内容

1. 员工培训主要根据其所从事的实际工作需要，以岗位培训和专业培训为主；前厅服务员按公司制定的培训教材培训。

2. 管理人员应学习和掌握现代管理理论和技巧，提高指挥、协调、督导和策划能力。

3. 厨师等专业术人员，应接受各自的专业技术培训，不断提高专业技能。

二、在岗培训

第一条 凡在本餐厅试用期满且正式录用的员工，为提升工作技能和综合素质，必须接受在岗培训，使每位员工都最大限度地掌握应有的专业知识，也使餐厅的每个岗位上都有最适合该工作的员工，做到人尽其才。

第二条 在岗培训主要包括管理处每个月举办的各项专题培训和各部门组织的岗位技能培训。

第三条 在岗培训由管理处或各部门拟定培训计划，并按计划由管理处或各部门组织的岗位相关讲师执行，以达到最佳效果。

第四条 具体培训内容根据培训需求而定。

三、餐厅服务员培训制度

第一章 仪容仪表

第一条 仪容仪表的标准

1. 整齐清洁，自然，大方得体，精神奕奕，充满活力。

2. 头发：头发整齐，清洁，不可染色，不得披头散发；短发前不及眉，旁不及耳，后不及衣领；长发刘海不过眉，过肩要扎起（使用公司统一发夹，用发网网住，夹于脑后），整齐扎于头巾内，不得使用夸张耀眼的发夹。

3. 耳饰：只可戴小耳环（无坠），颜色清淡。

4. 面貌：精神饱满，表情自然，不带个人情绪，化淡妆；不用有浓烈气味的化妆品，不用颜色夸张的口红、眼影、唇线；口红脱落，要及时补妆。

5. 手：不留长指甲，指甲长度以不超过手指头为标准；不准涂指甲油，经常保持清洁；除手表外，不允许佩戴任何饰物。

6. 衣服：合身，烫平，清洁，无油污，员工牌配戴于左胸；长衣袖，裤管不能卷起；夏装衬衣下摆须扎进裙内；佩带项链，饰物不得露出制服以外。

制度 酒店员工晋升制度

酒店员工晋升制度

第一章 总则

促进广大员工个人事业的发展与酒店的事业共同发展！

一、目的

1. 规范员工和管理人才的培养、选拔和任用制度，推动人才水平不断提高；

2. 建立各个岗位员工和各级管理人员晋升通道，激励大家不断提高业务水平，以卓越的业绩推动酒店的发展。

3. 酒店所有已经“经过试用期绩效考核与评估转正的员工”，需要定岗、晋级、晋升都要经过此项考核，并使之成为员工管理环节中重要的基础制度。

4. 树立全体员工学习的标杆，不断牵引广大员工终生学习，不断改进，保持酒店的持续发展。

二、基本原则

1. 德能和业绩并重的原则。晋升需全面考虑员工的个人素质、能力以及在工作中取得的成绩。

2. 逐级晋升与越级晋升相结合的原则。员工一般逐级晋升，为做出了突出贡献或有特殊才干者，可以越级晋升。

3. 纵向晋升与横向晋升相结合的原则。员工可以沿一条通道晋升，也可以随着发展方向的变化而调整晋升通道。

4. 能升能降的原则。根据绩效考核结果，员工级别或职位可升可降。

5. 先内后外的原则。职位空缺时，首先考虑内部人员，在没有合适人选时，考虑外部招聘。

6. 部门与人力资源部双重考核的原则，上级与下级以及同级多角度评价原则。

7. 各部门必须本着“开发人才、储备人才”的观念去培养和开发员工；

8. 晋升必须坚持公平、公正、公开的原则；

9. 晋升必须坚持以工作态度和绩效、工作能力、专业知识为准绳，杜绝论资排辈。其中工作实际成绩（效）是根本，是重中之重。

10. 绩效考核，注重用数据说话，例如：任务完成情况、营业成绩（营业额、毛利率、成本控制等）；节能与安全、出勤率、宾客反馈情况等。

11. 同时在考核中发现优秀员工、贡献突出员工、服务于技术能手，树立标兵员工，发现人才提供充分依据，促进不拘一格用人才。

三、员工晋升为三种类型

1. 职位晋升、薪资晋升

2. 职位晋升、薪资不变

3. 职位不变、薪资晋升

第二章 晋升条件及责权

一、员工晋升条件

1. 具有良好的职业道德

2. 在职工作表现优良

3. 具备较高职位的素质、技能或有相关的工作经验和资历

4. 具有较好的沟通和适应能力

10.2 中餐厅服务的常用模板与表单

中餐厅服务人员在日常工作和对客服务时，会涉及许多的模板和表单，掌握这些表单将会使相关工作人员的工作更加轻松、有条理。本节将具体介绍中餐厅餐饮服务的常用模板和表单。

表单 日经营台账表

日经营台账表

电子文件编码			页码		1-1	
中餐厅（西餐厅）		年 月 日			单位：人民币元	
项目	当日发生金额		当月累计金额		当年累计金额	
	本期	去年同期	本期	去年同期	本期	去年同期
一、营业收入合计						
其中各餐厅：						
收入						
收入						
收入						
其中：食品收入						
饮料收入						
二、营业收入形式						
1. 现钞收入						
2. 支票收入						
3. 信用卡收入						
4. 应收账款						
三、现金支付营业费用						

日经营台账表

电子文件编码			页码		1-2	
中餐厅（西餐厅）		年 月 日			单位：人民币元	
项目	当日发生金额		当月累计金额		当年累计金额	
	本期	去年同期	本期	去年同期	本期	去年同期
四、餐厅座位数合计						
用餐人数合计						
其中：早餐人数						
午餐人数						
晚餐人数						
五、原材料领用						
原材料耗用						
酒水领入						
酒水耗用						
物料用品领入						
低值易耗品领入						
固定资产领入						
在用物品报损额						
六、员工人数合计						
其中：领班以上						
合同工						
临时工						
高级技工						

制表： 审核：

模板 菜点质量顾客意见反馈表

菜点质量顾客意见反馈表

部门： 经理： 日期：

日期	餐别	厅/台/包厢	菜点名称	顾客意见	看台服务员	厨房当班负责人
备注	1. 按要求填写此表。 2. 如遇当月未按顾客意见反馈，部门经理也应在表格上说明未按顾客反馈意见的原因，并签名后于每月 31 日下午 5:00 前上缴总部。					

模板 饮料标准成本和售价记录表

饮料标准成本和售价记录表

电子文件编码				页码		2-1		
瓶酒代号	饮料名称	每瓶容量		每瓶成本	每盎司成本	每杯酒量	每杯成本	每杯售价
		毫升	盎司					

表单 团队订餐单

团队订餐单

订餐人员姓名	订餐单位	订餐人数	餐类	每人标准	订餐费用报账单位	订餐依据	工号	填制日期	备注

表单 客人点菜单

客人点菜单

客人： 年 月 日

菜类	单价	酒水、烟	单价
		小计	
		经办人或就餐人签字：	
小计			
合计（大写）： 仟 佰 拾 元 角 ¥			

电话：

制度 酒店餐饮部中餐厅规范摆台程序

酒店餐饮部中餐厅规范摆台程序

1. 托盘要求

操作时要左手托盘，符合托盘规范要求，右手摆餐具。仪表大方，步履轻快。物品摆放要合理、便捷、卫生。不允许同时拿起两件及以上餐具摆台，动作要求快而不乱、步伐要稳。

2. 摆台具体要求

（1）铺台布：站在主人位操作，要求一次到位。中心居中正面朝上，下垂部分均等。先铺台底布，再铺台蕊布。

（2）转台、转盘：居中，转动灵活，正面向上。

（3）花瓶居中，席位签放于花瓶右边，号码朝餐厅门口。

（4）餐具不倒下，不落地。各类用具从离开工作台后直至摆台结束，均不能发生倒下或落地现象。若倒下，须将用品扶起后继续操作。若落地，须更换用品后方可继续操作。

（5）骨碟：从主位开始顺时针摆放十只骨蝶。要求每个骨蝶距离桌边1.5cm，间隔距离相等，相对的两个骨蝶与台中心的花瓶成一线。若用餐盘需将骨碟放于其正中。餐盘：若有用餐盘的台位要在摆骨碟的前期按摆放骨碟的要求进行摆放。距离桌边1.5cm。

（6）口汤碗：位于骨碟左前方。

（7）汤匙：正放在口汤碗中，汤匙柄朝左，凹面向上，十个汤匙放置后基本呈圆型。

（8）味碟：位于口汤碗正右侧，间距1cm。

（9）筷架、筷子：筷架与味碟成一直线，距味碟1cm。筷子搁于筷架上，距桌边1.5cm（以筷套为准）正面向上。

（10）三杯位置：（水杯、红酒杯、白酒杯）三杯位于味碟上方，间距1cm，红酒杯居中，三杯中心在同一直线平行于味碟外切线。水杯在左间隔红酒杯1cm，白酒杯在右与红酒杯间隔1cm。

（11）牙签：若用包装的牙签，放在筷子与骨碟中间，距筷子1cm，距桌边1.5cm，正面向上；若用牙签盅，放于主人与主宾之间的烟缸右前方。

（12）公筷、公勺：每桌两副，于正、副主人餐位前呈“一”字型摆放。

（13）烟缸：摆4个烟缸成“十字型”，其中两个摆在正、副主人位右上方。烟缸两侧切口以另外一切口正中线为中心，分别朝向客人座位。其外切线与其他各餐位杯具在同一弧线上。

（14）菜单：共两份，分别放在主人位和副主位的右侧。（一般在宴会摆台使用）。

（15）毛巾碟：以主人右边，主宾左边位为例，依次平行摆放，底与骨碟齐平，右边与筷子间距1.5cm，左边与骨碟距1.5cm。

（16）折放餐巾

①包厢折十种不同花型的杯花，五种植物，五种动物，两两相间摆放，具体花式不做规定。大厅中餐折扇面，晚餐折皇冠，分别突出主人位。

②注意操作卫生，不允许用牙叼咬或下巴夹口布。

③一次折成，造型逼真，格调新颖。

④花型摆放整齐，观赏面朝客人。

（17）座椅位置：椅子与台布边平行、垂直，间距1cm，正中对准骨盘。

制度 中餐点菜服务规范

中餐点菜服务规范

点菜服务是餐厅服务的主要环节，是餐厅营销工作的重要组成部分，是服务语言、专业知识和服务技巧的集中体现，体现了餐厅员工的综合从业素质。这里主要介绍中餐点菜的方法。

一、基本程序

1. 点菜的基本程序从形式上看比较简单，包括：递送茶水、手巾→递送菜单→等候接受点菜→点菜点酒→提供建议→记录菜名和酒水→复述确认→礼貌致谢。

2. 点菜顺序一般为：凉菜——热菜——煲类——汤——主食（——酒水）；

二、基本步骤与方法

（一）问候客人

1. 礼貌问候客人，如“晚上好，先生。很高兴为您服务”。

2. 介绍自己，如“我是服务员小王”。

3. 征询客人是否可以点菜，如“请问现在可以为您点菜吗？”

（二）介绍、推荐菜肴

1. 介绍菜单时要做好客人的参谋，适时、适当推荐菜肴，向客人推销、推荐餐厅的时令菜、特色菜、畅销菜、高档菜。

2. 用看、听、问的方法来判断客人的需求，注意原料、口味、烹调方法、高低价格等方面的搭配；时刻体现对客人的关心，提供情感式的服务。必要时对客人所点的菜量、数量和食品搭配提出合理化建议。

3. 菜肴介绍应突出重点并有针对性，对某些特殊情况做好事前说明。

4. 熟悉菜单，对于客人所点菜肴要做到了如指掌。

（三）向客人解释菜单。菜单上每道菜都由菜名、价格和描述三部分组成，而每部分都有其独特的含义。现将涉及的有关内容分述如下：

1. 数量表示。食品和饮料服务都有一个量的概念。菜单上食品分量的表示方法有：用大、中、小表示的，如大杯可乐；有用具体数表示的，如三块炸鸡；有用器皿表示的，如一汤碗、一茶杯；有用重量表示的，如千克、克等。菜单上所有的数量的表示都要符合人们的习惯，要具体清楚，不要给客人错误的信息。

2. 质量表示。食品和饮料的卫生要符合国家的卫生标准。菜单上质量的表示，描述各道菜有关肉、鱼、禽、蔬菜等品种部位特征的词要名符其实，不能弄虚作假。

3. 价格表示。价格在菜单上比较明了。

4. 缺损菜品的解释。建议改点其他菜肴，或推荐同类同价位的菜肴，或推荐特色菜。

（四）记录客人点菜的方法

1. 使用点菜备忘单记录的方法。点菜备忘单应将餐厅所有经营的酒菜印在点菜单上，服务员只需根据客人的点菜在便笺上相应的菜名前做出标记即可。一式两份，一份留给客人，一份送到厨房。若客人改变主意而变更他们的点菜时，服务员在备忘的点菜单上划掉项目，就可防止混乱。这种方法非常简单，多用于早餐和客房餐饮服务。

制度 中餐席间服务标准与规范

中餐席间服务标准与规范

1. 餐前准备服务

（1）为客人打开餐巾，铺在客人面前的餐台上。

（2）递送香巾、上茶水。

（3）从客人右边撤下茶杯。

2. 上菜服务

（1）10分钟内上齐凉菜，15分钟内按顺序开始上热菜。

（2）上菜时，应按相关规定进行。

（3）上菜时如需跟上佐料的，要先上佐料后上菜；上虾、蟹等菜需跟上洗手盅，及换上洁净的热毛巾。

（4）上菜后，若客人未点主食，应及时提示客人。

（5）上菜时，要询问客人是否需要分菜。如不需要，可通知厨房上菜速度快些。

（6）上汤或羹时，应为客人将汤或羹分到碗中。

（7）检查点菜单及台上的菜是否上齐，如有错单及遗漏，要及时通知厨房为客人先制作。

（8）客人所点的菜若已沽清或暂时无材料，要及时告知客人，并询问是否换菜，若客人表示同意可为客人立即下单，并让厨房快速为客人制作。

（9）菜上齐后，需通知客人，并询问其对菜品的意见及是否需要增加。

3. 餐中其他服务

（1）服务过程中勤巡台，勤收盘，勤换骨碟、烟灰缸，但绝不能在客人进食时撤换。

（2）若客人把骨头或渣堆放在桌上，应用分羹夹起，放在骨碟上拿走。

（3）若客人汤渍等打翻，要先用口布吸干，再将干净的口布铺在上面，要经常保持台面的清洁。

（4）收空盘时，动作要轻，避免汤渍洒落在客人身上，将相应的调味品和酱汁也应一并撤走。

（5）及时更换香巾、茶水，整理台面，整个用餐过程需更换多次热毛巾。

（6）餐中服务一般都遵循右上右撤的原则，也可灵活运用，提供令客人满意的服务。

（7）在服务过程中尽可能地满足客人的服务需求，若对某些问题不能确定前，不可随便地回答或答应客人，需汇报上级后再做决定。

4. 餐尾服务

（1）上水果前应为每位客人派发热毛巾，并摆果叉一只。

（2）客人点甜品后，要征得客人同意后撤走餐具，并在上甜品时跟上相应的餐具。

（3）餐后，换上洁净的热毛巾，并送上热茶。

10.3 西餐厅服务常用模板与表单

西餐厅的日常工作中也离不开各种规范表单，只有拥有统一规范的表单才能使工作更有序。下面具体介绍西餐厅对客服务中常用的表单及模板。

表单 退菜统计表

退菜统计表

日期	菜名	退菜原因	处理意见	责任人	负责人	菜品价格	菜品去向

餐厅负责人：　　厨房负责人：　　财务：

表单 每日菜品销售情况统计表

每日菜品销售情况统计表

日期	菜品名称	今日销售情况	估清情况	剩余情况	天气情况	记录人	备注

模板 西餐摆台规范

西餐摆台规范

基本要领：左叉右刀，先里后外，刀口朝盘，各种餐具成线，餐具与菜肴配套。

台面物品：花瓶放在桌子中央，花瓶前摆盐和胡椒，左盐右椒，盐、胡椒前面放牙签筒，牙签筒前面是烟缸，烟缸缺口对准盐和胡椒的中缝，桌垫摆在桌子正中央。

摆台前，应将摆台所用的餐、酒用具进行检查，发现不洁或有破损的餐具要及时更换，用时要保证用品符合干净、光亮、完好的标准。摆放时，手不可触摸盘面和杯口。

摆台时，要用托盘盛放餐具、酒具及用具。摆放金、银器皿时，应佩戴手套，保证餐具清洁，防止污染。摆放餐、酒用具的顺序与标准如下。

1. 摆展示盘

可用托盘端托，也可用左手垫好口布。口布垫在餐盘盘底，把展示盘托起，从主人位开始，按顺时针方向用右手将餐盘摆放于餐位正前方，盘内的店徽图案要端正，盘边距桌边1.5厘米，餐盘间的距离要相等。

2. 摆面包盘、黄油碟

展示盘左侧10厘米处摆面包盘。面包盘与展示盘的中心轴取齐，黄油碟摆在面包盘右前方，距面包盘1.5厘米，图案摆正。

3. 摆餐刀、叉、勺

从展示盘的右侧顺序摆放餐刀、叉、勺。摆放时，应手拿刀、叉、勺柄处，从主刀开始摆。

（1）主刀摆放于展示盘的右侧，与餐台边呈垂直状，刀柄距桌边1厘米，刀刃向左，与展示盘相距1厘米。

（2）鱼刀、头盘刀、汤勺、餐具摆放间距0.5厘米，手柄距桌边1厘米，刀刃向左，勺面向上。

（3）主叉放于展示盘左侧，与展示盘相距1厘米，叉柄距桌边1厘米。

（4）摆放鱼叉时，鱼叉柄距桌边5厘米，叉头向上突出。头盘叉（开胃叉）叉面向上，叉柄与主叉柄平行。甜食叉，放在展示盘的正前方，叉尖向左与展示盘相距1厘米。

（5）甜食勺，放在甜食叉的正前方，与叉平行，勺头向右，与甜食叉的叉柄相距0.5厘米。

（6）黄油刀斜放在面包盘上，刀刃向左，黄油刀中心与面包盘的中心线吻合，刀柄朝右下方，与面包盘水平线呈45°角。

（7）在展示盘的正前方摆水果刀、叉时以叉压刀成斜十字形，刀刃向左下方，刀柄指向右下方，叉尖指向右上方，叉柄指向左下方。也可将甜食勺放在水果刀、叉的上面，勺面向上，勺柄朝右。

4. 摆酒具

摆酒具时，要拿酒具的杯托或杯底部。

（1）水杯摆在主刀的上方，杯底中心在主刀的中心线上，杯底距主刀尖2厘米。

（2）红葡萄酒杯摆在水杯的右下方，杯底中心与水杯杯底中心的连线与餐台边成45°角，杯壁间距0.5厘米。

（3）白葡萄酒杯摆在红葡萄酒杯的右下方，其他标准同上。

10.4

宴会厅服务常用模板与表单

宴会厅是酒店餐饮部门中日常工作量较大且服务客人较多的部门，更是需要对工作中涉及的表单等进行统一规范管理。下面具体介绍宴会厅对客服务中常用的表单及模板。

表单 宴会预定单

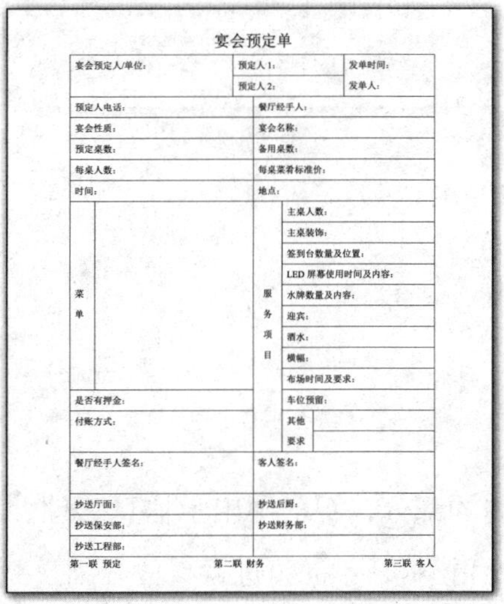

宴会预定单

宴会预定人/单位：	预定人 1： 预定人 2：	发单时间： 发单人：
预定人电话：	餐厅经手人：	
宴会性质：	宴会名称：	
预定桌数：	备用桌数：	
每桌人数：	每桌菜肴标准价：	
时间：	地点：	
菜单	服务项目	主桌人数：
		主桌装饰：
		签到台数量及位置：
		LED 屏幕使用时间及内容：
		水牌数量及内容：
		迎宾：
		酒水：
		横幅：
		布场时间及要求：
是否有押金：		车位预留：
付账方式：		其他要求
餐厅经手人签名：	客人签名：	
抄送厅面：	抄送后厨：	
抄送保安部：	抄送财务部：	
抄送工程部：		

第一联 预定　　第二联 财务　　第三联 客人

表单 宴会编排表

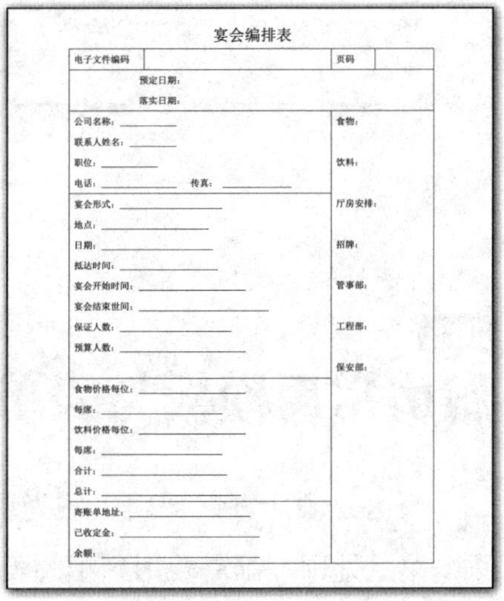

宴会编排表

电子文件编码		页码	
预定日期： 落实日期：			
公司名称： 联系人姓名： 职位： 电话：　　传真：		食物： 饮料：	
宴会形式： 地点： 日期： 抵达时间： 宴会开始时间： 宴会结束世间： 保证人数： 预算人数：		厅房安排： 招牌： 管事部： 工程部： 保安部：	
食物价格每位： 每席： 饮料价格每位： 每席： 合计： 总计：			
寄账单地址： 已收定金： 余额：			

表单 宴会变更通知单

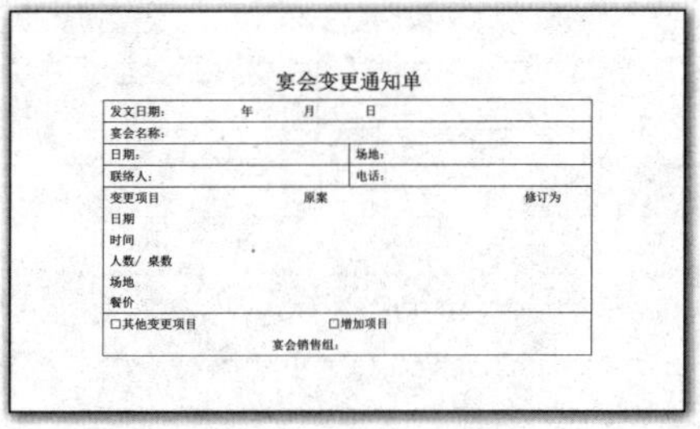

宴会变更通知单

发文日期：　年　月　日		
宴会名称：		
日期：	场地：	
联络人：	电话：	
变更项目	原案	修订为
日期		
时间		
人数/ 桌数		
场地		
餐价		
□其他变更项目	□增加项目	
宴会销售组：		

表单 宴会接待通知单

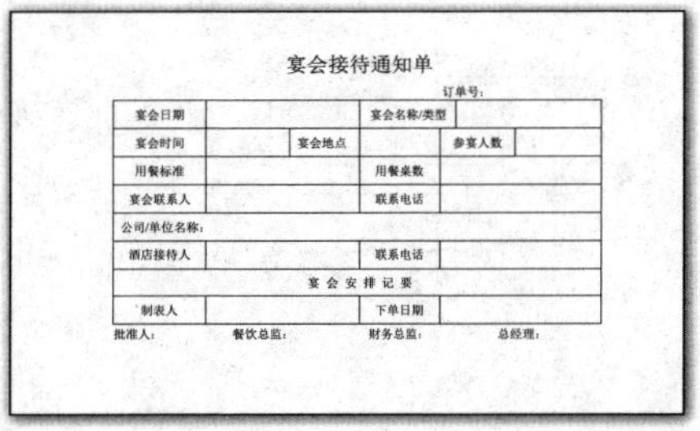

宴会接待通知单

订单号：

宴会日期			宴会名称/类型		
宴会时间		宴会地点		参宴人数	
用餐标准			用餐桌数		
宴会联系人			联系电话		
公司/单位名称：					
酒店接待人			联系电话		
宴会安排记要					
制表人			下单日期		

批准人：　　餐饮总监：　　财务总监：　　总经理：

模板 宴会服务工作流程及管理规定

宴会服务工作流程及管理规定

一、宴会招待服务工作流程及服务标准

1. 餐前准备

（1）接到宴会任务后，由项目经理根据宴会要求分配任务。

（2）宴会前由项目经理组织召开工作会议，了解宴会的具体任务，使服务工作做到“八知”“三了解”。“八知”即知出席宴会人数、桌数、主办单位、邀请对象，知宾主身份（主办主人），知宴会的标准及开宴时间、菜式品种、出菜顺序；“三了解”指了解客人的宗教信仰、风俗习惯，了解客人的生活忌讳，了解宾客的特殊需要等。

（3）做好准备工作：熟悉菜单，计算餐具的用量，备足酒水饮料，准备特色佐料；选配器皿、用具，餐具要备用2/10（即10备2的原则）；酒水饮料及备用酒杯等按要求擦干净在工作台摆放整齐；根据宴会的类别、档次进行合理布置，确保灯光、室温、音响、家具和设施完好；搞好宴会厅的卫生，按摆台标准摆好餐台、布置好烛台、桌花、装饰品等，做好摆台后检查，摆件要整齐、符合要求。中午宴请要求摆红酒杯和水杯，晚上宴请和宴请外宾要求摆红酒杯、白酒杯和水杯。冬季天气寒冷时，要求晚宴上黄酒（加热饮用）。晚宴宴请时要求提供餐前酒和餐后甜酒（高级别客人或外宾提供）。

（4）进行自查，检查个人仪表仪容，复查餐台、台布、台面餐具、各种调味品、烟缸、牙签等放置是否齐全整洁、符合要求，椅子与所铺的席位是否对应等；菜单、托盘、备用餐具、小毛巾、工作台内储存物品等是否齐全、清洁。

（5）宴会开始前10分钟，按要求摆上冷盘和小佐料碟。准备就绪后，开餐前30分钟，迎候宾客。迎宾人员提前站立在正门口迎接，并负责衣帽间服务。服务员应面带微笑，热情迎接，躬身行礼，问好：“您好，欢迎光临”；主动接挂衣物，“请将衣物给我，我为您保管”，挂衣时，应握衣领，避免衣袋里物品滑出或碰坏。

2. 餐中服务

（1）迎客入座：客人进入餐厅，迎宾员按迎宾规范进行服务，引至会客厅并提供餐前酒及茶水服务，客人一般情况会站立寒暄，然后入席；无餐前酒的由招待员领至会客厅就坐，上热茶水。客人入席，由招待员引领入位，并热情地为客人拉椅让座（将椅子拉开，当客人坐下时，用膝盖顶一下椅背，双手同时送一下，让客人坐在离桌子合适的距离10～15厘米为宜），并用手势示意：“您请坐”。

（2）为客人铺餐巾，从主宾开始，沿右侧开始顺时针转，撤去冷菜的扣盖或客人入座前5分钟提前撤掉保鲜膜等；依次斟酒，吃凉菜和汤时，要求斟白酒，然后询问水或饮料。如果有白酒要求，询问软饮后，逐一咨询并斟白酒。上热菜肉食时（牛肉、羊肉等红肉）斟红酒。席间酌情添红酒。送香巾，席间送香巾两次，客人入座后一次，客人用餐完毕上水果时再送一次。送香巾时，从客人左侧直接送到客人左手边；客人吃水果时，晚宴重要客人或外宾要求上一道餐后酒，一般为甜酒。托盘托着酒及杯子，事先可提前倒好几杯甜酒，酒量控制在杯子的2/3处为宜，从主宾开始依次间讯。甜品水果吃过后，为客人斟茶，茶水斟七八成即

10.5

厨房常用模板与表单

厨房是酒店餐饮部门中最为重要的部分，厨房中出示信息管理、采购菜品处理等都需要用到相关表单和模板，下面将进行具体介绍。

表单 酒店厨房菜品申购单

酒店厨房菜品申购单

肉类			蔬菜类			杂货类		
名称	数量	到货时间	名称	数量	到货时间	名称	数量	到货时间

申购人：　　　　采购人：　　　　负责人：

表单 厨房菜品定额成本卡

厨房菜品定额成本卡

菜品名称：

类别	具体	净料重量	净料单价	净料成本	毛重参考单价	成本额
主料						
配料						
调味品						
特殊原料						
总成本						
备注			日期		售价 毛利　　%	

表单 厨师业务档案

厨师业务档案

姓名		年龄		性别		工作年限	
职称		工种					
工作表现							
备注							

厨师长/厨师领班：________

表单 厨房菜点处理记录表

厨房菜点处理记录表

日期	餐别	菜点名称	直接负责人	客人褒贬意见	处理意见书	厨师长	备注

填写人：厨师长　　　　联数：一式二联　　　　编号：

模板 菜品质量控制细则

菜品质量控制细则

为进一步加强菜品出品管理机制，明确和完善菜品质量管理体系，全员参与质量管理，提高各相关环节人员责任心和协调性，保证菜肴的出品质量和风味特点，做到优质出品达到顾客满意度，特设置菜品管理细则如下。

一、菜品出品工作环节

1. 环节流程

采购——验收——初加工（摘、洗、浸泡）——砧板（分配、配置）——灶台、冷拼、面点（加工烹制）——洗碗（餐具消毒）——打荷（理盘装饰）——传菜（传递保温、查验）——服务员（核准菜单、查验上菜）

2. 总控：厨师长、各分控人员、出品部各部门负责人。

3. 出品质量信息和顾客信息反馈总负责人、食堂主管、分餐员。

4. 协调监督人：执行总经理。

二、各环节质量管理职责

1. 食品安全采购标准

（1）严格遵守原料采购标准采购；

（2）严格按照申购计划的规格、数量及时供足货源；

（3）保证运输过程原料鲜活或新鲜；

（4）新、特货源及时报告厨务；

（5）所采购的食品应符合卫生要求，包装完整、无破损，定型包装食品必须有注明的法律规定；

（6）采购食品原料时，向供方提出质量要求，并查验食品质量；

（7）认真执行索证制度，并加以核对。采购肉类、油类、酒类、饮料、豆制品、调味品等要向供货方索取合格证明或检验报告单；

（8）不得采购腐烂变质、掺杂掺假、发霉生虫、有毒有害、不新鲜的以及无产地、无厂名、无生产日期、无保质期或者超过保质期的食品。

2. 货物验收员质量管理职责

（1）严格按照货物验收标准进行验收；

（2）不符合食品安全卫生或形状感观的不收；

（3）对短缺货源及时上报；

（4）不断提高职业修养；

（5）验收食品，做好数量、质量、有毒有害食品处理情况等记录；

（6）检查所购食品有无合格或检疫证明；

（7）不签收腐烂变质、发霉、生虫、有毒有害、掺杂掺假等不符合食品卫生要求的食品；

（8）妥善保管好验收记录，以备查验。

三、粗加工人员质量管理职责

（1）清洗加工食品原料要先检查质量，腐败变质、有毒有害食品不得使用；

（2）所有原材物料严禁落地存放；

（3）肉类、蔬菜、水产品要分池清洗，水池要有明显标记；

（4）要做到肉类清洗后无血、毛、污物；鱼类清洗后无鳞、

模板 餐厅厨房员工行为规范

餐厅厨房员工行为规范

企业制订员工行为规范，最主要的目的是规范、约束员工的行为。

一、厨房职业道德

敬业爱岗，诚实守信；

钻研业务，提高技能；

恪守规程，标准办事；

讲究卫生，安全生产；

厉行节约，综合利用；

遵纪守法，严格自律。

二、厨房纪律

1.严格执行餐厅各项员工管理制度和操作规程及餐厅日常工作规范。

2.服从行政管理人员安排和调动，按时完成上级交待各项任务，不得无故拖延和终止工作。

3.尊重同事，团结协作，严于律己，宽以待人，讲究职业道德。

4.严格执行勤务守则，按时作息，不迟到早退、不擅离职守、不串岗离岗、不私自换班。

5.注重仪容仪表，上班前要检查自己的仪表，按规定着装，佩带工号牌。至少每月理发一次，男员工必须理短发，不得留指甲，不得戴首饰。

6.工作时间不允许做与本职工作无关的事。工作时间不准吸烟、喝酒、赌博，不在厨房内嬉闹、打架。

7.注意安全生产，严格按照操作规程使用设备设施，不违章作业。

8.履行厨房卫生管理制度，讲究清洁卫生，做到地面无水、台面无尘、灶面无油，物品归位放置。

9.严格执行食品卫生标准。严禁领用、加工和销售不合格食品，对因工作疏忽造成的食物中毒者追究当事人责任。

10.厉行节约，做好食品原料综合利用，节约用水、电、油、气，消灭长明灯、长流水。

11.爱护餐厅财物，文明使用，不野蛮操作，不故意损坏。

12.严守餐厅的商业秘密，按规定使用和保管秘密文件，不得向无关者泄露。如有查询，可请查询者通过正常手续与餐厅联系。

13.未经许可，不得私自制作本餐厅供应菜品，杜绝任何原料浪费行为。

14.不得偷吃、偷拿食物或物品，不擅自将厨房食品交与他人，不得借口食物变质而丢掉。

15.不得坐卧案板及工作台上。

16.不得携带违禁品、危险品或与生产无关物品的个人物品进入餐厅。

17.工作结束后认真做好各自的“6常”工作。

三、着装标准

1.员工当班时必须穿着工作服，戴发帽，佩戴工号牌，并保持工作衣帽合身、整齐、洁净。

2.工作服应勤洗涤、勤更换，要经常保持工作服的洁白、平

模板 厨房设备设施管理制度

厨房设备设施管理制度

一、设施设备管理

1.厨房员工必须进行机器设备安全使用知识的培训。

2.厨房设备设施建立档案，专人使用维护。

3.各部门掌握自己所用设备的正确使用方法。

4.其他部门员工不经过厨师长的同意，不得擅自使用厨房设备。

5.定期对使用的设备进行维护、保养，确保设备的正常使用；因不遵守操作规程和厨房纪律造成设备工具损坏、丢失的， 按规定进行赔偿。

6.班后厨师长要安排专人对厨房所有设备及电源进行检查，确保万无一失，方可离开厨房，并锁好厨房门锁；

7.发现故障隐患，要及时向厨师长汇报，及时通知工程部门进行检修。

二、工具及出品用具管理

1.厨房工具及出品用具，如菜刀、菜镦、工作台、菜盘、菜筐等所有工具、用具都要专人管理，保证所有工具、用具有人负责，做到物物有人管，人人有物管。

2.厨房一切用具、餐具应轻拿轻放，避免人为损坏。

3.厨房内一切特殊工具，如雕刻、花嘴等工具，由专人保管存放借用时做记录，归还时要点数和检查质量。

4.厨房内用具以旧换新，并需办理相关手续。

5.厨房一切用具、餐具（包括零部件）不准私自带出。

6.所有人员都要掌握厨房工具及出品用具的正常使用方法。

7.定期对厨房工具、用具进行盘点检查。

三、日常保养规范

1.操作者应在每次使用后对设备进行清理，保持灶炉的清洁。

2.经常检查灶膛内有无遗落杂物并及时清理。

3.各燃气阀门、水嘴等启用要适度，不得用力过大，不得过紧，也不得过松，避免猛力撞击。

4.维修工作必须接受燃气专业培训。

10.6 食品安全管理常用模板与表单

食品安全问题是餐饮行业中最为重要的，要确保食品安全，就需要使用规范的表单和制度进行规范，防止出现食品安全问题。这里将主要介绍食品安全管理过程中需要的模板和表单。

表单 食品留样记录表

食品留样记录表

留样日期	餐次	餐次留样品种	留样数量（kg）	留样时间	样品处理时间	留样人签名	备注

说明：应由专人每天每餐填写留样食物，量不得少于 100 克，冷藏时间 48 小时以上，重大活动供餐保存 72 小时，应设专用冰箱，留样容器（保鲜盒）要消毒，要贴标签。

表单 食品添加剂使用记录表

食品添加剂使用记录表

使用日期	食品添加剂				生产食品		使用人	备注
	名称	生产日期	生产批号	使用量	名称	名称生产量		

表单 食品原材料入库登记表

食品原材料入库登记表

原材料名称	日期	供货商	数量	单价	金额	保质期	索证材料	采购签名	验收签名	保管签名

表单 食品原材料出库登记表

食品原材料出库登记表

原材料名称	日期	数量	单价	金额	货物查验	领货人签名	保管人签名	余货	备注

模板 厨房安全生产管理制度

厨房安全生产管理制度

一、厨房的常规卫生环境要求

1. 保持地面及墙瓷砖无油腻、无水迹、无卫生死角、无杂物。

2. 厨房内必须杜绝“四害”。

3. 厨房内的各种用电设备必须定期检修保养不能发出噪音。

4. 厨房的设备必须保持干净整洁及定期清洗。

5. 厨房的用具、餐具必须符合卫生标准。

6. 厨房工作人员在厨房工作环境必须遵守“厨房个人卫生标准”以及必须持有政府规定的卫生合格证及培训合格证。

二、厨房各作业区的卫生管理制度

1. 热厨区域

（1）炉头必须保持清洁，各炉火必须燃烧火焰正常。

（2）炉灶瓷砖清洁、无油腻，炉灶排风及运水烟罩要定期清洗，不得有油垢。

（3）各种调料罐、缸必须清洁卫生并加盖，各种料头必须定时冲水及更换。

（4）所有汁水及加工成品酱料必须定期检查及清理。

（5）定时定期清洗雪柜及清理各种干货杜绝使用过期或变质餐料。

（6）地板及下水沟必须保持清洁无油腻、无水迹、无卫生死角及无杂物堆放。

2. 切配区域

（1）各种刀具及砧板必须保持清洁状态。

（2）雪柜必须定期清洗及检修保养。

（3）生熟食品必须严格分开储存。

（4）必须定时定期清理存放蔬菜及肉类的区域。

（5）地板及下水沟必须保持清洁无油腻、无水迹、无卫生死角及无杂物堆放。

3. 冷菜区域

（1）所有汁水必须定期清理及制作。

（2）生熟食品必须严格分开储存。

（3）雪柜必须定期清洗及检修保养。

（4）操作人员在制作食品前后时必须清洁双手及带上一次性手套。

（5）所有凉菜必须当日用完不能过夜再用以防滋生细菌。

（6）地板及下水沟必须保持清洁无油腻、无水迹、无卫生死角及无杂物堆放。

4. 饼房区域

（1）地板及下水沟必须保持清洁无油腻、无水迹、无卫生死角及无杂物堆放。

（2）烘焙炉及雪柜必须定期检修及保养。

（3）所有面包出炉后必须完全常温后方可用保鲜膜包起储存。

（4）必须定时定期检查各种罐头各干货的生产日期及质量。

（5）制作包点及糕点时必须严格遵守制作手则执行。

（6）地板及下水沟必须保持清洁无油腻、无水迹、无卫生死角及无杂物堆放。

三、燃油、液化气安全管理守则

模板 餐饮厨房消防安全管理规范

餐饮厨房消防安全管理规范

1. 目的

为强化美食广场的消防安全管控，规范并指导各档口做好厨房区域的消防安全管理，提升安全管理水平，根据国家相关技术规范和集团相关安全管理制度，制定本规范。

2. 编制依据

《中华人民共和国消防法》

《城镇燃气报警控制系统技术规程》

3. 适用范围及对象

本标准适用美食广场所有厨房的消防安全管理，包括但不限于以下部位：

（1）步行街餐饮商户厨房；

（2）主力店餐饮厨房；

（3）超市熟食区操作间。

4. 管控内容及要求

4.1 安全用电

4.1.1 厨房区域配电箱须装在厨房入口墙面，并与蒸炉、油锅、灶台、水池保持1米以上距离，且配电箱底边距地面高度1.2～1.5米之间。

4.1.2 厨房配电箱内电源开关及总闸须张贴对应控制设备标识，箱门上须张贴开关箱配线图、标识清晰无污迹。

4.1.3 厨房墙插必须加装防水罩，严禁使用移动插线板。

4.1.4 餐饮商户内需24小时持续供电设备如：冰箱、冰柜等，须单设专用供电回路，单独控制。严禁使用多项插座，严禁其他用电设备共用该路电源或插座供电。

4.1.5 厨房安全用电检查由工程部负责，每月进行1次厨房安全用电检查，每季度进行1次热成像仪电气安全检查。安全用电检查应包括但不限于以下内容：断路器、开关负荷、开关发热、接地情况、漏电保护器、布线规范（横平竖直）、虚线、脱线开关箱上下孔洞封堵、套防火管、插排串接等违规用电行为。

4.2 灭火器

4.2.1 厨房区域内灭火器按每20平方米配备两具4KGABC干粉灭火器，且不得少于两具。灭火器须在离灶台、常用大功率设备等周边1米距离内，安放位置固定并设明显标识、方便拿取。

4.2.2 商管公司营运部负责厨房区域内灭火器的检查，每月不得少于两次。检查应包括但不限于内容：外观、压力、生产日期、充装日期、附件完整、埋压、遮挡等。

4.3 灭火毯

4.3.1 厨房区域内，灭火毯须配置规格不小于1.2米×1.2米，必须固定放置于灶台左右两侧并设有明显、统一的标识，且每个灶台应配置不少于一张灭火毯。

4.3.2 厨房内工作人员必须熟悉使用方法，每名员工每年要进行一次灭火毯实操演练。

4.3.3 商管公司营运部负责厨房灭火毯检查，每月不少于两次检查，检查内容包括但不限于：损坏、污染、规格、放置位置合理性、会否使用等。

4.4 挡火板、油烟口、油烟管道